NE능률 영어교과서

대한민국 고등학생 **10**명 중 **4.7**명이 보는 교과서

영어 고등 교과서 점유율 1위

[7차, 2007 개정, 2009 개정, 2015 개정]

리딩튜터

그동안 판매된
리딩튜터 1,900만 부
차곡차곡 쌓으면 19만 미터

에베레스트 21배 높이

190,000m

에베레스트 8,848m

능률보카

그동안 판매된
능률VOCA 1,100만 부

대한민국 박스오피스
천만명을 넘은 영화 단 28개

VO CA

그래머존

그동안 판매된 450만 부의 그래머존을 바닥에 쭉 ~ 깔면

1000km 서울-부산 왕복가능

서울

부산

필히 통하는 고등 서술형 기본편

지은이	NE능률 영어교육연구소
선임연구원	조은영
연구원	송민아, 박서경, 김영아
영문교열	Curtis Thompson, Angela Lan
디자인	김연주, 조가영
맥편집	김재민
영업	한기영, 이경구, 박인규, 정철교, 김남준, 이우현
마케팅	박혜선, 남경진, 이지원, 김여진

Copyright©2022 by NE Neungyule, Inc.

All rights reserved. No part of this publication may be reproduced, stored in a retrieval system, or transmitted in any form or by any means, electronic, mechanical, photocopying, recording, or otherwise, without the prior permission of the copyright owner.

✖ 본 교재의 독창적인 내용에 대한 일체의 무단 전재 · 모방은 법률로 금지되어 있습니다.
✚ 파본은 구매처에서 교환 가능합니다.

43 rd
SINCE 1980
Let's grow together

NE능률이
미래를
창조합니다.

건강한 배움의 고객가치를 제공하겠다는 꿈을 실현하기 위해
40년이 넘는 시간 동안 열심히 달려왔습니다.

앞으로도 끊임없는 연구와 노력을 통해
당연한 것을 멈추지 않고

고객, 기업, 직원 모두가 함께 성장하는 NE능률이 되겠습니다.

NE 능률

시험에 꼭 나오는 **서술형 유형**만을 담았다!

필히 통하는 고등

서술형

기본편

STRUCTURE

★ 고등 서술형 문항을 완벽하게 대비할 수 있도록 정교하게 설계된 이 책을 순서대로 학습하면,
  문장 쓰기부터 서술형 유형 훈련까지 마칠 수 있습니다.

PART 01 ★ 서술형 빈출 구문

내신 서술형에 반드시 나오는 **73**개의 항목을 선별하여 수록하고, 내신에 자주 출제되는 정도를 빈출도로 표기했습니다. 이를 통해 문장 쓰기 방법을 익힐 수 있을 뿐만 아니라, 서술형 유형에 최적화된 연습을 할 수 있습니다.

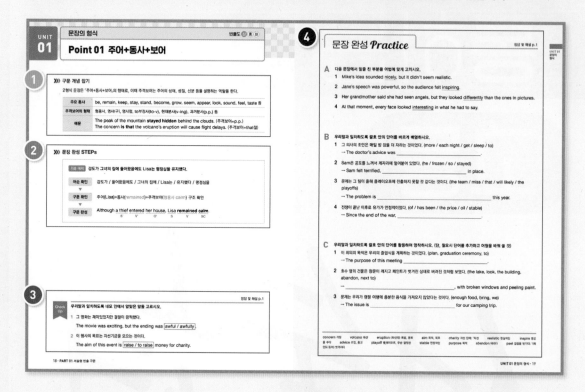

1 ⏵⏵⏵ 구문 개념 잡기
도식화된 설명을 통해 서술형 대비에 꼭 필요한 문법·구문의 내용을 한눈에 파악할 수 있습니다.

4 문장 완성 *Practice*
앞서 학습한 구문과 문장 완성 방법을 적용하여 문장 단위의 서술형 문제를 풀어볼 수 있습니다. 각 구문에 해당되는 빈출 유형이 출제되어 적중률 높은 학습이 가능합니다.

2 ⏵⏵⏵ 문장 완성 STEPs
문장을 완성하는 과정을 3단계에 걸쳐 학습하며 문장 구조를 효과적으로 익힙니다.

3 Check Up
단순 확인 문제를 통해 앞서 학습한 문법·구문의 내용을 빠르게 짚고 넘어갈 수 있습니다.

5

서술형 빈출 구문 REVIEW TEST

2~4개의 유닛을 학습한 뒤, REVIEW TEST를 통해 앞서 학습한 구문들을 점검합니다. 4가지 유형의 문장 단위 연습 문제를 풀어보며 서술형에 대한 자신감을 키울 수 있습니다.

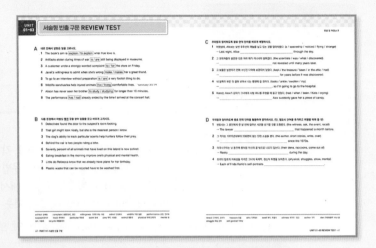

PART 02 ★ 서술형 유형 훈련

내신 서술형에 반드시 나오는 **10개**의 주요 유형을 담았습니다. 출제 **POINT**를 통해 각 유형의 출제 경향을 파악하고, 실제 내신과 유사한 서술형 유형을 학습할 수 있습니다.

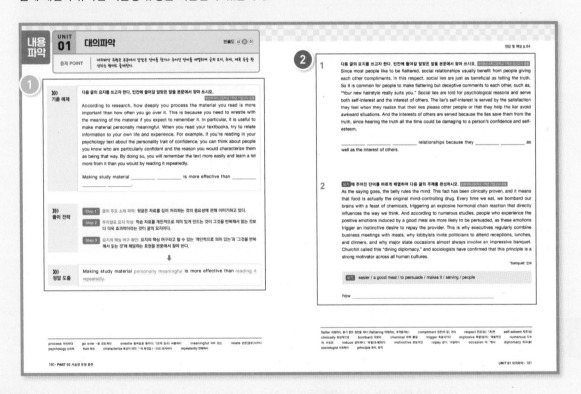

---

1 기출 예제 및 풀이 전략

기출 예제와 풀이 전략을 통해 서술형 유형에 대한 기초 학습을 합니다. 각 유형의 특징을 잘 보여주는 기출 예제를 엄선하였고, 문제 해결 전략을 3단계로 제시하여 어떤 유형을 접하더라도 정확한 답안을 구성할 수 있습니다.

2 지문 기반 문제 풀이

앞서 학습한 풀이 전략을 지문형 문제에 적용해봅니다. 실제 내신 시험에 출제된 교과서, EBS 수능교재, 고1~2 학력평가 응용 지문으로 구성되어 있어 서술형 실전 감각을 익힐 수 있습니다.

문장 구성 원리 학습

UNIT 01	문장의 형식	빈출도 상 중 하

Point 01

상/중/하로 제시된 빈출도에 따라 각 문법·구문 항목이 서술형에 얼마나 자주 출제되는지 확인해 보세요. 빈출도가 높을수록 해당 문법·구문 항목의 출제 비율이 높다는 것을 의미합니다. 다만, 빈출도가 낮다고 해서 학습을 소홀히 해서는 안 됩니다. 출제 비율에 관계없이 모든 빈출 문법 항목에 완벽하게 대비해야 내신 1등급에 더욱 가까워질 수 있기 때문입니다.

>>> **구문 개념 잡기**

2형식 문장은 「주어+동사+보어」의 형태로, 이때 주격보어는 주어의 상태, 성질, 신분 등을 설명하는 역할을 한다.

주요 동사	be, remain, keep, stay, stand, become, grow, seem, appear, look, sound, feel, taste 등
주격보어의 형태	형용사, 명사(구), 명사절, to부정사(to-v), 현재분사(v-ing), 과거분사(p.p.) 등

주어, 동사, 보어, 목적어 등의 문장 성분을 어떠한 순서로 써야 하는지, 또는 동사의 종류에 따라 보어, 목적어 등을 어떠한 형태로 써야 하는지 등에 유의하여 문장을 완성하면서 서술형의 기본기를 쌓을 수 있습니다.

>>> **문장 완성 STEPs**

기출 예제	강도가 그녀의 집에 들어왔음에도 Lisa는 평정심을 유지했다.

어순 확인	강도가 / 들어왔음에도 / 그녀의 집에 / Lisa는 / 유지했다 / 평정심을
▼	
구문 확인	주어(Lisa)+동사(remained)+주격보어(형용사 calm) 구조 확인
▼	
구문 완성	Although a thief entered her house, Lisa **remained calm**. 　　　　　　 S'　　 V'　　 O'　　　　 S　　 V　　 SC

문장 완성 연습

문장 완성

내신 서술형에서는 단어 배열, 영작과 같이 문장의 일부 또는 전체를 완성하는 문제가 가장 많이 출제됩니다. 따라서 이 책에서도 해당 문제 유형을 반복적으로 풀어볼 수 있도록 구성하였습니다. 문장을 완성하는 훈련을 통해 서술형에 대한 자신감을 키우세요.

A 우리말과 일치하도록 괄호 안의 단어를 바르게 배열하시오.

1 헬멧 없이 자전거를 타는 것은 안전 전문가들에 의해 위험하다고 여겨진다. (a bicycle / is / without / riding / a helmet)

→ _____ considered dangerous by safety experts.

상/중/하로 제시된 빈출도를 보고 내신 서술형에서 어떤 유형이 많이 출제되는지 확인해보세요. 단어 배열, 영작, 빈칸 채우기, 어법 유형이 빈출도 '상'에 해당하는 유형으로, 특정 구문의 어순과 형태에 맞게 문장을 완성하는 능력과 문맥상 빈칸에 들어갈 알맞은 말을 추론하는 능력을 기르는 것이 중요합니다.

내용 파악

UNIT 01 대의파악

빈출도 (상) (중) (하)

출제 POINT | 대의파악 유형은 본문에서 알맞은 단어를 찾거나 주어진 단어를 배열하여 글의 요지, 주제, 제목 등을 완성하는 형태로 출제된다.

서술형 문제 유형을 훈련하기에 앞서 각 유형이 실제 내신 기출에서 어떠한 형태로 출제되는지 확인해 보세요. 빈출 유형을 중심으로 학습한다면 서술형을 보다 효과적으로 대비할 수 있습니다.

... s more
important than how often you go over it. This is because you need to wrestle with the meaning of the material if you expect to remember it. In particular, it is useful to make material personally meaningful. When you read your textbooks, try to relate information to your own life and experience. For example, if you're reading in your psychology text about the personality trait of confidence, you can think about people you know who are particularly confident and the reason you would characterize them as being that way. By doing so, you will remember the text more easily and learn a lot more from it than you would by reading it repeatedly.

Making study material _____ _____ is more effective than _____ _____ _____.

풀이 전략

Step 1 | 글의 주요 소재 파악: 윗글은 자료를 깊이 처리하는 것의 중요성에 관해 이야기하고 있다.

Step 2 | 우리말로 요지 작성: 학습 자료를 개인적으로 의미 있게 만드는 것이 그것을 반복해서 읽는 것보다 더욱 효과적이라는 것이 글의 요지이다.

Step 3 | 요지의 핵심 어구 확인: 요지의 핵심 어구라고 할 수 있는 '개인적으로 의미 있는'과 '그것을 반복해서 읽는 것'에 해당하는 표현을 본문에서 찾아 쓴다.

서술형 문항은 대부분 지문 기반 문제로 출제되기 때문에 문장을 구성하는 능력과 더불어 글을 읽고 내용을 제대로 파악할 수 있는 능력을 갖추고 있어야 합니다. 이 책에서는 기출 예제와 함께 풀이 전략을 3단계로 제시하고 있습니다. 해당 전략을 적용하여 정답을 도출하는 과정을 훈련함으로써, 실제 시험에서 비슷한 문제 유형을 발견하더라도 막힘없이 정답을 도출할 수 있을 것입니다.

• 이 책에 쓰인 기호와 뜻

기호	뜻	기호	뜻	기호	뜻
S	주어	V	동사	O	목적어
IO	간접목적어	DO	직접목적어	C	보어
SC	주격보어	OC	목적격보어	M	수식어(구)
to-v	to부정사	v-ing	동명사, 현재분사	p.p.	과거분사

CONTENTS

CONTENTS

기출 분석 고등학교 명단 (210개교)

지역	학교명	지역	학교명	지역	학교명
부산	가야고	대구	대구중앙고	인천	부광고
강원	강릉명륜고	대구	대구혜화여고	부산	부산국제고
강원	강릉여고	부산	대연고	부산	부산외고
강원	강일여고	서울	대원고	부산	부산일과학고
경남	거제고	서울	대원외고	부산	부일외고
경남	거창대성고	서울	대일고	경기	분당고
부산	건국고	서울	대일외고	서울	상문고
경북	경구고	대전	대전관저고	전북	상산고
서울	경기고	대전	대전대신고	서울	상일여고
경남	경남외고	대전	대전동산고	광주	서강고
서울	경문고	대전	대전동신과학고	서울	서라벌고
서울	경성고	대전	대전외고	충남	서령고
대구	경신고	대전	대전중앙고	서울	서문여고
부산	경일고	부산	동래여고	서울	서울고
경남	경해여고	서울	동성고	서울	서울대부고
대구	경화여고	경기	동원고	경기	서울삼육고
대구	계성고	경기	동탄국제고	서울	서울예고
경기	계원예고	서울	명덕여고	서울	서울외고
광주	고려고	서울	명덕외고	경기	서현고
경기	고양외고	서울	명일여고	서울	선덕고
경기	과천외고	서울	목동고	서울	선화예고
광주	광덕고	전남	목포고	울산	성광여고
광주	광주동신고	전남	목포성신고	경기	성남외고
광주	광주동신여고	전남	목포중앙고	대구	성산고
광주	광주서석고	전남	목포혜인여고	서울	성신여고
충북	교원대부고	서울	문일고	부산	성지고
서울	구현고	인천	문일여고	충북	세광고
전북	군산중앙고	서울	미림여고	경기	세마고
경기	군포고	인천	미추홀외고	인천	세일고
부산	금성고	서울	반포고	서울	세종과학고
경기	김포외고	서울	배재고	세종	세종국제고
경남	김해경원고	서울	배화여고	세종	세종대성고
경남	김해외고	경기	병점고	서울	세화고
세종	다정고	대전	보문고	서울	세화여고
서울	단대부고	서울	보성고	경기	수원외고
대구	대건고	서울	보인고	경기	수지고
서울	대광고	충남	복자여고	서울	숙명여고
광주	대광여고	경기	복정고	광주	숭덕고

지역	학교명
인천	숭덕여고
서울	숭의여고
경기	신성고
인천	신송고
서울	신일고
경기	심석고
대구	심인고
경기	안산동산고
경기	양서고
서울	양정고
세종	양지고
서울	여의도고
서울	영락고
서울	영신여고
서울	영일고
전남	영흥고
서울	예일여고
경기	오산고
서울	오산고
충북	오송고
전북	완산여고
서울	용문고
울산	우신고
울산	울산외고
전북	원광고
전북	원광여고
강원	원주고
강원	원주삼육고
강원	원주여고
강원	유봉여고
경기	유신고
경기	의정부고
서울	이대부고
전북	이리고
서울	이화여고
서울	이화외고
인천	인명여고
인천	인일여고

지역	학교명
인천	인천과학고
인천	인천국제고
인천	인천부흥고
인천	인천송천고
인천	인천외고
인천	인천진산과학고
인천	인천청라고
인천	인천포스코고
경기	일산대진고
인천	작전고
서울	잠실여고
경기	장안고
부산	장안제일고
경남	장유고
서울	장훈고
전남	전남외고
전북	전북여고
전북	전북외고
전북	전북제일고
전북	전주한일고
경기	정명고
서울	정의여고
대구	정화여고
제주	제주제일고
서울	중대부고
서울	중동고
서울	중앙고
서울	중앙여고
서울	진명여고
경기	진성고
서울	창문여고
경남	창원경일고
경남	창원여고
충남	천안고
충남	천안중앙고
충북	청원고
충북	청주고
충북	청주외고

지역	학교명
충북	청주중앙여고
강원	춘천고
강원	춘천여고
충북	충주중산고
경남	통영여고
경북	포항고
경기	풍산고
광주	풍암고
경기	하남고
울산	학성고
인천	학익고
서울	한대부고
서울	한영고
서울	한영외고
충남	한일고
부산	해운대고
서울	현대고
울산	현대청운고
서울	화곡고
서울	휘문고

🏁 서술형 주요 유형 알아보기 🏁

고등 영어 서술형은 중등에 비해 통합적이고 광범위한 영역을 다룬다. 서술형 주요 유형을 크게 보면, 구문 지식을 바탕으로 하는 문장 완성형(단어 배열, 영작), 문법 지식을 바탕으로 하는 어법형(문장 전환, 어법), 독해 지식을 바탕으로 하는 수능 유형의 주관식 전환형(대의파악, 빈칸 채우기, 요약문) 등이 있다. 문법을 직접적으로 묻지 않더라도 상당수의 유형에서 '어법에 맞게' 쓰는 문제가 출제되므로, 내신 서술형에서 어느 정도의 점수를 얻기 위해서는 문법/구문 학습을 통한 문장 완성 학습이 필수적이다.

1. 내용 파악

글의 전반적인 내용뿐만 아니라 주제와 연관된 세부 내용까지 이해하여 특정 질문에 답할 수 있는지를 평가하는 유형이다.

유형	특징 및 대표 지시문
대의파악	**유형 1** 글의 주제나 요지 등을 우리말 또는 영어로 서술하는 유형이다. • 다음 글을 읽고 글의 주제를 우리말로 쓰시오. • 다음을 읽고 요지를 한 문장의 영어로 쓰시오. (단, 본문의 문장을 그대로 쓰지 말고, 본인이 영작할 것) **유형 2** 글의 주제·제목·주장·요지 등의 빈칸에 들어갈 단어를 쓰는 유형으로, 주어진 일부 단어를 활용하여 주제나 제목 등을 완성하는 유형도 이에 해당한다. • 다음 글의 요지를 본문에 있는 단어들만 사용하여 빈칸에 알맞게 완성하시오.
세부 내용 서술	**유형 1** 주어진 영어 질문에 대한 답을 본문에서 찾아 우리말이나 영어로 답하는 유형이다. • 다음 글을 읽고 아래 질문에 우리말로 답하시오. Q: Why does the writer buy SIM cards when he goes abroad? • According to the paragraph, what are the three factors that accelerated elephant poaching? (Write in English) **유형 2** 본문에서 세부 정보를 찾아 우리말이나 영어로 서술하는 유형이다. • 다음 글을 읽고, 평범한 사람들과 구별되는 창의적인 사람들의 특징 2가지를 우리말로 서술하시오. • 환경운동가들의 활동으로 인해, 영향을 받을 수 있는 2가지 대상을 본문에서 찾아 영어로 쓰시오.
지칭 내용 및 의미	**유형 1** 밑줄 친 부분이 가리키는 대상을 찾아 쓰거나, 밑줄 친 부분들 중 가리키는 대상이 다른 것을 골라 그것이 무엇을 가리키는지 찾아 쓰는 유형이다. • 다음 글의 밑줄 친 (A), (B)가 가리키는 대상을 본문에서 찾아 쓰시오. • 윗글에서 밑줄 친 ⓐ, ⓑ가 가리키는 바가 무엇인지 우리말로 쓰시오. • 다음 글의 밑줄 친 he(him)가 가리키는 대상이 나머지 넷과 다른 것을 찾아 번호를 쓰고, 그것이 지칭하는 바가 무엇인지 본문에서 찾아 쓰시오. **유형 2** 밑줄 친 부분의 문맥적 혹은 함축적 의미를 서술하는 유형이다. • 다음 글을 읽고, 밑줄 친 'the focus is on their stomachs'가 의미하는 바를 〈조건〉에 맞게 쓰시오. • 밑줄 친 If we can't see it, we don't think about it의 문맥적 의미를 우리말로 서술하시오.

2. 어법·어휘

어법 지식을 바탕으로 틀린 부분을 찾거나 특정 구문을 활용하여 문장을 바꿔 쓸 수 있는지와, 문맥에 맞는 적절한 어휘를 파악할 수 있는지를 평가하는 유형이다.

유형	특징 및 대표 지시문
문장 전환	**유형 1** 주어진 어구나 문장을 특정한 구문으로 바꿔 쓰거나 동일한 의미가 되도록 바꿔 쓰는 유형이다. • 다음 문장을 'It ~ that ~' 구문으로 바꿔 쓰시오. • 다음 밑줄 친 부분을 Not only로 시작하는 도치문으로 전환하시오. • 주어진 우리말 문장과 뜻이 같도록 영어 문장을 완성하시오. **유형 2** 주어진 두 문장을 결합하여 한 문장으로 만드는 유형이다. • 다음 문장 (1), (2)를 관계대명사를 사용하여 각각 한 문장으로 완성하시오. • 주어진 두 문장을 간접의문문을 사용하여 한 문장으로 쓰시오.
어법	**유형 1** 밑줄 친 부분 중 어법상 적절하지 않은 것을 찾아 고쳐 쓰거나, 밑줄 친 단어의 형태를 어법에 맞게 바꿔 쓰는 유형이다. • 다음 글의 밑줄 친 부분 중, 어법상 틀린 것을 2개 찾아 바르게 고치시오. • 위 글의 밑줄 친 ⓐ, ⓑ를 어법에 맞게 바르게 고치시오. **유형 2** 어법상 틀린 이유를 작성하거나 글 전체에서 틀린 부분을 찾아 고치는 유형이다. • 다음 밑줄 친 부분 중 어법상 적절하지 않은 세 곳을 찾아 바르게 고치고, 왜 고쳐야 하는지 이유를 간단히 설명하시오. • 다음 글에서 어법상 어색한 부분을 두 개 찾아 올바르게 고친 후, 고친 문장 전체를 다시 쓰시오.
어휘	**유형 1** 밑줄 친 부분 중 문맥상 어색한 어휘를 찾아 고쳐 쓰는 유형이다. • 위 글의 밑줄 친 부분 중 문맥상 낱말의 쓰임이 적절하지 않은 것을 찾아 번호를 쓰고, 바르게 고치시오. **유형 2** 주어진 영영 뜻풀이를 참고하여 본문의 빈칸에 들어갈 단어를 추론하거나, 영영 뜻풀이에 해당하는 단어를 본문에서 찾아 쓰는 유형이다. 영영 뜻풀이에 해당하는 단어를 어법에 맞게 바꿔 써야 하는 경우도 있다. • 윗글에서 다음 영영풀이에 적합한 단어를 찾아 쓰시오. • 〈보기〉의 주어진 영영풀이에 해당하는 단어를 (A), (B)의 빈칸에 어법에 맞도록 각각 쓰시오.

3. 영작

주요 구문을 활용하여 어순에 맞게 단어를 배열하거나 주어진 일부 단어만을 활용하여 문장을 완성할 수 있는지를 평가하는 유형이다.

유형	특징 및 대표 지시문
단어 배열	**유형 1** 주어진 단어를 변형하거나 새로운 단어를 추가하지 않고 그대로 배열하여 문장을 완성하는 유형이다. 우리말 해석이 주어지는 경우도 있고, 주어지지 않는 경우도 있다. • 위 글의 우리말과 같은 뜻이 되도록 아래 괄호 안의 단어를 알맞게 배열하시오. • 윗글의 괄호 안의 단어를 바르게 배열하시오. **유형 2** 주어진 단어를 배열하되 일부 단어를 어법에 맞게 바꿔 써야 하는 유형이다. 우리말 해석이 주어지는 경우도 있고, 주어지지 않는 경우도 있다. • 다음 글의 밑줄 친 우리말과 일치하도록 〈보기〉의 주어진 단어들을 모두 사용하되, 필요시 변형하여 영작하시오.
영작	**유형 1** 주어진 일부 단어를 활용하되 단어를 추가하여 우리말 해석에 맞게 문장을 완성하는 유형이다. • 윗글의 밑줄 친 우리말을 〈보기〉에 주어진 단어를 모두 한 번씩 사용하여 영어로 쓰시오. (필요시 어휘 추가 및 어형 변화 가능) **유형 2** 우리말 해석 없이 문맥에 맞게 문장을 완성하는 유형이다. 일부 단어가 제시되기도 하며, 특정 구문으로 쓰라는 조건이 제시되는 경우도 있다. • 다음 글의 흐름으로 보아 밑줄 (A)에 들어갈 말을 괄호 안의 주어진 단어를 이용하여 빈칸에 맞게 완성하시오.

4. 빈칸

본문의 전체적인 맥락을 파악하여 빈칸에 들어갈 내용을 추론하거나 요약문의 일부를 완성할 수 있는지를 평가하는 유형이다.

유형	특징 및 대표 지시문
빈칸 채우기	**유형 1** 문맥상 본문의 빈칸에 들어갈 단어를 추론하여 쓰는 유형으로, 두 개 이상의 빈칸에 공통으로 들어갈 단어를 써야 하는 경우도 있다. • 다음 글의 흐름으로 보아, 빈칸 (A), (B), (C)에 들어갈 말로 가장 적절한 것을 주어진 철자로 시작하는 단어로 쓰시오. • 다음 글을 읽고 각 빈칸 (A), (B)에 공통으로 들어갈 말을 한 단어로 쓰시오. **유형 2** 빈칸에 들어갈 단어를 본문이나 〈보기〉에서 찾아 쓰는 유형이다. 빈칸에 공통으로 들어갈 단어를 찾아 쓰거나, 본문에서 찾은 단어를 어법에 맞게 바꿔 써야 하는 경우도 있다. • 다음 빈칸 (A), (B)에 들어갈 단어를 본문에서 각각 찾아 쓰시오. • 다음 빈칸에 들어갈 단어를 반드시 본문에서 찾아 변형하여 쓰시오.

요약문	**유형 1** 본문이나 〈보기〉에서 알맞은 단어를 골라 요약문의 빈칸을 완성하는 유형이다. 본문이나 〈보기〉의 단어를 어법에 맞게 바꿔 써야 하는 경우도 있다. • 다음 글의 내용을 한 문장으로 요약하고자 한다. 빈칸 (A), (B)에 들어갈 말로 가장 적절한 것을 본문에서 찾아 쓰시오. • 다음 글의 내용을 두 문장으로 요약한 것이다. 빈칸 (A), (B), (C)에 들어갈 말을 〈보기〉에서 찾아 쓰시오. (필요시 단어의 형태를 변형할 것)
	유형 2 〈보기〉에 주어진 단어를 배열하여 요약문을 완성하는 유형이다. • 다음 글의 내용을 한 문장으로 요약하고자 할 때 주어진 조건에 맞게 〈보기〉의 단어들을 모두 활용하여 빈칸에 들어갈 알맞은 말을 완성하시오.

5. 기타

유형	특징 및 대표 지시문
흐름 및 내용 이해	**유형 1** 주어진 글 다음에 이어질 문장들을 흐름에 맞게 나열하는 유형이다. • 주어진 글 다음에 이어질 글의 순서를 흐름에 맞게 배열하시오.
	유형 2 문맥상 주어진 문장이 들어갈 위치를 찾아 쓰거나, 글의 흐름과 무관한 문장을 찾는 유형이다. • 다음 문장이 들어가기에 가장 적절한 곳의 앞뒤 각각 1단어를 쓰시오. • 다음 글에서 전체 흐름과 관계없는 문장을 골라서 답안지에 적으시오.
혼합형	한 문항에 두 가지 유형이 혼합되어 출제되는 유형으로 어법, 대의파악, 단어 추론 등의 종합적인 문제 해결 능력을 요구하는 문항이다. • 윗글의 빈칸에 들어갈 알맞은 말을 〈보기〉에서 선택하여 〈조건〉에 맞게 한글로 해석하시오. • 다음 글을 읽고 밑줄 친 (A)it이 가리키는 것을 두 단어로 쓰고, 빈칸 (B)에 들어갈 알맞은 단어를 주어진 철자로 시작하여 쓰시오.
자유 서술	글을 읽고 특정 내용에 대한 스스로의 생각을 자유롭게 서술하는 유형이다. • 윗글을 읽고 본인이 생각하는 hygge의 정의를 쓰고 그것을 즐기는 본인만의 방법을 서술하시오. • What do you think about his idea of going to college? Write in 15-25 words.

*〈기본편〉에서는 '기타'에 해당되는 유형을 제외함

PART

01

서술형 빈출 구문

문장의 형식

빈출도 (상) (중) (하)

Point 01 주어+동사+보어

>>> 구문 개념 잡기

2형식 문장은 「주어+동사+보어」의 형태로, 이때 주격보어는 주어의 상태, 성질, 신분 등을 설명하는 역할을 한다.

주요 동사	be, remain, keep, stay, stand, become, grow, seem, appear, look, sound, feel, taste 등
주격보어의 형태	형용사, 명사(구), 명사절, to부정사(to-v), 현재분사(v-ing), 과거분사(p.p.) 등
예문	The peak of the mountain **stayed hidden** behind the clouds. (주격보어=p.p.) The concern **is that** the volcano's eruption will cause flight delays. (주격보어=that절)

>>> 문장 완성 STEPs

기출 예제 강도가 그녀의 집에 들어왔음에도 Lisa는 평정심을 유지했다.

어순 확인 강도가 들어왔음에도 / 그녀의 집에 / Lisa는 / 유지했다 / 평정심을

▼

구문 확인 주어(Lisa)+동사(remained)+주격보어(형용사 calm) 구조 확인

▼

구문 완성 Although a thief entered her house, Lisa **remained calm**.
　　　　　　　　S'　　　V'　　　O'　　　S　　　V　　　SC

정답 및 해설 p.1

Check Up

우리말과 일치하도록 네모 안에서 알맞은 말을 고르시오.

1 그 영화는 재미있었지만 결말이 끔찍했다.

　The movie was exciting, but the ending was awful / awfully .

2 이 행사의 목표는 자선기금을 모으는 것이다.

　The aim of this event is raise / to raise money for charity.

문장 완성 *Practice*

UNIT 01
문장의
형식

A 다음 문장에서 밑줄 친 부분을 어법에 맞게 고치시오.

1 Mike's idea sounded <u>nicely</u>, but it didn't seem realistic.

2 Jane's speech was powerful, so the audience felt <u>inspiring</u>.

3 Her grandmother said she had seen angels, but they looked <u>differently</u> than the ones in pictures.

4 At that moment, every face looked <u>interesting</u> in what he had to say.

B 우리말과 일치하도록 괄호 안의 단어를 바르게 배열하시오.

1 그 의사의 조언은 매일 밤 잠을 더 자라는 것이었다. (more / each night / get / sleep / to)

→ The doctor's advice was _____.

2 Sam은 공포를 느껴서 제자리에 얼어붙어 있었다. (he / frozen / so / stayed)

→ Sam felt terrified, _____ in place.

3 문제는 그 팀이 올해 플레이오프에 진출하지 못할 것 같다는 것이다. (the team / miss / that / will likely / the playoffs)

→ The problem is _____ this year.

4 전쟁이 끝난 이후로 유가가 안정적이었다. (of / has been / the price / oil / stable)

→ Since the end of the war, _____.

C 우리말과 일치하도록 괄호 안의 단어를 활용하여 영작하시오. (단, 필요시 단어를 추가하고 어형을 바꿔 쓸 것)

1 이 회의의 목적은 우리의 졸업식을 계획하는 것이었다. (plan, graduation ceremony, to)

→ The purpose of this meeting _____.

2 호수 옆의 건물은 창문이 깨지고 페인트가 벗겨진 상태로 버려진 것처럼 보였다. (the lake, look, the building, abandon, next to)

→ _____, with broken windows and peeling paint.

3 문제는 우리가 캠핑 여행에 충분한 음식을 가져오지 않았다는 것이다. (enough food, bring, we)

→ The issue is _____ for our camping trip.

---

concern 걱정   volcano 화산   eruption (화산의) 폭발, 분화   aim 목적, 목표   charity 자선 단체; *자선   realistic 현실적인   inspire 영감을 주다   advice 조언, 충고   playoff 플레이오프, 우승 결정전   stable 안정적인   purpose 목적   abandon 버리다   peel 껍질을 벗기다; *(페인트 등이) 벗겨지다

UNIT 01 문장의 형식 • 19

문장의 형식

Point 02 주어+동사+간접목적어+직접목적어

》》 구문 개념 잡기

'~에게 …해주다'라는 의미의 4형식 문장은 「주어+동사+간접목적어+직접목적어」의 형태로 나타내며, 3형식 문장인 「주어+동사+직접목적어+to[for]+간접목적어」의 형태로 바꿔 쓸 수 있다.

to와 함께 쓰는 동사	give, send, tell, show, teach, lend, offer, award 등
예문	The new Thai restaurant **gave** all their customers a free dessert. → The new Thai restaurant **gave** a free dessert **to** all their customers.
for와 함께 쓰는 동사	buy, make, get, find, cook 등
예문	My sister **cooked** me breakfast for my birthday last weekend. → My sister **cooked** breakfast **for** me for my birthday last weekend.

》》 문장 완성 STEPs

> 기출 예제 왕자는 그 군인에게 그의 충성에 대해 자신의 칼을 수여했다.

어순 확인
▼
왕자는 / 수여했다 / 그 군인에게 / 자신의 칼을 / 그의 충성에 대해

구문 확인
▼
주어(The prince)+동사(awarded)+간접목적어(the soldier)+직접목적어(his own sword)
또는 주어+동사+직접목적어(his own sword)+전치사(to)+간접목적어(the soldier) 구조 확인

구문 완성
The prince **awarded** the soldier his own sword for his loyalty. (4형식)
　　　S　　　　V　　　　　IO　　　　　DO　　　　　　M

→ The prince **awarded** his own sword **to** the soldier for his loyalty. (3형식)
　　　S　　　　V　　　　　DO　　　　　　IO　　　　　M

정답 및 해설 p.1

 Check Up

우리말과 일치하도록 네모 안에서 알맞은 말을 고르시오.

1 Dave는 부모님께 신형 자동차를 사드렸는데, 그들은 애정을 다하여 그를 길러 주셨다.

   Dave bought a brand-new car to / for his parents, who lovingly raised him.

2 Brown 씨는 5세부터 10세까지의 아이들에게 자전거 타는 법을 가르친다.

   Mrs. Brown teaches children / to children aged 5 to 10 how to ride a bike.

문장 완성 *Practice*

A 다음 밑줄 친 부분이 어법상 옳으면 O, 틀리면 X 표시하고 바르게 고치시오.

1 The library lends <u>to the people</u> of this community around two thousand books a week.

2 The teacher showed an action movie <u>her class</u>.

3 The instructor at the pottery class taught <u>me</u> how to make a vase.

B 우리말과 일치하도록 괄호 안의 단어를 바르게 배열하시오.

1 Jessica의 부모님은 크리스마스에 그녀에게 새 스마트폰을 사 주셨다. (bought / a new smartphone / her / Jessica's parents)

→ _____ for Christmas.

2 많은 다큐멘터리는 그들의 시청자들에게 세계에 관한 충격적인 사실들을 보여준다. (about / shocking truths / to / the world / their audience / show)

→ Many documentaries _____ .

3 그 조각가는 왕의 생일을 기념하기 위해 왕에게 2미터 높이의 사자상을 만들어주었다. (the king / a two-meter-tall statue / made / of a lion / for)

→ The sculptor _____ to celebrate his birthday.

4 Brian은 판매원이 그에게 그 자동차의 가격을 말해주었을 때 놀랐다. (him / the salesman / the price of the car / told)

→ Brian was surprised when _____ .

C 두 문장이 같은 의미가 되도록 바꿔 쓰시오.

1 I loaned my friend Jason some lunch money.

→ I loaned _____ my friend Jason.

2 The CEO of the company promised two additional weeks of paid vacation to their full-time workers.

→ The CEO of the company _____ two additional weeks of paid vacation.

3 According to an Italian folklore, Santa Claus gives naughty boys and girls lumps of coal for Christmas.   *folklore: 민간전승

→ According to an Italian folklore, Santa Claus _____ for Christmas.

---

award 수여하다   loyalty 충실, 충성   instructor 강사   audience 관중; *시청자   statue 조각상   sculptor 조각가   celebrate 기념하다
loan 빌려주다   additional 추가의   naughty 버릇없는, 말을 안 듣는   lump 덩어리   coal 석탄

문장의 형식   빈출도 상 중 하

Point 03 주어+동사+목적어+목적격보어

》》》 구문 개념 잡기

「주어+동사+목적어+목적격보어」 형태의 5형식 문장에서 목적격보어는 목적어의 상태, 성질, 신분, 동작 등을 설명하며 목적어와 주술 관계가 성립한다.

주요 동사	목적격보어의 형태
make, turn, call, elect, keep, leave, find, consider 등	명사/형용사
advise, allow, ask, cause, enable, encourage, expect, want 등	to부정사(to-v)
let, make, have, see, watch, feel, hear, notice 등	동사원형
see, watch, feel, hear, notice, keep, leave 등	현재분사(v-ing)
have, get, find, make, keep 등	과거분사(p.p.)

Michelle's loud music **made** her neighbors **upset**. (목적격보어=형용사)
The school **let** the students **go** home early on the last day. (목적격보어=동사원형)

》》》 문장 완성 STEPs

> 기출 예제 그 교사는 학생들에게 소그룹으로 갈라질 것을 요청했다.
>
> 어순 확인 그 교사는 / 요청했다 / 학생들에게 / 갈라질 것을 / 소그룹으로
> ▼
> 구문 확인 주어(The teacher)+동사(asked)+목적어(the students)+목적격보어(to부정사) 구조 확인
> ▼
> 구문 완성 The teacher **asked** the students **to break off** into small groups.
>   S   V   O   OC

정답 및 해설 p.2

우리말과 일치하도록 네모 안에서 알맞은 말을 고르시오.

1 그 회사의 훌륭한 서비스는 고객들이 만족스럽게 유지해준다.

   The company's excellent service keeps customers happy / happily .

2 그 교수는 학생들이 그 실험을 다시 하게 했다.

   The professor made the students to do / do the experiment again.

문장 완성 *Practice*

A 다음 문장에서 밑줄 친 부분을 어법에 맞게 고치시오.

1 Drinking water causes you <u>feeling</u> less hungry.

2 The musicians kept the audience <u>to wait</u> while they tuned their instruments.

3 The host of the show had the guest <u>to introduce</u> his new novel.

4 Virtual private networks keep your computer's location <u>to hide</u>. *virtual private network: 가상 사설 통신망

B 우리말과 일치하도록 괄호 안의 단어를 바르게 배열하시오.

1 재판이 끝날 때, 배심원단은 그 남자가 유죄라고 알게 되었다. (found / the jury / guilty / the man)

→ At the end of the trial, _____.

2 운이 좋다면, 관광객들은 샌프란시스코 만에서 고래들이 숨을 쉬기 위해 수면으로 올라오는 것을 볼 수 있다. (can / surfacing / tourists / see / whales)

→ If they're lucky, _____ for air in San Francisco Bay.

3 나는 그녀의 새 영화가 올해 최고의 코미디 영화라고 생각했다. (the best comedy / her / considered / new movie)

→ I _____ of the year.

4 그 스파이는 죄수들이 그 나라를 탈출하도록 도왔다. (the prisoners / helped / escape / the spy)

→ _____ the country.

C 우리말과 일치하도록 괄호 안의 단어를 활용하여 영작하시오. (단, 필요시 단어를 추가하고 어형을 바꿔 쓸 것)

1 이 프로그램을 사용하는 것은 당신이 당신의 사진들을 편집할 수 있게 해준다. (allow, pictures, edit)

→ Using this program _____.

2 Sally는 2015년에 그녀의 아버지의 마지막 소설이 출판되도록 했는데, 그것은 그가 사망한 지 1년 뒤였다. (last novel, father's, publish, have)

→ Sally _____ in 2015, which was a year after he passed away.

3 면접관들은 모든 면접 대상자들에게 격식을 차린 정장을 입을 것을 권장했다. (all interviewees, encourage, wear)

→ The interviewers _____ formal suits.

---

experiment 실험   tune (악기의 음을) 조율하다   jury 배심원단   guilty 죄책감이 드는; *유죄인   trial 재판, 공판   surface 수면으로 올라오다
escape 탈출하다   edit 편집하다   publish 출판[발행]하다

⫸ 구문 개념 잡기

주어부에 수식어구가 포함된 문장에서는 핵심 주어를 정확히 파악하여 동사의 수를 일치시켜야 한다.

to부정사구의 수식	*The best way to fix your car* **is** to take it to a mechanic.
현재분사구의 수식	*The men climbing that mountain* **are** well-known rock climbers.
과거분사구의 수식	*Papers edited by professors* **are** then presented in research publications.
전치사구의 수식	*The subject of physics* **is** usually studied by students with a talent for math.

⫸ 문장 완성 STEPs

기출 예제 목표를 정하는 것의 목적은 그 경기를 이기는 것이다.

어순 확인   목적은 / 목표를 정하는 것의 / 이기는 것이다 / 그 경기를

▼

구문 확인   핵심 주어(The purpose)에 맞게 단수 동사(is)를 써야 함을 확인

▼

구문 완성   [*The purpose of setting goals*] **is** to win the game.
　　　　　　　　　 S 　　　　　　　　　　　　V 　　 SC

정답 및 해설 p.3

Check Up 　우리말과 일치하도록 네모 안에서 알맞은 말을 고르시오.

1 그 여자에게 이야기하고 있는 경찰관은 나의 가장 친한 친구의 아빠이다.

　The police officer talking to the woman is / are my best friend's dad.

2 여러 나라에서 온 역사학자들은 보통 역사에 대해 다른 해석을 한다.

　Historians from different countries typically has / have different interpretations of history.

문장 완성 *Practice*

정답 및 해설 p.3

UNIT 02
수 일치

A 다음 괄호 안의 단어를 빈칸에 알맞은 형태로 쓰시오. (단, 현재형으로 쓸 것)

1 Travel packages offered by this travel agency _____ usually sold at a discount. (be)

2 The only person to reach the top of this mountain _____ 60 years old today. (turn)

3 Air conditioners fixed by the company that manages my apartment always _____ shortly after. (break)

4 The act of building new knowledge on older discoveries _____ that we correct our mistakes. (ensure)

B 우리말과 일치하도록 괄호 안의 단어를 바르게 배열하시오.

1 가장 빠르게 성장하는 회사들은 보통 그들의 주가가 상승하는 것을 보는 첫 번째 회사이다. (with / companies / are / the fastest growth)

→ _____ usually the first to see their stock price rise.

2 Jessie가 그녀의 한가한 시간에 하기 매우 좋아하는 것은 쿠키를 굽는 것이다. (to do / Jessie's / is / favorite / in her free time / thing)

→ _____ to bake cookies.

3 이 커피숍에 의해 만들어진 에스프레소는 저쪽에 있는 곳에서 만들어진 것보다 더 맛이 좋다. (made by / tastes / coffee shop / the espresso / this)

→ _____ better than that brewed by the one over there.

C 우리말과 일치하도록 괄호 안의 단어를 활용하여 영작하시오. (단, 필요시 단어를 추가하고 어형을 바꿔 쓸 것)

1 식품 라벨의 주요 기능은 당신이 먹는 식품 안에 무엇이 있는지 당신에게 알려주는 것이다. (food labels, function, of, the main)

→ _____ to inform you of what is inside the food you eat.

2 그 연구에 참여하는 침팬지들은 방에서 각자 개별적으로 테스트를 받았는데, 그곳에서 그들은 두 개의 상자 앞에 있게 되었다. (the study, chimpanzee, participating in)

→ _____ each individually tested in a room, where they were put in front of two boxes.

3 1940년대의 많은 영화감독들은 어두운 탐정 영화를 만드는 것으로 유명했다. (film directors, many, of the 1940s)

→ _____ famous for making dark detective films.

---

mechanic 정비공　publication 출판물, 간행물　physics 물리학　interpretation 해석　knowledge 지식　ensure 반드시 ~하게 하다, 보장하다
stock price 주가　brew (커피·차를) 만들다　function 기능　inform 알리다　individually 개별적으로　detective 형사, 탐정

UNIT 02 수 일치 • 25

수 일치   빈출도 (상)(중)(하)

Point 05 구와 절 주어의 수 일치

》》 구문 개념 잡기

주어로 쓰인 to부정사구, 동명사구, 명사절 등은 단수 취급하여 단수 동사와 함께 쓴다.

주어로 쓰이는 구	to부정사구, 동명사구
주어로 쓰이는 절	접속사 whether절, 의문사절, 관계대명사 what절, 접속사 that절 등
예문	*To start your own business* **takes** a lot of time and money. (to부정사구) *How people eat on a daily basis* **has** a long-term effect on their health. (의문사절)

》》 문장 완성 STEPs

기출 예제 학생들에게 복잡한 글을 제공하는 것은 학습이 일어나기에 충분하지 않다.

어순 확인   제공하는 것은 / 학생들에게 / 복잡한 글을 / 충분하지 않다 / 학습이 일어나기에

▼

구문 확인   동명사구 주어(Providing students with complex texts)를 쓸 경우 단수 동사(is)를 써야 함을 확인

▼

구문 완성   *Providing students with complex texts* **is** not enough for learning to happen.
            —————————————————————————   ——   ————————   ——————————   —————————
                        S   V   SC   의미상 주어   to-v

정답 및 해설 p.4

Check
Up

우리말과 일치하도록 네모 안에서 알맞은 말을 고르시오.

1 너의 목표를 이루는 것은 많은 훈련과 동기를 필요로 한다.

   To accomplish your goals | require / requires | plenty of discipline and motivation.

2 플라톤이 한 것은 철학이 상세한 대화를 통해 가장 잘 학습된다는 것을 보여주는 것이었다.

   What Plato did | was / were | to show that philosophy is best taught through detailed dialogues.

문장 완성 *Practice*

A 우리말과 일치하도록 괄호 안의 단어를 바르게 배열하시오.

1 헬멧 없이 자전거를 타는 것은 안전 전문가들에 의해 위험하다고 여겨진다. (a bicycle / is / without / riding / a helmet)

→ _____ considered dangerous by safety experts.

2 네가 알래스카에 사는 것은 그곳이 얼마나 추운지를 고려해 보면 정말 인상적이다. (you / impressive / that / live / is / in Alaska / really)

→ _____ given how cold it is there.

3 식사 자리에서 트림하는 것은 몇몇 동양권 나라에서 용인되는 것으로 여겨진다. (acceptable / at the dinner table / to / considered / burp / is)

→ _____ in some Eastern countries.

4 나의 엄마가 이해하지 못한 것은 내가 시험을 위해 할 수 있는 한 열심히 공부했다는 것이었다. (didn't / was / my mom / understand / what)

→ _____ that I studied as hard as I could for the test.

B 우리말과 일치하도록 괄호 안의 단어를 활용하여 영작하시오. (단, 필요시 단어를 추가하고 어형을 바꿔 쓸 것)

1 지구상에서 당신의 탄소 발자국을 줄이는 것은 운전하는 대신 걸어서 출근하는 것만큼 쉽다. (carbon footprint, reducing, on earth)   *carbon footprint: 탄소 발자국

→ _____ as easy as walking to work instead of driving.

2 어떤 사람들은 먹을 충분한 음식이 없다는 것이 모두에게 상식인 것은 아니다. (to, common knowledge, everyone)

→ That some people don't have enough food to eat _____ .

3 네가 얼마나 효율적으로 일하는지는 네가 종일 얼마나 많은 일을 끝내는지를 결정한다. (work, determine, finish, how much)

→ How efficiently you work _____ throughout the day.

4 많은 사람들이 쓰레기로 여기는 것이 아름다운 예술품으로 바뀌고 있다. (many, junk, what, regard as)

→ _____ being turned into beautiful works of art.

---

complex 복잡한   accomplish 이루다, 성취하다   discipline 훈련   motivation 동기   philosophy 철학   expert 전문가   acceptable 용인되는   burp 트림하다   common knowledge 상식   determine 결정하다   efficiently 효율적으로   junk 쓰레기

수 일치

빈출도 (상) (중) (하)

Point 06 「_____+of+명사」 주어의 수 일치

》》 구문 개념 잡기

「_____+of+명사」 형태의 주어가 쓰인 문장에서 동사의 수에 유의한다.

주어		동사
부분사(all/most/some/the majority/part/half/분수/퍼센트)+of	+단수 명사	단수형
	+복수 명사	복수형
one/each+of	+복수 명사	단수형
the number of(~의 수)	+복수 명사	단수형
a number of(많은 ~)		복수형

All of the watches in this store **are** $500 or more!
Each of the statues in the hotel lobby **was** made by a famous artist in France.

》》 문장 완성 STEPs

> 기출 예제 외국인들에 의해 운영되는 회사의 수가 요즘 증가하고 있다.
>
> 어순 확인 회사의 수가 / 운영되는 / 외국인들에 의해 / 증가하고 있다 / 요즘
> ▼
> 구문 확인 주어(The number of companies)에 맞게 단수 동사(is growing)를 써야 함을 확인
> ▼
> 구문 완성 *The number of companies* run by foreigners **is growing** these days.
>   S   M₁   V   M₂

정답 및 해설 p.4

우리말과 일치하도록 네모 안에서 알맞은 말을 고르시오.

1 소방관들의 대다수는 3일간의 주말 휴가를 갖는다.

  The majority of firefighters have / has three-day weekends.

2 이 소프트웨어의 60퍼센트는 우리 회사의 프로그래머들에 의해 완성되어야 한다.

  Sixty percent of this software need / needs to be completed by our company's programmers.

문장 완성 *Practice*

A 다음 밑줄 친 부분이 어법상 옳으면 O, 틀리면 X 표시하고 바르게 고치시오. (단, 시제는 그대로 유지할 것)

1 Half of my homework <u>were</u> missing when I checked my bag.

2 Most of the animals in this zoo <u>are</u> both rare and exotic.

3 A number of people still <u>believes</u> that money and power would ensure their success.

4 Some of the advice given by Jack's therapist <u>seem</u> useless.

B 우리말과 일치하도록 괄호 안의 단어를 바르게 배열하시오.

1 이 도시를 방문한 관광객의 수는 작년에 10억 명이 넘었다. (of / this city / number / tourists / who / the / was / visited)

→ _____ over one billion last year.

2 이 선반의 책들 중 4분의 1만 과학 주제와 연관되어 있다. (the books / of / are / one-fourth / on this shelf)

→ Only _____ related to scientific topics.

3 모든 최고의 밴드가 축제의 마지막 날에 공연한다. (the best bands / all / play / of)

→ _____ on the last day of the festival.

4 이 구역에 있는 차량의 절반이 유명한 할리우드 여배우의 소유이다. (the cars / are owned / of / half / in this lot)

→ _____ by a famous Hollywood actress.

C 우리말과 일치하도록 괄호 안의 단어를 활용하여 영작하시오. (단, 필요시 단어를 추가하고 어형을 바꿔 쓸 것)

1 태닝의 문제점들 중 하나는 그것이 당신의 피부를 손상시키거나 피부암을 유발할 수 있다는 것이다. (with, the problem, tanning)

→ _____ that it can damage your skin or cause skin cancer.

2 우리 식료품점에 있는 농산물 중 3분의 2 이상이 해외에서 수입된다. (the produce, two-thirds, grocery store)

→ More than _____ imported from abroad.

3 평균적으로, 학생들 중 4분의 1이 두 달 이내에 이 통계학 수업을 중도 포기한다. (the students, a quarter, drop)

→ On average, _____ out of this statistics course within two months.

---

exotic 이국적인   lot 제비(뽑기); *부지, 토지의 한 구획   damage 손상을 주다   produce 생산물, 농작물[농산물]   import 수입하다   abroad 해외에
(서)   drop 떨어뜨리다; *그만두다[중단하다]   statistics 통계학

Point 07 관계사 선행사의 수 일치

≫ 구문 개념 잡기

주어가 관계사절의 수식을 받아 길어진 문장의 경우, 핵심 주어를 찾아 동사의 수를 일치시켜야 한다.

관계대명사절의 수식	*People who exercise early in the morning* usually **report** feeling better during the day.
관계부사절의 수식	*The day when my husband and I got married* **was** the best day of my life.

≫ 문장 완성 STEPs

<table>
<tr><td>기출 예제</td><td colspan="2">당신을 웃게 하는 모든 사건은 당신의 뇌에서 기분을 좋게 하는 화학 물질들을 만들어 낸다.</td></tr>
<tr><td>어순 확인</td><td colspan="2">모든 사건은 / 당신을 웃게 하는 / 만들어 낸다 / 기분을 좋게 하는 화학 물질들을 / 당신의 뇌에서</td></tr>
<tr><td></td><td colspan="2">▼</td></tr>
<tr><td>구문 확인</td><td colspan="2">핵심 주어(Every event)에 맞게 단수 동사(produces)를 써야 함을 확인</td></tr>
<tr><td></td><td colspan="2">▼</td></tr>
<tr><td>구문 완성</td><td colspan="2">*Every event* [*that causes you to smile*] **produces** feel-good chemicals in your brain.
S   V   O   M</td></tr>
</table>

정답 및 해설 p.5

Check Up 우리말과 일치하도록 네모 안에서 알맞은 말을 고르시오.

1 내가 어제 쓴 마스크는 탁자 위에 있다.

The face mask that I wore yesterday | is / are | on the table.

2 대통령 선거에 출마하는 모든 후보자는 노인들을 위한 더 나은 부양을 지지한다.

All of the candidates who are running in the presidential race | support / supports | better care for the elderly.

문장 완성 *Practice*

A 다음 밑줄 친 부분이 어법상 옳으면 O, 틀리면 X 표시하고 바르게 고치시오.

1 Oatmeal, which I usually eat every morning, <u>seem</u> to be really good for my digestion.

2 Forests where people can camp <u>are</u> popular vacation spots for families.

3 The days when people bought CDs <u>is</u> gone because everything can be downloaded online now.

4 People who brag about their accomplishments too much <u>makes</u> other people annoyed.

B 우리말과 일치하도록 괄호 안의 단어를 바르게 배열하시오.

1 사람들이 반려동물을 기르는 몇몇 이유들은 동료애와, 아이들에게 책임감을 가르치기 위한 것이다. (why / raise / some / pets / reasons / people / are)

→ _____ for companionship and for teaching children responsibility.

2 TV 프로그램을 흑백으로 본 나이 든 세대들은 가끔 현대 기술을 이용하는 데 어려움을 겪는다. (that / in black and white / sometimes have / TV shows / watched)

→ Older generations _____ difficulty using modern technologies.

3 내가 어제 구입한 그 셔츠는 내가 흘린 저 밀크셰이크 때문에 벌써 얼룩져 있다. (the shirt / yesterday / that / bought / is / I)

→ _____ already stained because of that milkshake I spilt.

C 우리말과 일치하도록 괄호 안의 단어를 활용하여 영작하시오. (단, 필요시 단어를 추가하고 어형을 바꿔 쓸 것)

1 내가 의사가 되기로 정했던 이유는 사람들의 건강을 개선하기 위해서였다. (choose, why, to become)

→ The reason _____ to improve people's health.

2 내가 점심 식사하기를 좋아하는 그 식당은 훌륭한 이탈리아 음식을 제공한다. (like to eat, where, serve)

→ The restaurant _____ great Italian food.

3 홍수에 의해 영향을 받은 그 도시는 나의 조부모님이 사시던 지역 근처였다. (that, by the flood, be affected)

→ The town _____ near the area my grandparents lived in.

report 보고하다; *~라고 말하다　　chemical 화학 물질　　candidate 후보자　　presidential race 대통령 선거전　　digestion 소화　　brag 자랑하다
accomplishment 성취; *성과, 업적　　companionship 동료애　　responsibility 책임감　　stain 얼룩지게 하다　　affect 영향을 미치다

Point 08 도치 구문의 수 일치

>>> 구문 개념 잡기

부정어(구), 부사(구), 보어 등이 강조되어 문장 맨 앞에 오는 경우 주어와 (조)동사가 도치된다. 이때, 도치된 be동사 또는 (조)동사의 수를 주어에 일치시켜야 한다.

형태	부정어구(never/little/rarely/hardly/only 등)+(조)동사+주어 ~ *동사가 일반동사일 경우: 부정어구+do[does/did]+주어+동사원형 ~
	장소·방향을 나타내는 부사구+(조)동사+주어 ~
	보어+(조)동사+주어 ~
	There[Here]+be동사+주어
예문	*In Amy's pocket* **were** a few coins and a credit card. *Never* **has** such a big earthquake struck in my hometown.

>>> 문장 완성 STEPs

기출 예제 **모퉁이에 당신이 찾고 있는 식당들이 있다.**

어순 확인   모퉁이에 / 있다 / 식당들이 / 당신이 찾고 있는

▼

구문 확인   장소의 부사구가 강조되어 문두에 오면, 주어(the restaurants)에 맞게 복수 동사(are)를 써야 함을 확인

▼

구문 완성   *Around the corner* **are** the restaurants [that you are looking for].
            M   V   S   S'   V'

정답 및 해설 p.6

우리말과 일치하도록 네모 안에서 알맞은 말을 고르시오.

1 힘든 하루의 일을 마치고 쉴 수 있는 사람은 행복하다.

   Happy | is / are | the man who can rest after a hard day's work.

2 비가 내리고 있을 때는 학생들이 운동장에서 좀처럼 축구를 하지 않는다.

   Rarely | do / does | students play soccer on the field when it is raining.

문장 완성 *Practice*

A 다음 문장에서 밑줄 친 부분을 어법에 맞게 고치시오.

1 Envious <u>were</u> my friend after I told her how great my trip was.

2 Here <u>are</u> the place people like to study after their class.

3 Jack is not religious, nor <u>do</u> he believe in God.

4 Not until the clock strikes midnight <u>is</u> we able to embark on our journey to view the stars from the top of the mountain.　*embark: 시작하다

B 다음 문장을 밑줄 친 부분을 강조하는 도치 구문으로 바꿔 쓰시오.

1 The person that believes he can blame all his problems on others is <u>foolish</u>.

→ Foolish _____.

2 Nancy knows <u>little</u> about her great grandfather who fought in World War I.

→ _____

3 Temperatures <u>rarely</u> fall below zero in this city during winter.

→ _____

C 우리말과 일치하도록 괄호 안의 단어를 바르게 배열하여 도치 구문을 완성하시오.

1 나는 내 데스크톱 컴퓨터의 아이콘들을 좀처럼 정리하지 않는다. (I / the icons / do / clean)

→ Seldom _____ on my desktop PC.

2 다른 나라에서 온 많은 사람들이 호텔 로비에 서 있었다. (many people / different / were / from / countries)

→ There _____ standing in the hotel lobby.

3 이 나무의 꼭대기에서 맨 아랫부분까지 3,000개가 넘는 크리스마스 조명이 있다. (over / Christmas lights / are / 3,000)

→ From the top to the bottom of this tree _____.

4 나의 지리 선생님의 교실에는 벽에 걸려 있는 아시아 지도가 있었다. (a map of Asia / was / on the wall / hanging)

→ There _____ in my geography teacher's classroom.

---

earthquake 지진　　strike (재난 등이) 발생하다; (시계가) 알리다　　envious 부러워하는　　blame 탓하다　　geography 지리학

시제
빈출도 상 종 하

Point 09 현재완료시제 vs. 과거시제

▷▷▷ 구문 개념 잡기

「have[has] p.p.」 형태의 현재완료시제는 과거의 특정 시점에 시작되어 현재까지 영향을 미치는 일을 나타낸다는 점에서 단순 과거시제와 구분된다.

현재완료	자주 쓰이는 부사구	for, since, so far, just, already, yet 등
	This comedy series **has been** on television *for more than five years*.	
과거	자주 쓰이는 부사구[절]	yesterday, ago, last ~, in+연도, when절
	Albert Einstein **graduated** from a teaching program in Zurich *in 1900*.	

▷▷▷ 문장 완성 STEPs

기출 예제 2000년 이후로 사업체들은 더 많은 세계적 경쟁을 겪어 왔다.

어순 확인 2000년 이후로 / 사업체들은 / 겪어 왔다 / 더 많은 세계적 경쟁을
▼
구문 확인 '겪어 왔다'라는 의미를 현재완료시제로 나타내야 함을 확인
▼
구문 완성 *Since 2000*, businesses **have experienced** more global competition.
　　　　　　　M　　　　　　　 S　　　　　　 V　　　　　　　　　　 O

정답 및 해설 p.7

Check
Up

네모 안에서 알맞은 말을 고르시오.

1 Jason met / has met his favorite baseball player yesterday.

2 I taught / have taught children to play the piano for the past three years.

문장 완성 *Practice*

A 우리말과 일치하도록 괄호 안의 단어를 활용하여 빈칸에 알맞은 말을 쓰시오.

1 나의 가족은 호주에 세 번 가본 적이 있다. (be)

→ My family _____ _____ to Australia three times.

2 그 회사는 컴퓨터의 새로운 운영 체제를 방금 공개했다. (just, release)

→ The company _____ _____ _____ its new operating system for computers.

*operating system: 운영 체제

3 Patrick은 대학에서 생물학을 공부하기로 결정했다. (decide)

→ Patrick _____ _____ to study biology in university.

B 다음 두 문장을 현재완료시제를 사용하여 한 문장으로 바꿔 쓰시오.

1 Brenda left the key to her car at home. She doesn't have it now.

→ Brenda _____ at home.

2 Adam started to study geology almost 20 years ago. He still studies it.

→ Adam _____ for almost 20 years.

3 Martin started to work at an IT company in 2010. He still works there.

→ Martin _____ since 2010.

C 우리말과 일치하도록 괄호 안의 단어를 바르게 배열하시오.

1 이 책은 100만 부가 넘게 팔렸다. (one million / sold / more than / has / copies)

→ This book _____.

2 우리는 거의 20분 동안 버스 정류장에서 기다려 왔지만 버스는 아직도 도착하지 않았다. (waited / hasn't arrived / at the bus stop / still / have / the bus)

→ We _____ for almost twenty minutes, but _____.

3 그 야구팀은 이번 시즌에 경기를 잘해 와서 플레이오프에 진출할 것이다. (has / the baseball team / well / played)

→ _____ this season, so they will make the playoffs.

---

competition 경쟁   release 풀어주다; *공개[발표]하다   biology 생물학   geology 지질학

Point 10 과거완료시제

》》》 구문 개념 잡기

「had p.p.」 형태의 과거완료시제는 과거의 특정 시점 이전에 일어난 일이나 과거의 특정 시점을 기준으로 그 이전부터 기준 시점까지 영향을 미치는 일을 나타낸다.

쓰임 ① (대과거)	과거의 특정 시점 이전에 일어난 일을 나타냄
	Greg said he **had studied** hard for the exam.
쓰임 ②	과거의 특정 시점을 기준으로 그 이전부터 기준 시점까지 영향을 미치는 일을 나타냄
	Glen **had hiked** for almost five hours to reach the top of the mountain. My family **had** already **eaten** dinner when I got home.

》》》 문장 완성 STEPs

> 기출 예제 대화가 끝난 후에, 그 연구원들은 참가자들에게 질문들을 했다.
>
> 어순 확인 대화가 끝난 후에 / 그 연구원들은 / 했다 / 참가자들에게 / 질문들을
> ▼
> 구문 확인 과거시제(asked)를 단서로 그 이전에 일어난 대과거는 과거완료시제로 나타낼 수 있음을 확인
> ▼
> 구문 완성 After the conversations **had ended**, the researchers asked the participants questions.
>   S'   V'   S   V   IO   DO

정답 및 해설 p.7

네모 안에서 알맞은 말을 고르시오.

1 Cathy realized that she has seen / had seen the movie before.

2 The cookies had / have already been burnt when Paul took them out of the oven.

문장 완성 *Practice*

A 다음 두 문장을 과거완료시제를 사용하여 한 문장으로 바꿔 쓰시오.

1 The miners were trapped in the coal mine. They were rescued after three days.

→ _____ for three days in the coal mine before they were rescued.

2 Susan's best friend moved to another city. She felt lonely after that.

→ After her best friend _____, Susan felt lonely.

3 We found a spot to stand. The parade already started.

→ When we found a spot to stand, the parade _____.

4 The detective solved the crime. He told the reporters that.

→ The detective told the reporters that he _____.

B 우리말과 일치하도록 괄호 안의 단어를 바르게 배열하시오.

1 Hannah의 죄책감 어린 표정은 그녀가 무언가 잘못했다는 것을 암시했다. (she / something / had / wrong / done)

→ Hannah's guilty look implied that _____.

2 그 과학자는 그가 새로운 행성을 발견했다고 주장했다. (discovered / he / a new planet / had)

→ The scientist claimed _____.

3 은퇴하기 전에, John은 그 회사에서 20년 넘게 일했었다. (had / for the company / more than / for / worked / twenty years)

→ Before he retired, John _____.

4 Mandy는 19세가 될 무렵에 두 번의 수영 선수권 대회에서 우승한 상태였다. (won / swimming championships / had / two)

→ Mandy _____ by the age of nineteen.

5 멕시코로 여행을 가기 전에, Jessica는 비행기를 타본 적이 한 번도 없었다. (been / on / had / an airplane / never)

→ Before she traveled to Mexico, Jessica _____.

---

participant 참가자   miner 광부   trap 가두다   coal mine 탄광   rescue 구조하다   crime 범죄   imply 암시하다   claim 주장하다
retire 은퇴하다   championship 선수권 대회

Point 11 완료진행시제

>>> 구문 개념 잡기

완료진행시제는 완료시제와 쓰임이 유사하지만 이전부터 시작된 일이 특정 시점까지도 계속해서 진행 중임을 강조할 때 사용한다.

현재완료진행	쓰임	과거부터 현재까지 계속해서 진행 중인 일을 나타냄
	형태	have[has] been v-ing
	예문	Mark **has been playing** golf since early this morning.
과거완료진행	쓰임	과거의 특정 시점을 기준으로 그 이전부터 기준 시점까지 계속해서 진행 중이었던 일을 나타냄
	형태	had been v-ing
	예문	Michelle **had been searching** for her phone for hours before she finally found it.

>>> 문장 완성 STEPs

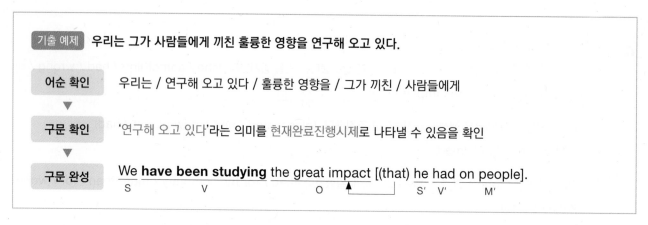

기출 예제 우리는 그가 사람들에게 끼친 훌륭한 영향을 연구해 오고 있다.

어순 확인 우리는 / 연구해 오고 있다 / 훌륭한 영향을 / 그가 끼친 / 사람들에게

▼

구문 확인 '연구해 오고 있다'라는 의미를 현재완료진행시제로 나타낼 수 있음을 확인

▼

구문 완성 We **have been studying** the great impact [(that) he had on people].
　　　　　　　S　　　　V　　　　　　　　　O　　　　　　　　　S'　V'　　M'

정답 및 해설 p.8

Check
Up

네모 안에서 알맞은 말을 고르시오.

1 It [was / has been] snowing for more than six hours now.

2 Wendy's clothes were covered with dirt because she [has / had] been gardening all morning.

문장 완성 *Practice*

A 다음 두 문장을 완료진행시제를 사용하여 한 문장으로 바꿔 쓰시오.

1 Carol started to study in her room three hours ago. She is still studying.

→ Carol _____ in her room for three hours.

2 The students were arguing. The teacher entered the classroom then.

→ The students _____ when the teacher entered the classroom.

3 Scientists started to search for a cure to cancer many years ago. They are still searching for it.

→ Scientists _____ to cancer for many years.

B 우리말과 일치하도록 괄호 안의 단어를 바르게 배열하시오.

1 아이슬란드에 있는 그 화산은 마침내 멈추기 전까지 6개월 동안 분화하고 있었다. (erupting / six months / had / for / been)

→ The volcano in Iceland _____ before it finally stopped.

2 그 소설가는 여섯 살 때부터 책을 써 오고 있다. (been / the novelist / books / has / writing)

→ _____ since she was six years old.

3 Jones 씨는 그의 대부분의 경력 동안 고등학생들을 가르쳐 오고 있다. (has / students / teaching / been / high school)

→ Mr. Jones _____ for most of his career.

C 우리말과 일치하도록 괄호 안의 단어를 활용하여 빈칸에 알맞은 말을 쓰시오.

1 너는 런던에 가기 전에 뉴욕에 얼마나 오래 머무르고 있었니? (stay)

→ How long _____ _____ _____ _____ in New York before you went to London?

2 우리는 그 종업원이 마침내 음식을 가져오기 전까지 우리의 음식을 거의 1시간 동안 기다리고 있었다. (wait for)

→ _____ _____ _____ _____ _____ our food for almost an hour before the waiter finally brought it.

3 국제 우주 정거장은 20년 넘게 지구의 궤도를 돌고 있다. (orbit)

→ The International Space Station _____ _____ _____ the Earth for more than twenty years.

---

impact 영향　　　garden 정원을 가꾸다　　　argue 언쟁을 하다, 다투다　　　cure 치료법　　　erupt 분출하다　　　orbit (다른 천체의) 궤도를 돌다

서술형 빈출 구문 REVIEW TEST

A 네모 안에서 알맞은 말을 고르시오.

1 The book's aim is [explain / to explain] what true love is.

2 Artifacts stolen during times of war [is / are] still being displayed in museums.

3 A customer wrote a strongly-worded complaint [to / for] the store on Friday.

4 Janet's willingness to admit when she's wrong [make / makes] her a great friend.

5 To go to an interview without preparation [is / are] a very foolish thing to do.

6 Wildlife sanctuaries help injured animals [live / living] comfortable lives.   *sanctuary: 보호 구역

7 Alison has never seen her brother [to study / studying] for longer than 10 minutes.

8 The performance [has / had] already ended by the time I arrived at the concert hall.

B 다음 문장에서 어법상 <u>틀린</u> 곳을 찾아 밑줄을 긋고 바르게 고치시오.

1 Detectives found the door to the suspect's room locking.

2 That girl might look nicely, but she is the meanest person I know.

3 The dog's ability to track particular scents help hunters follow their prey.

4 Behind the car is two people riding a bike.

5 Seventy percent of all animals that have lived on this island is now extinct.

6 Eating breakfast in the morning improve one's physical and mental health.

7 Little do Rebecca know that we already have plans for her birthday.

8 Plastic waste that can be recycled have to be washed first.

---

artifact 공예품   complaint 불평[항의], 불만   willingness 기꺼이 하는 마음   admit 인정하다   wildlife 야생 동물   performance 공연, 연주회
suspect 용의자   track 추적하다   particular 특정한   scent 냄새   prey 먹이, 사냥감   extinct 멸종된   physical 육체[신체]의   mental
정신의, 마음의   recycle 재활용하다

C 우리말과 일치하도록 괄호 안의 단어를 바르게 배열하시오.

1 어젯밤에, Alice는 낯선 우주선이 하늘을 날고 있는 것을 알아차렸다. (a / spaceship / noticed / flying / strange)

→ Last night, Alice _____ through the sky.

2 그 과학자들이 발견한 것은 여러 해가 지나서야 밝혀졌다. (the scientists / was / what / discovered)

→ _____ not revealed until many years later.

3 그 보물은 발견되기 전에 수년간 다락에 보관되어 있었다. (kept / the treasure / been / in the attic / had)

→ _____ for years before it was discovered.

4 내 발목이 부은 것 같아 보여서 나는 병원에 갈 것이다. (looks / ankle / swollen / my)

→ _____, so I'm going to go to the hospital.

5 Kate는 Alex가 갑자기 그녀에게 사탕 하나를 주었을 때 울고 있었다. (had / when / been / Kate / crying)

→ _____ Alex suddenly gave her a piece of candy.

D 우리말과 일치하도록 괄호 안의 단어를 활용하여 영작하시오. (단, 필요시 단어를 추가하고 어형을 바꿔 쓸 것)

1 변호사는 그 증인에게 한 달 전에 일어난 사건을 상기할 것을 요청했다. (the witness, ask, the event, recall)

→ The lawyer _____ that happened a month before.

2 그 작가는 1970년대부터 200편이 넘는 단편 소설을 썼다. (the author, short stories, write, over)

→ _____ since the 1970s.

3 미국너구리는 낮 동안에 좀처럼 자신의 굴 밖으로 나오지 않는다. (their dens, raccoons, come out of)

→ Rarely _____ during the day.

4 프리다 칼로의 자화상들 각각은 그녀의 육체적, 정신적 투쟁을 보여준다. (physical, struggles, show, mental)

→ Each of Frida Kahlo's self-portraits _____.

---

reveal 드러내다, 밝히다   treasure 보물   attic 다락(방)   swell 붓다, 부풀다   witness 목격자; *증인   author 작가   den (야생동물이 사는) 굴
struggle 투쟁, 분투   self-portrait 자화상

Point 12 여러 가지 조동사 표현

》》 구문 개념 잡기

can, may[might], should[ought to], must 등의 기본적인 조동사 외에도 다양한 조동사 표현이 있다.

had better+동사원형: ~하는 것이 좋겠다	may[might] as well+동사원형: ~하는 것이 낫다
may well+동사원형: 아마 ~일 것이다 　　　　　　　　　~하는 것이 당연하다	would rather A than B: B하느니 A하는 게 낫다 *A, B에는 동사원형이 쓰임
would like to-v: ~하고 싶다	would rather+동사원형: ~하는 것이 낫다
cannot (help) but+동사원형: ~하지 않을 수 없다 (= cannot help v-ing)	cannot+동사원형+too+형용사/부사: 아무리 ~해도 지나치지 않다
used to-v: ~하곤 했다(= would) 　　　　　(상태가) ~였다	cf. be used to-v: ~하는 데 사용되다 　　　be used to v-ing: ~하는 데 익숙하다

》》 문장 완성 STEPs

기출 예제 　너는 네 목표를 향해 노력하는 데 더 많은 시간을 보내는 것이 좋겠다.

어순 확인 　너는 / 보내는 것이 좋겠다 / 더 많은 시간을 / 노력하는 데 / 네 목표를 향해

▼

구문 확인 　'~하는 것이 좋겠다'라는 의미를 「had better+동사원형」으로 나타낼 수 있음을 확인

▼

구문 완성 　You **had better spend** more time working toward your goal.
　　　　　　　S　　　　V　　　　　　O　　　　　M

정답 및 해설 p.10

Check Up

네모 안에서 알맞은 말을 고르시오.

1 Since she is fully prepared for the race, she may well / may as well think that she is going to win.

2 I would rather not discuss / discussing these sensitive issues on the phone.

문장 완성 *Practice*

A 다음 문장에서 <u>틀린</u> 곳을 찾아 밑줄을 긋고 바르게 고치시오.

1 My cousin, who would be a great lawyer, is now a famed artist.

2 You had not better leave your books near the stove.

3 Since I had so much work to do, I couldn't help but stayed up late last night.

B 우리말과 일치하도록 괄호 안의 단어를 바르게 배열하시오.

1 Deborah는 자신에게 끊임없이 스트레스를 주는 직장에서 일을 하느니 더 적은 임금을 받는 게 낫다. (would / than / rather / receive / work / less pay)

→ Deborah _____ in a job that constantly stresses her out.

2 스페인 문화에 관해 더 배우기 위해 Nina는 바르셀로나의 교환학생 프로그램에 참여하고 싶어 한다. (participate in / like / to / would / an exchange program)

→ In order to learn more about Spanish culture, Nina _____
in Barcelona.

3 요즘은 휴대전화가 매우 빠르게 구식이 되기 때문에 나는 최신형을 사는 것이 낫겠다. (buy / may / well / as / the latest model)

→ I _____ since cell phones become outdated so quickly
these days.

C 우리말과 일치하도록 괄호 안의 단어를 활용하여 영작하시오. (단, 필요시 단어를 추가하고 어형을 바꿔 쓸 것)

1 나의 아버지는 항상 "네 건강에 관해 아무리 조심해도 지나치지 않다."라고 말씀하신다. (cannot, careful)

→ My father always says, "You _____ about your health."

2 Chris는 그의 부모님이 직장에서 돌아오시기 전에 집을 청소하는 것이 좋겠다. (clean, had, the house)

→ Chris _____ before his parents come home from work.

3 우리 전자 제품 매장은 과거에 카탈로그를 발송하곤 했지만, 올해는 그러지 않기로 결정했다. (use, catalogs, send out)

→ Our electronics store _____ in the past, but we decided not
to this year.

---

sensitive 세심한; *(정보·주제 등이) 민감한   famed 아주 유명한   stay up late 늦게까지 깨어 있다   constantly 끊임없이   outdated 구식인
electronics 전자 제품

조동사
빈출도 상 중 하

Point 13 조동사 중요 구문

>>> 구문 개념 잡기

과거에 대한 추측이나 후회를 나타낼 때 「조동사+have p.p.」를 사용할 수 있다. 주장, 제안, 명령, 요구 등을 나타내는 동사의 목적어로 쓰인 that절이 당위성을 나타내는 경우, that절의 동사는 주로 「(should+)동사원형」의 형태로 쓴다.

	조동사+have p.p.	조동사 should의 생략
형태	must have p.p.: ~했음이 틀림없다 should have p.p.: ~했어야 했는데 (하지 않았다) can't[cannot] have p.p.: ~했을 리가 없다 may[might] have p.p.: ~했을지도 모른다 could have p.p.: ~했을 수도 있다	주어+동사(suggest, propose, insist, demand, order, request, recommend 등)+that+주어+(should+)동사원형
예문	She **must have cried** at the end of the movie just like I did.	Blair suggested that I **(should) open** my own pizza restaurant.

>>> 문장 완성 STEPs

기출 예제 우리는 우리의 고대 조상들의 생존 기술들 중 일부를 잃어버렸을지도 모른다.

어순 확인 우리는 / 잃어버렸을지도 모른다 / 일부를 / 우리의 고대 조상들의 생존 기술들 중

▼

구문 확인 '잃어버렸을지도 모른다'라는 의미를 may[might] have p.p.로 나타낼 수 있음을 확인

▼

구문 완성 We **may[might] have lost** some of our ancient ancestors' survival skills.
　　　　　 S　　　　 V　　　　　　　　　　　　　　O

정답 및 해설 p.11

Check Up

네모 안에서 알맞은 말을 고르시오.

1 Someone is sitting in my seat. It appears that he may / should have sat in the wrong seat.

2 Sue's mother insisted that Sue turn off / turns off the TV when doing homework.

문장 완성 *Practice*

A 다음 문장에서 밑줄 친 부분을 바르게 고치시오.

1 The employees insisted that the production system <u>is</u> changed because it regularly stopped working.

2 The picture must <u>be</u> taken in Rome. I can see the Colosseum in it.

3 She is the most honest person I know. She <u>must</u> have lied to me.

B 우리말과 일치하도록 괄호 안의 단어를 바르게 배열하시오.

1 네가 파티에 도착했을 때 나는 너를 나의 모든 친구에게 소개했어야 했다. (have / should / you / introduced)

→ I _____ to all my friends when you arrived at the party.

2 Amber는 그녀의 아이스크림을 더 즐길 수 있었을지도 모르지만 그것은 너무 빠르게 녹았다. (have / her / enjoyed / might / ice cream)

→ Amber _____ more, but it melted too quickly.

3 그 출입국 관리소 직원은 내가 학생 비자를 한 번 더 신청해야 한다고 제안했다. (apply / that / I / for / proposed / the student visa)

→ The immigration officer _____ one more time.

C 우리말과 일치하도록 괄호 안의 단어를 활용하여 영작하시오. (단, 필요시 단어를 추가하고 어형을 바꿔 쓸 것)

1 그 시험은 아직 만들어지는 중이기 때문에 네가 시험의 모든 정답을 봤을 리가 없다. (see, all the answers)

→ You _____ for the test because the test is still being created.

2 저 도보 여행자들은 물을 챙길 것을 잊어버렸음이 틀림없는데, 왜냐하면 그들이 극도로 목말라 보이기 때문이다. (forget, to pack)

→ Those hikers _____ water because they look extremely thirsty.

3 그 경비원들은 모든 방문객이 그 시설에 들어가기 전에 마스크를 써야 한다고 요청했다. (all visitors, wear, ask, that, a face mask)

→ The security guards _____ before entering the facility.

---

ancient 고대의   ancestor 조상, 선조   employee 직원   regularly 정기적으로; *자주   melt 녹다   apply 신청하다   immigration 이주, 이
민; *출입국 관리소   extremely 극도로   security guard 경비원, 보안 요원   facility 시설

수동태
빈출도 상 중 하

Point 14 조동사가 있는 수동태

>>> 구문 개념 잡기

조동사가 포함된 문장을 수동태로 쓸 때는 「조동사+be p.p.」의 형태로 나타낸다. 이때 be동사를 원형으로 쓰는 것에 주의한다.

형태	must be p.p.: ~되어야 한다 should be p.p.: ~되어야 한다 can be p.p.: ~될 수 있다 may[might] be p.p.: ~될지도 모른다
예문	The meeting **must be postponed** until further notice. This concert **can be attended** by guests of all ages.

>>> 문장 완성 STEPs

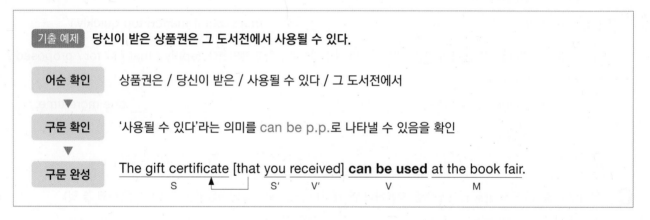

기출 예제 당신이 받은 상품권은 그 도서전에서 사용될 수 있다.

어순 확인 상품권은 / 당신이 받은 / 사용될 수 있다 / 그 도서전에서

▼

구문 확인 '사용될 수 있다'라는 의미를 can be p.p.로 나타낼 수 있음을 확인

▼

구문 완성 The gift certificate [that you received] **can be used** at the book fair.
　　　　　　S　　　　　　　　　　　　　S'　V'　　　　V　　　　　　M

정답 및 해설 p.11

Check
Up

네모 안에서 알맞은 말을 고르시오.

1 These packages must │deliver / be delivered│ before the end of the day.

2 Can this hall │is / be│ reserved for private events?

문장 완성 *Practice*

A 다음 괄호 안의 단어를 빈칸에 알맞은 형태로 쓰시오.

1 All carry-on luggage must _____ before it is allowed on the plane. (scan)

2 Experiments should _____ many times to verify the accuracy of the results. (perform)

3 People who don't work in this building cannot _____ here for free. (park)

B 우리말과 일치하도록 괄호 안의 단어를 바르게 배열하시오.

1 그 회사의 새로운 스마트워치는 크리스마스에 때맞춰 출시되지 않을지도 모른다. (released / not / be / may / in time)

→ The company's new smartwatches _____ for Christmas.

2 이 프로젝트는 우선 사항이 아니므로 후일에 완료되어도 된다. (can / completed / be / at a later date / it)

→ This project is not a priority, so _____.

3 당신이 온라인에서 언제든 낯선 링크를 클릭한 적이 있다면, 당신의 컴퓨터는 바이러스에 감염되어 있을지도 모른다. (by / may / your computer / be / infected / a virus)

→ If you have ever clicked on an unfamiliar link online, _____.

4 극심한 다이어트는 당신의 건강을 위험에 처하게 할 수 있기 때문에 피해야 한다. (should / extreme diets / avoided / be)

→ _____ because they can put your health at risk.

C 다음 문장을 수동태 문장으로 바꿔 쓰시오. (단, 「by+행위자」는 생략할 것)

1 According to the law, we cannot charge a person for the same crime twice.

→ According to the law, a person _____.

2 You must make a deposit to reserve your spot at the summer camp.

→ A deposit _____.

3 They may ask participants in the study to perform a variety of simple tasks.

→ Participants in the study _____.

---

postpone 연기하다   attend 참석하다   gift certificate 상품권   reserve 예약하다   private 사적인   experiment 실험   verify (사실임을)
입증하다   accuracy 정확도   priority 우선 사항   infect 감염시키다   extreme 극심한   charge (요금을) 청구하다; *기소하다   deposit 보증금

Point 15 진행형과 완료형 수동태

>>> 구문 개념 잡기

진행형 수동태는 「be being p.p.」의 형태로 나타내고, 완료형 수동태는 「have been p.p.」의 형태로 나타낸다.

	진행형 수동태	완료형 수동태
형태	am[are/is] being p.p.: ~되고 있다 was[were] being p.p.: ~되고 있었다	have[has] been p.p.: ~되어 왔다 had been p.p.: ~되어 왔었다
예문	The old fire station **is being turned** into a library.	A meeting **has been arranged** between the two leaders.

>>> 문장 완성 STEPs

기출 예제 이 앱으로, 코치들은 연습 중에 어떤 근육들이 사용되고 있는지 확인할 수 있다.

어순 확인 이 앱으로 / 코치들은 / 확인할 수 있다 / 어떤 근육들이 / 사용되고 있는지 / 연습 중에

▼

구문 확인 '사용되고 있다'라는 의미를 be being p.p.로 나타낼 수 있음을 확인

▼

구문 완성
O(의문사절)
With this app, coaches can check [which muscles **are being used** during
    M   S   V   S'   V'   M'
practice].

정답 및 해설 p.12

Check
Up

네모 안에서 알맞은 말을 고르시오.

1 The store is / was being renovated last week, but it's open now.

2 Three drivers have injured / been injured in an accident on highway thirteen.

문장 완성 *Practice*

A 우리말과 일치하도록 괄호 안의 단어를 바르게 배열하시오.

1 소행성의 돌들이 NASA의 과학자들에 의해 연구되는 중이다. (being / by / studied / are / NASA scientists)

→ Rocks from an asteroid _____. *asteroid: 소행성

2 그 감독에 따르면, 어떤 동물들도 그 영화의 제작 중에 해를 입지 않았다. (have / during / been / production / harmed / the film's)

→ According to the director, no animals _____.

3 Steve가 그의 긴 출장에서 돌아왔을 때 그 아파트 단지의 건설은 완료된 상태였다. (of / been / the apartment complex / had / the construction / completed)

→ _____ when Steve came back from his long business trip.

4 호텔의 내 방이 청소되는 중이어서 나는 수영장 옆에서 기다렸다. (was / at the hotel / my room / cleaned / being)

→ _____, so I waited by the pool.

B 다음 문장을 수동태 문장으로 바꿔 쓰시오. (단, 「by+행위자」는 생략할 것)

1 No one had noticed the fire until the fire alarm went off.

→ The fire _____.

2 We are discussing plans to relocate the company to another city.

→ Plans _____.

3 Countries were holding many sporting events without fans because of the pandemic.
*pandemic: 전국[전 세계]적인 유행병

→ Many sporting events _____.

4 The teachers have gathered the students in the gym for an important announcement.

→ The students _____.

---

turn A into B A를 B로 바꾸다　　arrange 마련하다, 처리[주선]하다　　renovate 개조[보수]하다　　complex (건물) 단지　　construction 건설　　relocate 이전[이동]하다　　announcement 발표

수동태 빈출도 (상)(중)(하)

Point 16 to부정사와 동명사의 수동태

》》구문 개념 잡기

	to부정사의 수동태	동명사의 수동태
형태	to be p.p.	being p.p.
예문	These forms need **to be filled out** before you can enter the country.	Jane hates **being interrupted** when she is playing phone games.

》》문장 완성 STEPs

기출 예제 우리는 우리가 대우받고 싶은 것과 같은 방식으로 다른 사람들을 대해야 한다.

어순 확인 우리는 / 대해야 한다 / 다른 사람들을 / 같은 방식으로 / 우리가 대우받고 싶은 것과

▼

구문 확인 '대우받고 싶은'이라는 의미를 want to be treated로 나타낼 수 있음을 확인

▼

구문 완성 We should treat others in [the same way] [we want **to be treated**].
S　　　V　　　O　　　　　M　　　　　S'　V'　　　O'

정답 및 해설 p.13

Check
Up

우리말과 일치하도록 네모 안에서 알맞은 말을 고르시오.

1 개들은 턱 아래쪽을 긁어주는 것을 좋아한다.

Dogs like to scratch / to be scratched under their chin.

2 Sylvia는 그녀의 가장 친한 친구의 결혼식에서 신부 들러리 역할을 해달라고 부탁받기를 기대한다.

Sylvia anticipates asking / being asked to serve as a bridesmaid at her best friend's wedding.
*bridesmaid: 신부 들러리

문장 완성 *Practice*

A 다음 밑줄 친 부분이 어법상 옳으면 O, 틀리면 X 표시하고 바르게 고치시오.

1 Some celebrities don't like <u>photographing</u> by their fans.

2 The board meeting is scheduled <u>to be held</u> in the large conference room at two o'clock.

3 Many businesses want <u>to be adopted</u> the new software developed by this tech company.

4 Students need to <u>inform</u> about upcoming school events.

5 Dylan avoided <u>being hit</u> by a ball during the entire game of dodgeball, thanks to his speed.
*dodgeball: 피구

6 Many people in the workforce fear being <u>replace</u> by robots or machines.

B 우리말과 일치하도록 괄호 안의 단어를 바르게 배열하시오.

1 대부분의 예술가들은 그들의 작품에 대해 질문받는 것을 환영한다. (asked / being / their work / about)
→ Most artists appreciate _____.

2 식물과 열매로 된 식사는 대부분의 불곰들에게 선호되는 것으로 알려져 있다. (by / to / most / be / brown bears / preferred)
→ A diet of plants and berries is known _____.

3 휴대전화에 의해 주의가 흐트러지는 것은 운전자들에게 위험하다. (by / being / phones / distracted)
→ _____ is dangerous for drivers.

4 그 죄수는 어떤 범죄 행위와도 관련되어 있는 것을 부인했다. (with / being / involved / criminal activities / any)
→ The prisoner denied _____.

5 그 미술 교사는 그녀의 학생들 중 한 명에 의해 그려진 그림이 학교 도서관에 전시되도록 선택했다. (in / to / displayed / the school library / be)
→ The art teacher chose a picture painted by one of her students _____
_____.

---

fill out 작성하다   interrupt 방해하다   scratch 긁다   anticipate 예상하다; *기대하다   serve as ~의 역할을 하다   celebrity 유명 인사   board
meeting 이사회   adopt 입양하다; *채택하다   upcoming 다가오는   entire 전체의, 온   workforce 노동자; *노동 인구, 노동력   replace 대체하다
distract (주의를) 흐트러뜨리다   involve 관련시키다   criminal 범죄의   deny 부인하다

수동태

빈출도 (상) (중) (하)

Point 17 4형식과 5형식 문장의 수동태

》》》 구문 개념 잡기

	4형식 문장의 수동태	5형식 문장의 수동태
동사 ①	give, send, tell, show, teach, lend, offer 등	find, consider, keep, expect, allow, cause 등
형태	1) 주어(간접목적어)+be p.p.+직접목적어 2) 주어(직접목적어)+be p.p.+to+간접목적어	주어+be p.p.+목적격보어 (명사, 형용사, to부정사(to-v), 분사(v-ing/p.p.)를 그대로 씀)
예문	The city of Troy **was sent** a statue of a horse by the Greeks. A statue of a horse **was sent** *to* the city of Troy by the Greeks.	I **was told** *to leave* my résumé at the front desk.
동사 ②	buy, make, get 등	사역동사 make, 지각동사(see, observe, hear 등)
형태	주어(직접목적어)+be p.p.+for+간접목적어	주어+be p.p.+to-v (목적격보어로 쓰였던 동사원형을 to부정사로 바꿈)
예문	The ancient castle **was made** *for* the king's family.	My neighbor **was** often **heard** *to practice* his cello late at night.

》》》 문장 완성 STEPs

> 기출 예제 이 백신은 미래의 감염으로부터 우리를 구해줄 것으로 예상된다.
>
> 어순 확인 이 백신은 / 예상된다 / 우리를 구해줄 것으로 / 미래의 감염으로부터
> ▼
> 구문 확인 '~할 것으로 예상된다'라는 의미를 be expected to-v로 나타낼 수 있음을 확인
> ▼
> 구문 완성 This vaccine **is expected** *to save* us from future infections.
>   S   V   C   M

정답 및 해설 p.14

Check Up

네모 안에서 알맞은 말을 고르시오.

1 In Olympic team sports, a medal is given / given to each member of a winning team.

2 The fans were made to leave / leaving the stage by the security guards.

문장 완성 *Practice*

A 다음 문장에서 밑줄 친 부분을 어법에 맞게 고치시오.

1 An invitation to the conference was sent <u>for</u> all the professors.

2 The driver was ordered <u>step</u> out of the vehicle and put his hands on his head.

3 The students were heard <u>complain</u> about questions on the exam.

4 A brochure about the history of Korea was made <u>to</u> tourists.

B 우리말과 일치하도록 괄호 안의 단어를 바르게 배열하시오.

1 그 아이들은 창문을 깬 것에 대해 그들의 이웃들에게 사과하게 되었다. (to / to / apologize / were / their neighbors / made)

→ The children _____ for breaking the window.

2 시민들은 그 절도에 관한 어떤 정보에 대해서든 보상을 제안받았다. (were / a reward / citizens / offered)

→ _____ for any information about the theft.

3 승객들은 그들의 기내 휴대용 수하물에 가위를 넣도록 허용되지 않는다. (allowed / are / not / have / passengers / to / scissors)

→ _____ in their carry-on baggage.

C 다음 문장을 수동태 문장으로 바꿔 쓰시오. (단, 「by+행위자」는 생략할 것)

1 Ms. Brown made Chris stay late after class because of his rude behavior.

→ Chris _____.

2 Our parents encouraged us to volunteer with local charities.

→ We _____.

3 A person saw four teenagers enter the building just before the fire started.

→ Four teenagers _____.

---

résumé 이력서   infection 감염   vehicle 차량, 탈것   complain 불평하다   brochure (안내·광고용) 책자   apologize 사과하다   reward 보상   theft 절도   passenger 승객   rude 무례한

가정법

빈출도 (상) (중) (하)

Point 18 가정법 과거와 과거완료

>>> 구문 개념 잡기

가정법 과거는 현재의 사실과 반대되거나 실현 가능성이 희박한 일을 가정할 때 사용하며, 가정법 과거완료는 과거의 사실을 반대로 가정할 때 사용한다.

	가정법 과거	가정법 과거완료
형태	If+주어+동사의 과거형 ~, 주어+조동사의 과거형+동사원형 ...	If+주어+had p.p. ~, 주어+조동사의 과거형+have p.p. ...
의미	만약 ~라면 …할 텐데	만약 ~했더라면 …했을 텐데
예문	**If** I **had** enough money, I **would travel** to Europe this summer.	**If** you **hadn't used** all the tomato sauce, we **could have made** pasta for dinner.

>>> 문장 완성 STEPs

기출 예제 만약 당신이 그의 목숨을 구해주지 않았더라면, 그는 죽었을 텐데.

어순 확인 만약 / 당신이 / 구해주지 않았더라면 / 그의 목숨을 / 그는 / 죽었을 텐데.

▼

구문 확인 과거의 사실을 반대로 가정하므로 가정법 과거완료 구문을 써야 함을 확인

▼

구문 완성 **If** you **hadn't saved** his life, he **would have died**.
            S'   V'   O'   S   V

정답 및 해설 p.15

Check Up

우리말과 일치하도록 네모 안에서 알맞은 말을 고르시오.

1 만약 Stanford 선생님이 그렇게 좋은 선생님이 아니라면, 역사를 배우는 것이 지루할 텐데.

   If Mr. Stanford weren't / hadn't been such a good teacher, learning history would be / have been boring.

2 만약 Jake가 그 콘서트에 대해 알았더라면, 그는 그것을 위한 티켓을 샀을 텐데.

   If Jake knew / had known about the concert, he would buy / have bought tickets for it.

문장 완성 *Practice*

A 다음 문장에서 밑줄 친 부분을 어법에 맞게 고치시오.

1 If you weren't here to help, I <u>wouldn't have been</u> able to finish all of this work.

2 If the Persian Empire <u>didn't invade</u> Greece, it might have lasted much longer.

3 If you <u>have told</u> me you were coming, I would have picked you up at the bus station.

B 우리말과 일치하도록 괄호 안의 단어를 바르게 배열하시오.

1 만약 그 자동차 공장이 문을 닫는다면, 많은 사람들이 이 도시에서 떠나갈 텐데. (move away / closed down / would / the car factory)

→ If _____, many people _____ from this city.

2 만약 Susan이 더 조심했더라면, 그녀의 컴퓨터는 바이러스에 감염되지 않았을 텐데. (have / more careful / been / had been / would not / Susan / infected)

→ If _____, her computer _____ by a virus.

3 만약 그 놀이공원의 줄이 그렇게 길지 않다면, 우리는 그곳에 더 자주 갈 텐데. (go there / at the amusement park / we / weren't / the lines / would)

→ If _____ so long, _____ more often.

C 우리말과 일치하도록 괄호 안의 단어를 활용하여 영작하시오. (단, 필요시 단어를 추가하고 어형을 바꿔 쓸 것)

1 만약 Cameron이 그의 전화를 받았더라면, 그는 그 파티가 취소되었다는 것을 알았을 텐데. (answer, phone, would, know)

→ If Cameron _____, he _____ that the party was canceled.

2 만약 개발자들이 그 게임의 오류들을 바로잡았다면, 그것은 더 인기 있었을 텐데. (fix, more popular, the bugs)

→ If the developers _____ in the game, it _____.

3 만약 John이 배우는 것에 인내심이 더 있다면, 그는 학교에서 더 좋은 성적을 받을 수 있을 텐데. (have, better grades, get, more patience, can)

→ If John _____ for learning, he _____ in school.

---

empire 제국　　invade 침략하다　　bug 벌레; *(프로그램의) 버그, 오류　　patience 인내심

가정법

빈출도 (상)(중)(하)

Point 19 혼합가정법

>>> 구문 개념 잡기

혼합가정법은 과거에 실현되지 못한 일을 현재와 관련지어 표현하는 경우에 사용하며, if절과 주절이 나타내는 때가 서로 다르다.

형태	If+주어+had p.p. ~, 주어+조동사의 과거형+동사원형 ...
의미	(과거에) 만약 ~했더라면 (지금) …할 텐데
예문	**If** I **hadn't lost** my wallet, I **would pay** for lunch today.

>>> 문장 완성 STEPs

기출 예제 만약 내가 아프리카로 가는 비행기에 타지 않았더라면, 지금 내 삶은 지루할 텐데.

어순 확인   만약 / 내가 / 타지 않았더라면 / 비행기에 / 아프리카로 가는 / 내 삶은 / 지루할 텐데 / 지금

▼

구문 확인   과거의 일이 일어나지 않았을 때 현재 일어날 일을 가정하므로 혼합가정법 구문을 써야 함을 확인

▼

구문 완성   If I **had not got on** the plane to Africa, my life **would be** boring now.
　　　　　　 S'　　　V'　　　　　 O'　　　　 M'　　　 S　　　V　　　 C　　 M

정답 및 해설 p.16

Check
Up

우리말과 일치하도록 네모 안에서 알맞은 말을 고르시오.

1 만약 내 자전거가 도난당하지 않았더라면, 나는 오늘 학교에 그것을 타고 갈 텐데.

If my bike | weren't / hadn't been | stolen, I would ride it to school today.

2 그 식당의 서비스가 더 좋았더라면, 그곳은 여전히 영업 중일 텐데.

If the service at the restaurant had been better, it would still | be / have been | open.

문장 완성 *Practice*

A 우리말과 일치하도록 괄호 안의 단어를 바르게 배열하시오.

1 만약 Jason이 의대에 갔더라면, 그는 지금쯤 의사가 되어 있을 텐데. (had / to / be / medical school / gone / he / would / a doctor)

→ If Jason _____, _____ by now.

2 만약 수도관이 교체되었더라면, 지금 지하실이 물에 잠겨 있지 않을 텐데. (had / the water pipes / be flooded / been / would / the basement / not / replaced)

→ If _____, _____ now.

3 만약 그 산불이 진압되지 않았더라면, 이 나무들이 더는 이곳에 없을 텐데. (be here / hadn't / controlled / the forest fire / not / these trees / been / would)

→ If _____, _____ anymore.

4 만약 네가 위험한 주식에 투자하지 않았더라면, 너는 아직 네 저축액 대부분을 가지고 있을 텐데. (still have / hadn't / you / most of your savings / invested / you / in risky stocks / would)

→ If _____, _____.

B 다음 문장을 가정법 문장으로 바꿔 쓰시오.

1 Since the bridge was destroyed, the enemy soldiers can't easily cross the river.

→ If the bridge _____, the enemy soldiers _____.

2 Since he didn't arrive earlier, he feels so rushed and unprepared.

→ If he _____, he _____.

3 Since Mindy didn't apply for a patent on her invention, she can't claim it as hers.

→ If Mindy _____, she _____.

---

flood 물에 잠기게 하다   basement 지하실   replace 교체하다   *saving (pl.)* 저축한 돈   invest 투자하다   stock 재고품; *주식   destroy 파괴하다   enemy 적(국)의   unprepared 준비가 안 된   patent 특허권

가정법

빈출도 상 중 하

Point 20 if절을 대신하는 표현

≫≫ 구문 개념 잡기

if절 대신 without 또는 but for를 이용하여 가정의 의미를 나타낼 수 있다.

	가정법 과거	가정법 과거완료
형태	Without[But for]+명사, ~ (= If it were not for+명사, ~)	Without[But for]+명사, ~ (= If it had not been for+명사, ~)
의미	(현재) ~이 없다면	(과거에) ~이 없었더라면
예문	**Without[But for]** the ozone layer, we **would be exposed** to too many ultraviolet rays. (→ **If it were not for** the ozone layer, ~) *ultraviolet ray: 자외선	**Without[But for]** Cameron's cleverness, we **would never have solved** the riddle. (→ **If it had not been for** Cameron's cleverness, ~)

≫≫ 문장 완성 STEPs

기출 예제 물이 없다면 어떤 생물도 살아남을 수 없을 텐데.

어순 확인 물이 없다면 / 어떤 생물도 / 살아남을 수 없을 텐데

▼

구문 확인 현재의 사실을 반대로 가정하므로 가정법 과거 구문을 써야 함을 확인

▼

구문 완성 **Without[But for]** water, no living things **could survive**.
Without+명사   S   V

정답 및 해설 p.16

Check Up

네모 안에서 알맞은 말을 고르시오.

1 If it were not for laughter, the world would be / have been a depressing place.

2 If it were not / had not been for Shakespeare, many English words would not have been invented.

문장 완성 *Practice*

A 두 문장이 같은 의미가 되도록 바꿔 쓰시오.

1 Without your support, this charity project would not be possible.

→ If _____, this charity project would not be possible.

2 Without your donations, the community center would not have been able to rebuild the children's library.

→ If _____, the community center would not have been able to rebuild the children's library.

3 Without calculators, math problems would take much longer to solve.

→ If _____, math problems would take much longer to solve.

4 Without your sense of direction, we would have been completely lost in the forest.

→ If _____, we would have been completely lost in the forest.

5 Without this treatment, I would never have recovered from my illness so quickly.

→ If _____, I would never have recovered from my illness so quickly.

UNIT 06
가정법

B 우리말과 일치하도록 괄호 안의 단어를 활용하여 빈칸에 알맞은 말을 쓰시오.

1 화석 연료가 없었더라면, 산업 혁명은 가능하지 않았을 텐데. (fossil fuels)

→ _____ _____ _____, the Industrial Revolution would not have been possible.

2 이 증거가 없다면, 그 범죄자는 풀려날 텐데. (this evidence)

→ _____ _____ _____ _____ _____ _____ _____, the criminal would be set free.

3 너의 영감이 없었더라면, 나는 작가가 되지 않았을 텐데. (inspiration)

→ _____ _____ _____ _____, I wouldn't have become an author.

4 그의 도움이 없었더라면, 나는 그 티켓을 더 비싼 가격에 샀을 텐데. (help)

→ _____ _____ _____ _____ _____ _____ _____ _____, I would have bought the ticket at a higher price.

---

ozone layer 오존층　　expose 드러내다, 노출시키다　　cleverness 영리함　　riddle 수수께끼　　depressing 우울하게 만드는, 우울한　　calculator 계산기　　direction 방향　　treatment 취급; *치료(법)　　recover 회복하다　　fossil fuel 화석 연료　　evidence 증거　　inspiration 영감

Point 21 I wish/as if[though] 가정법

》》 구문 개념 잡기

I wish나 as if 등을 이용하여 가정의 의미를 나타낼 수 있다.

	I wish 가정법	as if[though] 가정법
과거	I wish+주어+동사의 과거형: ~라면 좋을 텐데 (현재 이루기 힘든 소망에 대한 아쉬움을 나타냄)	as if[though]+주어+동사의 과거형: 마치 ~인[하는] 것처럼 (주절과 일치하는 시점의 일을 반대로 가정함)
과거완료	I wish+주어+had p.p.: ~했더라면 좋을 텐데 (과거의 일에 대한 아쉬움을 나타냄)	as if[though]+주어+had p.p.: 마치 ~였던[했던] 것처럼 (주절보다 이전 시점의 일을 반대로 가정함)

》》 문장 완성 STEPs

기출 예제 많은 회사들은 마치 그들의 경쟁자들이 존재하지 않는 것처럼 그들의 신상품을 광고한다.

어순 확인 　많은 회사들은 / 광고한다 / 그들의 신상품을 / 마치 ~인 것처럼 / 그들의 경쟁자들이 존재하지 않는

▼

구문 확인 　주절과 일치하는 시점의 일을 반대로 가정하는 as if[though] 가정법 과거 구문을 써야 함을 확인

▼

구문 완성 　Many companies advertise their new products **as if** their competitors **didn't exist**.
　　　　　　　　S　　　　　　　V　　　　　　O　　　　　　　　　　　　S'　　　　　　V'

정답 및 해설 p.17

Check Up

네모 안에서 알맞은 말을 고르시오.

1 I wish I took / had taken more pictures at the last year's spring festival.

2 The magician floated into the air as if he were / had been really flying.

문장 완성 *Practice*

A 다음 괄호 안의 단어를 빈칸에 알맞은 형태로 쓰시오.

1 I wish I _____ my money instead of spending most of it on entertainment and junk food last month. (save)

2 Darren and his best friend ignore each other as if they _____ complete strangers. (be)

3 When Sara came back home from the theater, she looked as if she _____ through most of the movie. (sleep)

4 There are so many countries I want to visit, so I wish I _____ enough time and money to travel more. (have)

B 주어진 문장을 참고하여 알맞은 가정법 구문을 완성하시오.

1 I'm sad that I don't have the talent to be a professional musician.

→ I wish _____.

2 I regret that I didn't visit the Louvre Museum while I was in Paris last year.

→ I wish _____.

3 In fact, the building wasn't built hundreds of years ago.

→ The building looks as if _____.

C 우리말과 일치하도록 괄호 안의 단어를 활용하여 영작하시오. (단, 필요시 단어를 추가하고 어형을 바꿔 쓸 것)

1 이 인공 지능 프로그램들은 마치 그들이 실제 사람인 것처럼 말할 수 있다. (real people)

→ These artificial intelligence programs can talk _____.

2 내가 다양한 나라의 음식을 요리하는 방법을 알면 좋을 텐데. (know, how to cook)

→ _____ food from different countries.

3 Ryan은 마치 그가 영국에서 자랐던 것처럼 영어를 말할 수 있다. (grow up)

→ Ryan can speak English _____ in England.

---

advertise 광고하다   competitor 경쟁자, 경쟁 상대   float 뜨다   entertainment 오락(물), 여흥   ignore 무시하다   professional 전문적인
artificial intelligence 인공 지능

Point 22 if 생략과 도치

>>> **구문 개념 잡기**

if절의 (조)동사가 were, had, should인 경우 if를 생략하고 주어와 (조)동사를 도치할 수 있다.

예문	**Were it** not for my sore knee, I **would compete** in the track meet today. (← If it were not for my sore knee, I would compete in the track meet today.) **Had you** called the restaurant earlier, you **could have gotten** a reservation. (← If you had called the restaurant earlier, you could have gotten a reservation.)

>>> **문장 완성 STEPs**

기출 예제 날씨가 더 따뜻하다면 우리는 오늘 오후에 서핑을 하러 갈 수 있을 텐데.

어순 확인   날씨가 더 따뜻하다면 / 우리는 / 서핑을 하러 갈 수 있을 텐데 / 오늘 오후에

▼

구문 확인   현재의 사실과 반대되는 일을 가정하므로 가정법 과거 구문을 써야 함을 확인

▼

구문 완성   If the weather were warmer, we could go surfing this afternoon.

→ **Were the weather** warmer, we **could go surfing** this afternoon.
     V'   S'   C'   S   V   M

정답 및 해설 p.18

Check
Up

네모 안에서 알맞은 말을 고르시오.

1 Had I known this cookie was the last one, I │would leave / would have left│ it for you.

2 │Were / Had│ Becky here, she would know how to fix the air conditioner.

A 다음 문장에서 밑줄 친 부분을 어법에 맞게 고치시오.

1 If <u>were</u> the restaurant open later, it would have a lot more customers.

2 <u>Carrie had known</u> that Dawn would be here, she would never have agreed to come.

3 <u>Were</u> he read the safety information, he would have evacuated the train earlier.
*evacuate: 떠나다, 피난하다

4 <u>It were</u> not for the rain, I would go to the amusement park.

B 괄호 안의 단어를 어법에 맞게 배열하시오.

1 (remembered / had / to / these books / I / return), I would not have had to pay the late fees at the library.

→ _____, I would not have had to pay the late fees at the library.

2 (to / you / decide / accept / should / the job offer), let us know as soon as possible.

→ _____, let us know as soon as possible.

3 (flights / less / were / expensive), I would come home during the summer vacation.

→ _____, I would come home during the summer vacation.

4 (it / had / not / been / this podcast / for), I would never have learned so much about psychology.

→ _____, I would never have learned so much about psychology. *podcast: 팟캐스트(인터넷망을 통해 다양한 콘텐츠를 제공하는 서비스)

C 두 문장이 같은 의미가 되도록 바꿔 쓰시오.

1 Were the prices reasonable, I would buy a lot more clothes at the store.

→ If _____, I would buy a lot more clothes at the store.

2 Had it not been for this recipe book, I would not have known how to make pumpkin pie.

→ If _____, I would not have known how to make pumpkin pie.

3 Should you get to the theater before me, please buy popcorn and save me a seat.

→ If _____, please buy popcorn and save me a seat.

---

compete 경쟁하다; *겨루다, 참가하다   track meet 육상 경기 대회   reservation 예약   late fee 연체료   psychology 심리학   reasonable 합리적인

A 네모 안에서 알맞은 말을 고르시오.

1 This conflict needs to | resolve / be resolved | quickly.

2 Kelly | can't / must not | have denied such a good offer.

3 I wish I | have / had | the ability to turn back the clock.

4 Visitors are not allowed | take / to take | pictures in the gallery.

5 Sam | used / is used | to sit around doing nothing when he was young.

6 If it | were not / had not been | for the interruptions, it could be finished by now.

7 More vaccines | being / are being | developed, approved, and produced.

8 If my mother | were / had been | alive, she would see my daughter grow up.

B 다음 문장에서 어법상 틀린 곳을 찾아 밑줄을 긋고 바르게 고치시오.

1 We demanded that they abandoned their old custom for a new one.

2 Customers will charge extra for this service.

3 They worry because she should arrive in London by yesterday afternoon.

4 Since 1896, the Olympics Games have held every four years.

5 I haven't been able to find my umbrella since I got home. I must drop it on the subway on the way home.

6 If I heard about the concert earlier, I could have gotten a ticket.

7 The dog was made stay still for the photograph.

8 Every year, a picture book for children is awarded to the Caldecott Medal.

---

conflict 갈등   resolve 해결하다   sit around 빈둥거리다   interruption 중단, 방해   approve 찬성하다; *승인하다   abandon 버리다
custom 관습

C 우리말과 일치하도록 괄호 안의 단어를 바르게 배열하시오.

1 너는 네 친구들에 대한 나쁜 소문을 믿지 않는 것이 좋겠다. (believe / not / had / you / the bad rumors / better)

→ _____ about your friends.

2 검은 복면을 쓴 한 남자가 그 건물로 들어가는 것이 목격되었다. (the building / to / seen / was / enter)

→ A man with black mask _____ .

3 Stacy는 마치 그녀가 귀신을 봤었던 것처럼 겁먹은 것 같았다. (had / if / a ghost / seen / as / she)

→ Stacy seemed frightened _____ .

4 그 회사는 매출 성장으로 이득을 볼 것으로 예상된다. (expected / benefit / is / to / the company)

→ _____ from its growth in sales.

5 그들의 지지가 없었다면, 나는 내가 오늘날 있는 자리에 있지 못할 텐데. (it / their support / for / been / not / had)

→ _____ , I wouldn't be where I am today.

D 우리말과 일치하도록 괄호 안의 단어를 활용하여 영작하시오. (단, 필요시 단어를 추가하고 어형을 바꿔 쓸 것)

1 그 학교는 졸업식을 연기하는 편이 낫다. (may, its graduation ceremony, postpone)

→ The school _____ .

2 만약 내 안경이 없다면, 나는 아무것도 볼 수 없을 텐데. (for, if, my glasses)

→ _____ , I couldn't see anything.

3 나는 텐트에서 야영하느니 호텔에서 묵는 것이 낫겠다. (stay at, camp, than)

→ I _____ in a tent.

4 만약 Dan이 서두르지 않았더라면, 그는 그 사고를 피할 수 있었을 텐데. (avoid, the accident)

→ If Dan hadn't been in a hurry, _____ .

---

frightened 겁먹은   benefit 이득을 보다   growth 성장

to부정사

빈출도 상 중 하

Point 23 가주어-진주어

>>> 구문 개념 잡기

to부정사(구)가 주어로 쓰일 때, 보통 주어 자리에 가주어 it을 쓰고 진주어인 to부정사(구)는 문장 뒤쪽으로 보낸다. to부정사의 의미상 주어를 명시할 때는 「for[of]+목적격」의 형태로 나타낸다.

주어로 쓰이는 to부정사(구)	**To find** your house was easy because I used the navigation system on my phone. → **It** was easy **to find** your house because ~.
to부정사의 의미상 주어	**It** was unusual *for Connor* **to behave** so poorly in class.
	It was selfish *of Pete* **to take** all of the credit for the project. (kind, polite, clever 등 사람에 대한 주관적 평가를 나타내는 형용사 뒤에는 「of+목적격」 사용)

>>> 문장 완성 STEPs

기출 예제 발표자가 자신의 원고를 완벽하게 암기하는 것이 중요하다.

어순 확인   중요하다 / 발표자가 / 암기하는 것이 / 자신의 원고를 / 완벽하게

▼

구문 확인   진주어인 to부정사(to memorize)와 의미상 주어(a speaker)를 써야 함을 확인

▼

구문 완성   **It** is important *for a speaker* **to memorize** his or her script perfectly.
          S   V   C   의미상 주어   S(진주어)
         (가주어)

정답 및 해설 p.20

네모 안에서 알맞은 말을 고르시오.

1 It / This is getting harder to choose which smartphone to buy because there are so many options available.

2 It is better for / of you to apply to many universities than to just apply to one.

문장 완성 *Practice*

A 다음 문장에서 어법상 틀린 곳을 찾아 밑줄을 긋고 바르게 고치시오.

1 It is not natural animals to be kept in cages, so many activists protest against zoos.

2 It was careless for you to lose the wallet that you received for your birthday.

3 It is usually faster take the train than to take the bus if you have to travel a long distance.

B 우리말과 일치하도록 괄호 안의 단어를 바르게 배열하시오.

1 Kendra가 Jeremy에 관한 소문을 퍼뜨린 것은 무례했다. (of / was / rude / Kendra / rumors / to / it / spread)

→ _____ about Jeremy.

2 환절기에는 감기에 걸리기 쉬우니 너는 재킷을 입어야 한다. (easy / is / to / it / a cold / catch)

→ _____ during the change in season, so you should wear a jacket.

3 네가 룸메이트와 방을 함께 쓰는 대신 너만의 방을 원하는 것은 합리적이다. (reasonable / is / you / it / to / your own room / want / for)

→ _____ instead of sharing one with a roommate.

C 우리말과 일치하도록 괄호 안의 단어를 활용하여 영작하시오. (단, 가주어-진주어(to-v) 구문을 활용하되 필요시 단어를 추가할 것)

1 그 작가가 책 사인회에서 그녀의 모든 팬과 사진을 찍어준 것은 친절했다. (the author, kind, take pictures)

→ _____ with all of her fans at the book signing.

2 네게 나쁜 행동을 하는 사람들을 용서하는 것이 분노에 매여 있는 것보다 더 낫다. (better, the people, forgive)

→ _____ who wrong you than to hold on to your anger.

3 나는 목표를 이룰 시간을 절약하기 위해 우리가 직업상의 목표를 일찍 세우는 것이 중요하다고 생각한다. (career goals, important, set)

→ I think _____ early in life in order to save time for attaining them.

---

selfish 이기적인 　 take (the) credit for ~의 공을 차지하다 　 memorize 암기하다 　 available 구할[이용할] 수 있는 　 activist 운동가, 활동가 　 protest 항의[반대]하다 　 careless 부주의한, 조심성 없는 　 distance 거리 　 wrong 나쁜 짓을 하다 　 attain 이루다

to부정사

Point 24 보어 역할을 하는 to부정사

>>> 구문 개념 잡기

to부정사는 명사처럼 문장에서 주격보어나 목적격보어의 역할을 할 수 있다.

	형태	자주 쓰이는 표현 또는 동사
주격보어 ①	주어+be동사+to-v	plan, goal, purpose, dream, wish 등+be+to-v
주격보어 ②	주어+불완전자동사+to-v	seem[appear] to-v, prove[turn out] to-v, come[get] to-v, happen to-v 등
목적격보어	주어+동사+목적어+to-v	advise, allow, cause, lead, persuade, tell, wish, want, remind, enable, encourage 등

>>> 문장 완성 STEPs

| 기출 예제 | Sara는 식당에서 우연히 유명한 가수의 옆에 앉았다. |

| 어순 확인 | Sara는 / 우연히 앉았다 / 유명한 가수의 옆에 / 식당에서 |

▼

| 구문 확인 | '우연히 ~하다'라는 의미를 「happen to-v」로 나타낼 수 있음을 확인 |

▼

| 구문 완성 | Sara **happened to sit** next to a famous singer in a restaurant. |
| | S   V   SC   M |

정답 및 해설 p.21

Check
Up

네모 안에서 알맞은 말을 고르시오.

1 The manager's plan was have / to have the store renovations completed by spring.

2 Professor Carlson encouraged more students to study / studying classical literature.

문장 완성 *Practice*

A 우리말과 일치하도록 괄호 안의 단어를 바르게 배열하시오.

1 이 회의의 목적은 다가오는 해의 회사 예산을 논의하는 것이다. (of / the goal / is / discuss / this meeting / to)

→ _____ the company's budget for the upcoming year.

2 이 게임은 내가 예상했던 것보다 훨씬 더 어려운 것으로 드러나서 나는 이것을 끝내지 못할 것 같다. (to / more / difficult / be / much / proved)

→ This game _____ than I expected, so I don't think I will finish it.

3 돌고래를 사냥하는 것에 관한 다큐멘터리는 Kevin이 환경 운동가가 되도록 이끌었다. (led / the documentary / to / hunting dolphins / Kevin / become / about)

→ _____ an environmentalist.

4 피고는 배심원단이 자신이 유죄인지 무죄인지 결정하기 전에 자신의 진술을 들어주기를 원했다. (hear / the jury / the defendant / wanted / to / her statement)

→ _____ before they decided if she was guilty or innocent.

B 우리말과 일치하도록 괄호 안의 단어를 활용하여 영작하시오. (단, 필요시 단어를 추가하고 어형을 바꿔 쓸 것)

1 Judy와 나는 이번 주에 우연히 같은 요가 수업에 등록했다. (sign up, happen)

→ Judy and I _____ for the same yoga class this week.

2 내일 아침에 내게 보험사에 전화하라고 상기시켜줄 수 있니? (remind, call)

→ Can _____ the insurance agency tomorrow morning?

3 컴퓨터의 사용은 기업들이 그들에게 필요한 직원들의 수를 줄이는 것을 가능하게 했다. (companies, enable, cut down)

→ The use of computers _____ on the number of employees they needed.

4 그 그림 속 남자의 눈이 나를 응시하고 있는 것 같았다. (stare back, seem)

→ The eyes of the man in the painting _____ at me.

---

renovation 보수, 개조   classical 고전적인   literature 문학   budget 예산   environmentalist 환경 운동가   jury 배심원단   defendant 피고(인)   statement 성명, 진술   innocent 결백한, 무죄의   insurance 보험   cut down on ~을 줄이다

to부정사

빈출도 (상) (중) (하)

Point 25 가목적어-진목적어

》》》 구문 개념 잡기

5형식 문장에서 to부정사(구)가 목적어로 쓰일 때, 보통 목적어 자리에 가목적어 it을 쓰고 진목적어인 to부정사(구)는 뒤로 보낸다.

형태	주어+동사+가목적어 it+목적격보어(형용사/명사)+진목적어 to-v
함께 쓰이는 동사	consider, find, make, think, believe 등
예문	The passengers *found* **it** nearly impossible **to move** in the crowded train.

》》》 문장 완성 STEPs

기출 예제 스마트폰은 우리의 사진들을 다른 사람들과 공유하는 것을 더 쉽게 만들었다.

어순 확인 스마트폰은 / 만들었다 / 더 쉽게 / 공유하는 것을 / 우리의 사진들을 / 다른 사람들과

▼

구문 확인 목적어 자리에 가목적어 it을, 목적격보어 뒤에 진목적어(to share ~)를 써야 함을 확인

▼

구문 완성 Smartphones *have made* **it** easier **to share** our photos with others.
　　　　　　 S　　　　　 V　　　 O　 OC　　　　　　 O(진목적어)
　　　　　　　　　　　　　　　　 (가목적어)

정답 및 해설 p.22

Check
Up

우리말과 일치하도록 네모 안에서 알맞은 말을 고르시오.

1 그 과학자들은 물리학에서 노벨상을 받는 것을 영광으로 여겼다.

The scientists considered ⟦it / that⟧ an honor to be awarded the Nobel Prize in physics.

2 인터넷은 전 세계의 사람들과 연락하고 지내는 것을 간단하게 만든다.

The internet makes it ⟦simple / simply⟧ to keep in contact with people from around the globe.

문장 완성 *Practice*

A 다음 문장에서 밑줄 친 부분을 어법에 맞게 고치시오.

1 Todd made <u>it is</u> his priority to travel to as many different places as possible.

2 Most people find it hard <u>remember</u> many details about their early childhood.

3 The tornado warning made <u>necessary it</u> to postpone the soccer game until a later date.

B 우리말과 일치하도록 괄호 안의 단어를 바르게 배열하시오.

1 Brad는 조언을 얻으려고 자신에게 의지하는 사람이 너무 많은 것을 부담으로 여겼다. (it / considered / to / a burden / have)

→ Brad _____ so many people counting on him for advice.

2 페니실린의 발견은 세균 감염을 치료하는 것을 더 쉽게 만들었다. (to / it / easier / treat / made / bacterial infections)

→ The discovery of penicillin _____.

3 이 애플리케이션을 이용하여, 기업들은 시간제 고용 시 숙련된 근로자를 고용하는 것이 간단하다고 생각한다. (it / to / workers / hire / companies / find / skilled / simple)

→ With this application, _____ for part-time employment.

C 우리말과 일치하도록 괄호 안의 단어를 활용하여 영작하시오. (단, 가목적어-진목적어(to-v) 구문을 활용하되 필요시 단어를 추가하거나 어형을 바꿔 쓸 것)

1 Marcy는 쇼핑몰에서 쇼핑하는 것이 진이 빠진다고 생각해서 자신의 모든 옷을 온라인으로 사는 것을 선호한다. (exhausting, find, shop)

→ _____ at malls, so she prefers to buy all of her clothing online.

2 Baker 씨는 그녀의 학생들에게 부정행위의 결과에 관해 경고하는 것이 필요하다고 생각했다. (warn, necessary, think, students)

→ Ms. Baker _____ about the consequences of cheating.

3 Tom은 그 다친 동물이 회복될 때까지 그것을 돌보는 것을 자신의 책임으로 만들었다. (make, take care of, responsibility)

→ Tom _____ the wounded animal until it recovered.

---

honor 존경; *영광   physics 물리학   burden 부담, 짐   employment 고용, 채용   exhausting 진을 빼는   consequence 결과   cheat 속이다; *부정행위를 하다   wounded 부상을 입은

to부정사

빈출도 (상) (중) (하)

Point 26 의문사+to부정사

>>> 구문 개념 잡기

「의문사+to-v」는 문장에서 주어, 목적어, 또는 보어 역할을 하며, 「의문사+주어+should+동사원형」의 형태로 바꿔 쓸 수 있다.

형태	what to-v: 무엇을 ~할지 where to-v: 어디에(서) ~할지 how to-v: 어떻게 ~할지, ~하는 방법	who(m) to-v: 누구를[에게] ~할지 when to-v: 언제 ~할지
예문	It's up to you to decide **how to raise** your dog. (→ It's up to you to decide **how you should raise** your dog.)	

>>> 문장 완성 STEPs

기출 예제 당신의 목표들을 이루기 위해, 당신은 집중을 방해하는 것들을 어떻게 처리할지 배워야 한다.

어순 확인	이루기 위해 / 당신의 목표들을 / 당신은 / 배워야 한다 / 어떻게 처리할지 / 집중을 방해하는 것들을

▼

구문 확인	'어떻게 ~할지[~하는 방법]'의 의미이므로 「how to-v」로 써야 함을 확인

▼

구문 완성	To achieve your goals, you must learn **how to deal** with distractions. M S V O

정답 및 해설 p.22

Check
Up

우리말과 일치하도록 네모 안에서 알맞은 말을 고르시오.

1 아이들은 비상시에 누구에게 연락할지 알 필요가 있다.

Children need to know who | contact / to contact | in case of an emergency.

2 학교 이사회는 올해의 예산 안에서 무엇을 우선적으로 처리할지 정하는 중이다.

The school board is deciding | how / what | to prioritize in this year's budget.

문장 완성 *Practice*

A 우리말과 일치하도록 괄호 안의 단어를 바르게 배열하시오.

1 Paula의 생일에 그녀를 놀라게 해줄 방법을 논의해보는 게 어때? (to / Paula / surprise / how)

→ Why don't we discuss _____ on her birthday?

2 식사를 준비할 때 당신의 주요리에 무엇을 사용할지는 첫 번째로 고려할 사항이다. (use / your main dish / to / in / what)

→ _____ is the first thing to consider when preparing a meal.

3 나는 다양한 종류의 종이비행기를 만드는 방법을 연구 중이었다. (make / how / paper airplanes / different kinds of / to)

→ I was researching _____.

4 나의 직원들 중 한 명이 내게 새로운 음료를 위한 광고판을 어디에 둘지 물어보았다. (to / the billboards / place / where)

→ One of my employees asked me _____ for the new beverage.

B 우리말과 일치하도록 괄호 안의 단어를 활용하여 영작하시오. (단, to부정사를 활용하되 필요시 단어를 추가할 것)

1 이 책상을 조립하기 위한 설명서는 내게 이 나사들을 어디에 사용할지 알려주지 않았다. (screws, use)

→ The instructions for building this desk didn't tell me _____.

2 아침으로 무엇을 먹을지는 당신의 건강에 영향을 미치는 중요한 결정이다. (eat, for breakfast)

→ _____ is an important decision that affects your health.

3 그 쥐들은 미로의 끝에 있는 치즈에 어떻게 도착할지 알아내기 위해 애쓰고 있었다. (the cheese, get to)

→ The mice were trying to figure out _____ at the end of the maze.

4 그 대회의 심사 위원들은 누구에게 1등상을 줄지 숙고 중이었다. (the first prize, give)

→ The judges of the contest were thinking about _____ to.

5 Barry는 감독에게 연극 중에 언제 무대에 입장할지 물어보았다. (the stage, enter)

→ Barry asked the director _____ during the play.

---

distraction (주의) 집중을 방해하는 것   emergency 비상(사태)   prioritize 우선순위를 매기다; *우선적으로 처리하다   billboard 광고판, 게시판
screw 나사(못)   instruction (pl.) (사용) 설명서   figure out ~을 이해하다[알아내다]   maze 미로

to부정사

빈출도 상 중 하

Point 27 to부정사의 명사 수식

>>> 구문 개념 잡기

to부정사는 형용사처럼 명사나 대명사를 뒤에서 수식할 수 있다. 수식 받는 (대)명사가 to부정사에 딸린 전치사의 목적어인 경우에 유의한다.

예문	Martin is looking for *a new game* **to play** with his friends online. During difficult times, it's important to have *people* **to rely on**.

>>> 문장 완성 STEPs

> 기출 예제 설득은 청중에게 무언가를 납득시키는 언어의 전략적 사용이다.
>
> 어순 확인 설득은 / 전략적 사용이다 / 언어의 / 납득시키는 / 청중에게 / 무언가를
>
> ▼
>
> 구문 확인 '~하는 명사'의 의미를 명사를 뒤에서 수식하는 to부정사로 나타낼 수 있음을 확인
>
> ▼
>
> 구문 완성 Persuasion is [*the strategic use of language*] [**to convince** an audience of
>   S   V   C
> something].

정답 및 해설 p.23

우리말과 일치하도록 네모 안에서 알맞은 말을 고르시오.

1 우리는 다음 토론에서 논의될 사안들을 결정할 더 많은 시간이 필요하다.

We need more time decide / to decide on the issues that will be discussed at the next debate.

2 만약 당신이 지향하는 특정한 목표가 있다면 당신의 재정을 관리하는 것은 더 쉽다.

It's easier to manage your finances if you have a specific goal to work / work toward .

문장 완성 *Practice*

A 다음 문장에서 어법상 틀린 곳을 찾아 밑줄을 긋고 바르게 고치시오. (단, 틀린 곳이 없을 경우 O로 표시할 것)

1 Ben is looking for a new roommate to live.

2 Sam always tries to make people laugh because of his need to fit in.

3 A good way save money is to set goals for yourself and keep track of what you spend.

B 우리말과 일치하도록 괄호 안의 단어를 바르게 배열하시오.

1 그 연구원들은 자신들의 연구 결과를 발표하기 전에 조사할 몇 가지 더 많은 세부 사항들이 있었다. (look into / more details / to / a few)

→ Before they released their findings, the researchers had _____.

2 기업들은 흔히 하나가 넘는 언어를 구사할 수 있는 능력이 있는 사람들을 고용하기 위해 노력한다. (more than / to / one language / speak / the ability)

→ Companies often try to hire people with _____.

3 음식을 더 적게 먹는 한 가지 쉬운 방법은 당신의 위가 비어 있지 않도록 더 많은 물을 마시는 것이다. (eat / an / less food / way / to / easy)

→ _____ is to drink more water so that your stomach is not empty.

4 Pam은 피아노 경연 대회를 위해 연습할 충분한 시간이 없을까 봐 걱정했다. (to / have / practice / didn't / enough / she / time)

→ Pam was worried that _____ for her piano contest.

C 우리말과 일치하도록 괄호 안의 단어를 활용하여 영작하시오. (단, to부정사를 활용하되 필요시 단어를 추가할 것)

1 그 기관은 유기 동물들을 돌봐줄 사람들을 찾고 있다. (abandoned animals, take care of)

→ The organization is looking for _____.

2 바닷속으로 더 깊이 잠수할수록, 스쿠버다이버들은 조심해야 할 많은 위험 요소들이 있다. (watch out for, dangers, a lot of)

→ As they dive deeper into the ocean, scuba divers have _____.

3 그 장기 자랑은 학생들에게 그들의 또래들 앞에서 그들의 실력을 뽐낼 기회를 제공한다. (show off, skills, the opportunity)

→ The talent show provides students with _____ in front of their peers.

---

persuasion 설득 strategic 전략의, 전략적인 convince 납득시키다, 확신시키다 debate 토론 finance (*pl.*) 자금, 재정 keep track of ~을 기록하다 finding (조사 등의) 결과 abandoned 버려진, 유기된 organization 조직, 기구 watch out for ~을 조심하다 opportunity 기회 peer 또래[동배]

Point 28 to부정사의 부사적 용법

》》 구문 개념 잡기

to부정사는 목적, 결과, 감정의 원인, 한정 등의 의미를 나타내는 부사 역할을 할 수 있다. '목적'의 뜻을 분명히 할 때는 「in order to-v」나 「so as to-v」를 쓰기도 한다.

의미	예문
~하기 위해(목적)	The bookstore sent Jordan an email **to let** him know that his order had arrived.
~해서 …하다(결과)	The lawyer came out of the courthouse **to find** reporters waiting for her.
결국 ~하고 말다(결과)	Sam hurried to the boarding gate *only* **to find** that it was already closed.
~해서(감정의 원인)	Many citizens were *angry* **to hear** that the government intended to raise tax rates.
~하기에(한정)	She doesn't like the dresses because they are *uncomfortable* **to wear**.

》》 문장 완성 STEPs

[기출 예제] 그녀의 일을 제시간에 끝내기 위해서, Amy는 그녀가 할 수 있는 모든 것을 했다.

[어순 확인] 끝내기 위해서 / 그녀의 일을 / 제시간에 / Amy는 / 했다 / 모든 것을 / 그녀가 할 수 있는

▼

[구문 확인] '~하기 위해'의 의미이므로 목적을 나타내는 부사적 용법의 to부정사구를 써야 함을 확인

▼

[구문 완성] **To finish** her work on time, Amy did everything [(that) she could].
　　　　　　　　 M　　　　　　　　　　 S　 V　 O　　　　　　 S'　 V'

정답 및 해설 p.24

Check Up

우리말과 일치하도록 네모 안에서 알맞은 말을 고르시오.

1 나는 택시가 떠나는 것을 지켜보다 내가 좌석 위에 노트북을 두고 왔다는 것을 깨닫고 말았다.

I watched the taxi drive away, only | realize / to realize | that I had left my laptop on the seat.

2 Michael은 다른 사람들의 집중을 방해하지 않기 위해 자습실을 조용히 나왔다.

Michael left the study room quietly | not so as / so as not | to disrupt the concentration of others.

문장 완성 *Practice*

A 우리말과 일치하도록 괄호 안의 단어를 바르게 배열하시오.

1 팬들은 그 배우가 은퇴하기로 결심했다는 것을 알게 되어 실망했다. (learn / were / fans / to / disappointed)

→ _____ that the actor had decided to retire.

2 어떤 개들은 훈련시키기에 어려울 수 있지만, 그들에게 인내심을 갖는 것이 중요하다. (train / be / some dogs / difficult / can / to)

→ _____, but it is important to have patience with them.

3 그 아이들은 마침내 연을 하늘로 띄웠으나 결국 그것이 땅에 다시 추락하는 것을 보고 말았다. (it / to the ground / see / only / crash / to)

→ The kids finally got the kite into the sky, _____ again.

4 Tamara는 자신이 수영 대회에서 받은 메달을 부모님께 보여드리게 되어 자랑스러워했다. (her parents / show / was / to / the medal / proud)

→ Tamara _____ she won in the swimming competition.

5 학생들이 학교 서버에 접속하기 위해서, 그들은 그들의 교사로부터 비밀번호를 받을 필요가 있다. (for / order / log into / in / students / to / the school server)

→ _____, they need to get a password from their teacher.

B 우리말과 일치하도록 괄호 안의 단어를 활용하여 영작하시오. (단, 필요시 단어를 추가하고 어형을 바꿔 쓸 것)

1 코미디 영화가 보기에 재미있을 수 있지만, 나는 다큐멘터리를 선호한다. (watch, comedy movies, fun)

→ _____, but I prefer documentaries.

2 친환경 에너지원은 국가들이 투자하기에 매우 중요해지고 있다. (invest in, countries, important)

→ Green energy sources are becoming very _____.

3 Brianne은 여동생이 그녀가 매우 좋아하는 원피스를 또 빌려갔다는 것을 알게 되어 짜증이 났다. (find, annoyed)

→ _____ that her sister had borrowed her favorite dress again.

4 그 기업이 수요를 충족시키기 위해서, 그들은 공장에서의 생산량을 늘려야 했다. (meet, order, the company)

→ _____ the demand, they had to increase production at their factories.

---

courthouse 법원 청사[건물]   intend ~할 작정이다   disrupt 방해하다, 지장을 주다   concentration 집중   competition 경쟁; *(경연) 대회, 시합
demand 요구; *수요

Point 29 주어로 쓰이는 동명사

>>> 구문 개념 잡기

동명사(v-ing)는 명사처럼 문장에서 주어 역할을 할 수 있는데, to부정사보다 동명사가 주어 자리에 더 자주 쓰인다. 주어로 쓰인 동명사는 단수 취급한다.

의미	~하는 것, ~하기
예문	**Eating** snacks late at night *is* bad for your health. **Making** crafts with kids at the children's hospital *was* a valuable experience.

>>> 문장 완성 STEPs

기출 예제 긍정적인 생각을 가지고 하루를 시작하는 것은 우리의 삶에 좋은 영향을 준다.

어순 확인 하루를 시작하는 것은 / 긍정적인 생각을 가지고 / 좋은 영향을 준다 / 우리의 삶에
▼
구문 확인 '~하는 것'의 의미이므로 동명사구 주어로 쓸 수 있음을 확인
▼
구문 완성 <u>**Starting** the day with positive thoughts</u> *has* <u>a good influence</u> <u>on our lives.</u>
　　　　　　　　　　　　S　　　　　　　　　　　　　　V　　　O　　　　　　M

정답 및 해설 p.24

Check
Up
　우리말과 일치하도록 네모 안에서 알맞은 말을 고르시오.

1 정신적 수행 능력을 향상시키기 위해 카페인을 이용하는 것은 하룻밤 푹 자는 것을 대체하지 못한다.

　Use / Using caffeine to improve mental performance doesn't replace getting a good night's sleep.

2 불편한 상황을 피하려는 당신의 본능을 극복하는 것은 매우 중요하다.

　Overcoming your instincts to avoid uncomfortable situations is / are essential.

문장 완성 *Practice*

A 우리말과 일치하도록 괄호 안의 단어를 바르게 배열하시오.

1 대학에서 공부할 전공을 정하는 것은 중요한 진로 결정이다. (a major / in university / is / deciding on / to study)

→ _____ an important career decision.

2 어떤 국가들에서는 바닥에 있는 동전을 발견하는 것이 행운의 징후이다. (is / a coin / on the ground / finding)

→ _____ a sign of good luck in some countries.

3 낯선 웹사이트에서 물건을 구매하는 것은 위험할 수 있으므로 피해야 한다. (websites / goods / unfamiliar / purchasing / from)

→ _____ can be risky, so it should be avoided.

4 취침 시간 전에 차분한 음악을 듣는 것은 당신이 긴장을 풀고 스트레스를 완화하도록 돕는다. (calm / before bedtime / listening to / helps / music)

→ _____ you relax and relieve stress.

5 다른 사람들이 말하는 것에 주의를 기울이는 것은 당신이 그들에게 관심을 가진다는 것을 의미한다. (others / paying / what / attention to / means / say)

→ _____ that you care about them.

B 우리말과 일치하도록 괄호 안의 단어를 활용하여 영작하시오. (단, 동명사구 주어를 사용하되 필요시 단어를 추가하거나 어형을 바꿔 쓸 것)

1 해변에서 일몰을 보는 것은 나의 여행에서 가장 잊지 못할 순간들 중 하나였다. (watch, on the beach, the sunset)

→ _____ one of the most memorable moments during my trip.

2 수백 명의 사람들을 위한 충분한 음식을 준비하는 것은 그 초보 요리사에게 도전이었다. (enough food, prepare, for hundreds of people)

→ _____ a challenge for the novice cook.

3 서울과 뉴욕 같은 주요 도시에서 편히 살 곳을 찾는 것은 상당히 어려울 수 있다. (live, a place, look for)

→ _____ comfortably can be quite difficult in major cities like Seoul and New York.

4 음악이 더 복잡해짐에 따라, 당신의 악기에 대한 적절한 연주 기술들을 습득하는 것이 점점 더 유의미해진다. (playing techniques, acquire, appropriate)

→ As music becomes more complex, _____ for your instrument becomes increasingly relevant.

---

overcome 극복하다   instinct 본능   essential 필수의, 매우 중요한   relieve 경감하다, 완화하다   challenge 도전[시험대]   novice 초보
(자)   acquire 습득하다[얻다]   appropriate 적절한   instrument 기구; *악기   increasingly 점점 더, 갈수록 더   relevant 관련 있는; *의의가 있는
[유의미한]

UNIT 08
동명사

Point 30 목적어로 쓰이는 동명사와 to부정사

》》 구문 개념 잡기

동명사와 to부정사는 동사의 목적어로 쓰일 수 있다. 그러나 동사에 따라 동명사 혹은 to부정사만 목적어로 취하거나 둘 다를 목적어로 취하는 경우도 있으므로, 이를 구분하여 알아둘 필요가 있다. 특히 둘 다를 목적어로 취하는 동사 중 서로 의미 차이가 있는 동사에 유의한다.

동명사만 목적어로 취하는 동사	enjoy, avoid, quit, mind, finish, stop, keep, deny, practice, consider, dislike 등
to부정사만 목적어로 취하는 동사	want, plan, hope, decide, pretend, choose, refuse, promise, tend, afford 등
동명사와 to부정사 모두 목적어로 취하는 동사	like, love, start, begin, prefer, hate, continue 등 (의미 차이 없음) forget, remember, regret, try 등 (의미 차이 있음)
예문	When you *finish* **mixing** the bread dough, put it into the oven to bake. The company *expects* **to increase** its profits by 10% this year. In April, the sun usually *begins* **rising[to rise]** at about 6:30 a.m. in Alaska. I *regret* **to tell** (≠ telling) you that I broke the screen on your phone.

》》 문장 완성 STEPs

기출 예제 사람들은 좋은 분위기를 망치는 것을 원하지 않아서 갈등에 관해 말하는 것을 피한다.

어순 확인 사람들은 / 피한다 / 갈등에 관해 말하는 것을 / 왜냐하면 / 그들이 / 원하지 않아서 / 좋은 분위기를 망치는 것을

▼

구문 확인 동사(avoid)+동명사(talking) / 동사(want)+to부정사(to ruin)를 써야 함을 확인

▼

구문 완성 People *avoid* **talking** about conflict because they don't *want* **to ruin** the good
　　　　　S　　　V　　　　　　O　　　　　　　　　S'　　V'　　　　O'
mood.

정답 및 해설 p.25

Check Up

우리말과 일치하도록 네모 안에서 알맞은 말을 고르시오.

1 Lydia는 매일 방과 후에 첼로를 연주하는 것을 연습한다.

Lydia practices to play / playing the cello every day after school.

2 Nora는 내 공구들을 다 쓰자마자 그것들을 돌려줄 것을 약속했다.

Nora promised to return / returning my tools as soon as she was done with them.

문장 완성 *Practice*

A 다음 괄호 안의 단어를 빈칸에 알맞은 형태로 쓰시오.

1 Lance denies _____ on the test, but other students saw him do it. (cheat)

2 Possums pretend _____ dead so that their predators will leave them alone. (play)
*possum: 주머니쥐

3 The guard dog starts _____ whenever someone comes near the building. (bark)

4 Barry dislikes _____ online for clothes because he likes to try them on before he buys them. (shop)

5 The Johnson family couldn't afford _____ a camping trailer, so they rented one for their family vacation. (buy)

B 우리말과 일치하도록 괄호 안의 단어를 활용하여 영작하시오. (단, 필요시 단어를 추가하고 어형을 바꿔 쓸 것)

1 그 수사관들은 그 가정집 화재의 원인을 밝혀내고 싶어 했다. (the cause, discover)
→ The investigators _____ of the house fire.

2 Jeremy는 자신이 방을 나가기 전에 창문을 닫은 것을 기억했다. (close)
→ _____ before he left the room.

3 Candace는 지난달에 e스포츠 대회에서 나를 만난 것을 잊어버렸다. (meet)
→ _____ at the esports competition last month.

4 Jason은 시력이 좋지 않음에도 불구하고, 그는 공부할 때 안경을 쓰는 것을 거부한다. (wear, glasses)
→ Even though Jason has poor eyesight, _____ when studying.

5 그 회사는 홍보 부서에 더 많은 직원들을 고용하는 것을 고려해야 한다. (hire, employees)
→ The company should _____ for the public relations department.

6 거리에 있던 그 사람들은 걷는 것을 멈추고 그 마술사가 마술을 하는 것을 보았다. (on the street, walk)
→ _____ and watched the magician perform tricks.

7 많은 사람들은 자신이 온라인에서 읽는 정보를 그것의 출처를 고려하지 않고 믿는 경향이 있다. (many, the information, believe)
→ _____ they read online without considering its source.

---

profit 이익, 수익, 이윤   play dead 죽은 체하다, 가만히 있다   predator 포식자, 포식 동물   investigator 수사관, 조사관   public relations 홍보[선전]
(활동)   department 부서[부처]

UNIT 08

Point 31 전치사의 목적어로 쓰이는 동명사

》》 구문 개념 잡기

동명사는 명사처럼 전치사의 목적어로 쓰일 수 있으나, 명사와 달리 동사의 성질을 가지고 있어서 뒤에 목적어를 취할 수 있다.

예문	This diagram is necessary *for* **explaining** the solar system to the class. Dr. Marshall is good *at* **helping** patients relax and **making** them feel comfortable. We had a meeting *about* **recruiting** new members and began designing a poster.

》》 문장 완성 STEPs

기출 예제 성공은 당신의 열정을 잃지 않고 당신의 실패들을 극복하는 능력이다.

어순 확인 성공은 / 극복하는 능력이다 / 당신의 실패들을 / 잃지 않고 / 당신의 열정을

▼

구문 확인 전치사(without)+동명사구(losing your passion)를 써야 함을 확인

▼

구문 완성 Success is the ability [to overcome your failures *without* **losing** your passion].
  S   V   C

정답 및 해설 p.26

Check Up 우리말과 일치하도록 네모 안에서 알맞은 말을 고르시오.

1 일부 주민들은 그 건물의 주차장을 확장하는 것에 반대한다는 주장을 했다.

Some residents argued against | expansion / expanding | the building's parking lot.

2 다리가 세 개밖에 없음에도 불구하고, 나의 강아지는 여느 개처럼 달리고, 뛰어오르고, 놀 수 있다.

Despite | having / have | only three legs, my puppy is able to run, jump, and play just like any other dog.

문장 완성 *Practice*

A 다음 문장에서 어법상 틀린 곳을 찾아 밑줄을 긋고 바르게 고치시오. (단, 틀린 곳이 없을 경우 O로 표시할 것)

1 Stella apologized for leaving the party without say goodbye.

2 The politician tried to persuade the people who were against to change the old law.

3 The surfer purchased a portable vacuum cleaner for removing the sand from his car.

4 The baker decorated the couple's anniversary cake by cover it with whipped cream and fruit slices.

B 우리말과 일치하도록 괄호 안의 단어를 바르게 배열하시오. (단, 필요시 어형을 바꿔 쓸 것)

1 Chuck은 그의 어린 사촌들과 종일 놀아주느라 지쳤다. (from / exhausted / was / play)

→ Chuck _____ with his young cousins all day.

2 우리 중 많은 이들이 범선을 타고 바다를 가로질러 항해하는 이야기들을 읽어본 적이 있다. (across / tales / the ocean / sail / of)

→ Many of us have read _____ in a sailboat.

3 그는 혼자 오랜 기간을 보내는 데에서 위안을 찾는 것이 가능하다고 생각한다. (spend / in / of / long periods / time)

→ He thinks it is possible to find comfort _____ alone.

4 기업들은 직접적으로 고객들의 흥미를 끄는 광고들을 만들어 냄으로써 특정 고객들을 겨냥한다. (advertisements / target / create / companies / by / specific consumers)

→ _____ that directly appeal to them.

5 엄격한 식이 요법을 따르는 것이 지닌 문제는 모든 사람의 몸이 각각 다른 음식들에 다르게 반응한다는 것이다. (follow / with / the problem / strict diets)

→ _____ is that everyone's body reacts differently to different foods.

---

diagram 도표, 도해   solar system 태양계   recruit 모집하다[뽑다]   passion 열정   resident 거주자[주민]   expansion 확대, 확장 (expand 확장[확대]하다)   politician 정치인   portable 휴대용의   anniversary 기념일   exhausted 지친, 기진맥진한   comfort 위로, 위안   appeal 항소[상고]하다; *관심[흥미]을 끌다   strict 엄격한   react 반응하다

Point 32 동명사의 관용 표현

>>> 구문 개념 잡기

자주 쓰이는 동명사 표현들을 알아 두자. 특히 to부정사의 to 뒤에는 동사원형이 오지만, 전치사 to 뒤에는 동명사가 온다는 점에 유의한다.

be busy v-ing: ~하느라 바쁘다	be worth v-ing: ~할 가치가 있다
look forward to v-ing: ~하기를 기대하다	feel like v-ing: ~하고 싶다
be on the point of v-ing: 막 ~하려고 하다	end up v-ing: 결국 ~하게 되다
can't help v-ing: ~하지 않을 수 없다	be dedicated to v-ing: ~하는 데 전념하다
it is no use v-ing: ~해봐야 소용없다	when it comes to v-ing: ~하는 것에 관해서라면
object[be opposed] to v-ing: ~하는 데 반대하다	there is no v-ing: ~하는 것은 불가능하다, ~할 수 없다
spend+시간[돈]+v-ing: ~하는 데 시간[돈]을 보내다[쓰다]	be used[accustomed] to v-ing: ~하는 데 익숙하다
have trouble[difficulty] v-ing: ~하는 데 어려움을 겪다	stop[keep/prevent] A from v-ing: A가 ~하는 것을 막다 [~하지 못하게 하다]

>>> 문장 완성 STEPs

기출 예제   그들은 기아를 종식하는 데 전념하는 기관들을 지원하기로 결정했다.

어순 확인   그들은 / 지원하기로 결정했다 / 기관들을 / 기아를 종식하는 데 전념하는

▼

구문 확인   '~하는 데 전념하다'라는 의미를 「be dedicated to v-ing」로 나타낼 수 있음을 확인

▼

구문 완성   They decided [to support organizations] [(that **were**) **dedicated to ending** hunger].
           S   V   O

정답 및 해설 p.26

우리말과 일치하도록 네모 안에서 알맞은 말을 고르시오.

1 소셜 미디어가 유행을 만들어내는 데 있어서 매우 영향력 있게 되었다는 것은 부인할 수 없다.

There is no deny / denying that social media has become very influential in creating trends.

2 '먹는 것이 당신을 만든다'라는 어구는 음식과 건강 간의 관계를 보여주는 데 사용된다.

The phrase "You are what you eat" is used to show / showing the relationship between food and health.

문장 완성 *Practice*

UNIT 08
동명사

A 다음 보기 에서 알맞은 단어를 골라 빈칸에 알맞은 형태로 쓰시오.

보기	pay	give up	eat	read	stare

1 Grace spends most of her free time _____ detective novels.

2 I was on the point of _____ when I finally solved the math equation.

3 Many people are opposed to _____ tips at restaurants if the service is poor.

4 The audience couldn't help _____ at the performer as he walked across the tightrope.
*tightrope: (서커스에서 곡예사가 타는) 줄

5 If you feel like _____ a snack, it's better for your health to eat fruit or other natural foods.

B 우리말과 일치하도록 괄호 안의 단어를 활용하여 영작하시오. (단, 필요시 단어를 추가하고 어형을 바꿔 쓸 것)

1 영국군은 결국 워털루 전투에서 나폴레옹을 물리치게 되었다. (defeat, end up)

→ The British army _____ Napoleon at the Battle of Waterloo.

2 Ethan은 영화를 보느라 바빠서 그날 저녁에 보드게임을 하고 싶지 않았다. (a movie, watch, busy)

→ Ethan was _____, so he didn't want to play a board game that evening.

3 그 노동자들은 그러한 열악한 환경에서 일하는 데 반대하여 파업을 하기로 결심했다. (work, object)

→ The workers _____ in such poor conditions and decided to go on strike.

4 나는 네가 내일 공항에 도착할 때 너를 직접 만나기를 기대한다. (meet, look forward)

→ I _____ in person when you arrive at the airport tomorrow.

5 Alex는 그 연극의 주인공이 마지막 장면에서 죽을 때 자신이 우는 것을 막을 수 없었다. (oneself, keep, cry)

→ Alex couldn't _____ when the main character of the play died in the last scene.

6 Jack은 방학 동안에는 매일 늦잠을 자는 데 익숙했지만 개학하자마자 그의 습관들을 바꿔야 했다. (use, sleep in)

→ Jack _____ every day during the vacation, but he had to change his habits once school started.

---

influential 영향력 있는, 영향력이 큰   equation 방정식, 등식   defeat 패배시키다[물리치다]   go on strike 파업하다   in person 직접[몸소]   sleep in 늦잠을 자다

동명사

빈출도 (상)(중)(하)

Point 33 동명사의 의미상 주어·시제

>>> 구문 개념 잡기

동명사 앞에 의미상 주어를 표기하는 경우를 알아 둔다. 동명사가 문장의 동사 시제보다 앞선 때를 나타낼 때 흔히 완료형(having p.p.)을 쓰지만, 시간의 전후 관계가 분명한 경우 단순형(v-ing)을 쓰기도 한다는 점에도 유의한다.

	동명사의 의미상 주어	동명사의 시제
형태	「소유격 혹은 목적격(주로 일상체)+v-ing」 (문장의 주어·목적어와 동명사의 의미상 주어가 다를 경우 사용)	동명사가 나타내는 때가 문장의 동사 시제와 같거나 그 이후: v-ing 문장의 동사 시제보다 이전: having p.p.
예문	My friends don't like **my** *being* late every time we meet. (문장의 주어 ≠ 의미상 주어)	My family enjoys **exploring** the caves in the mountains. The company was accused of **having copied** the products of its competitor.

>>> 문장 완성 STEPs

> 기출 예제 Jenny는 그녀의 여동생이 글짓기 대회에서 상을 탄 것을 자랑스러워한다.

어순 확인   Jenny는 / 자랑스러워한다 / 그녀의 여동생이 / 상을 탄 것을 / 글짓기 대회에서

▼

구문 확인   동명사 앞에 동명사의 의미상 주어(her sister's 또는 her sister)를 써야 함을 확인

▼

구문 완성   Jenny is proud of **her sister('s)** *winning* a prize in a writing contest.
             S   V   C   M

정답 및 해설 p.27

Check Up

우리말과 일치하도록 네모 안에서 알맞은 말을 고르시오.

1 Mark는 Julie의 노트들을 빌린 것을 인정했고 그녀에게 그것들을 돌려주었다.

   Mark admitted | being / having | borrowed Julie's notes and gave them back to her.

2 제가 당분간 여기 당신의 아파트에서 머물러도 될까요?

   Do you mind | I / my | staying here in your apartment for a while?

문장 완성 *Practice*

A 두 문장이 같은 의미가 되도록 동명사를 사용하여 바꿔 쓰시오.

1 I was not happy that Judy took my book without asking.

→ I was not happy about _____ my book without asking.

2 Tony insisted that his classmate had made fun of him first.

→ Tony insisted on _____ him first.

3 My parents are concerned that I stay up late at night.

→ My parents are concerned about _____.

4 Cora regretted that she had been too busy to spend much time with her cousins during the vacation.

→ Cora regretted _____ to spend much time with her cousins during the vacation.

B 우리말과 일치하도록 괄호 안의 단어를 바르게 배열하시오.

1 그 공원 경비원들은 야생 곰 한 마리를 보다 안전한 장소로 옮기기 위해 그것을 포획했다고 보고했다. (having / a wild bear / reported / captured)

→ The park rangers _____ to transport it to a safer place.

2 오늘 아침에 교통이 상당히 혼잡했기 때문에, Troy가 일찍 출발한 것은 좋은 결정이었다. (was / Troy's / a good decision / leaving early)

→ _____ because the traffic was quite heavy this morning.

3 그 경기에 졌음에도 불구하고, Jerry는 자신이 경기를 잘한 것 같아서 아주 실망하지는 않았다. (lost / despite / having / the game)

→ _____, Jerry felt like he played well and wasn't too disappointed.

4 Amy는 지구 반대편에 있는 한 나라에서 자신의 옛 친구를 만났던 것을 기억한다. (met / remembers / her old friend / having)

→ Amy _____ in a country on the other side of the world.

5 Max는 그의 가족이 그의 연설을 볼 것이라고 예상하지 못했으므로, 그들이 회의장에 도착한 것은 그에게 놀라운 일이었다. (arriving / at the conference hall / their / was)

→ Max didn't expect his family to see his speech, so _____ a surprise to him.

---

accuse 고발하다; *비난하다   concerned 걱정[염려]하는   capture 붙잡다; *포획하다   ranger (산림 등의) 관리원[경비 대원]   transport 수송하다, 옮기다

A 네모 안에서 알맞은 말을 고르시오.

1 The low fuel warning reminded me filling / to fill up my car immediately.

2 Our brain never stops working / to work even when we sleep at night.

3 It is natural of / for a person to feel anxious when they are ill.

4 I couldn't help doze / dozing off during the boring movie.

5 We all were surprised by he / his winning his fourth championship at midlife.

6 That superstar is accustomed to be / being in the spotlight wherever she goes.

7 In delivery / delivering your opinion, it is important to put ideas in logical order.

8 The suspect denied to steal / having stolen anything from the jewelry shop.

B 다음 문장에서 어법상 틀린 곳을 찾아 밑줄을 긋고 바르게 고치시오.

1 This course will provide opportunities improve your leadership skills.

2 I found it impossible to persuade Jason changing his mind.

3 After I finish to go through the book briefly, I will go back to the beginning.

4 Both sides agreed cooperating in resolving the environmental issue.

5 The war ended up to cost millions of lives.

6 The project consists of to collect samples of different plant species and comparing their properties.

7 Innovation the way you work is not easy but important.

8 Anne refused getting any help and managed to do it all by herself.

---

fuel 연료   immediately 즉시, 즉각   anxious 불안해하는   doze off 졸다   midlife 중년기   logical 타당한; *논리적인   cooperate 협력하다   cost (비용이) 들다; *희생시키다   consist of ~로 구성되다   property 재산; *(pl.) 속성, 특성   innovation 혁신, 쇄신

C 우리말과 일치하도록 괄호 안의 단어를 바르게 배열하시오.

1 이 지침은 그것의 의미를 이해하기에 너무 모호하다. (understand / meaning / to / its / vague)

→ This guideline is too _____.

2 Melissa는 그런 어리석은 실수를 저질러서 당황스러움을 느꼈다. (commit / embarrassed / to / felt)

→ Melissa _____ such a silly mistake.

3 어떤 사람들은 비행기의 뒤쪽에 앉는 것을 더 안전하다고 여긴다. (people / safer / some / to / consider / sit / it)

→ _____ in the back of the plane.

4 내 차의 내비게이션 시스템은 종종 어디로 가야 하는지 보여주지 못한다. (to / where / go / show / to / fails)

→ My car navigation system often _____.

5 이 조직의 목적은 다문화 가정들을 위한 지원을 제공하는 것이다. (to / of / is / provide / support / this organization / the aim)

→ _____ for multicultural families.

D 우리말과 일치하도록 괄호 안의 단어를 활용하여 영작하시오. (단, 필요시 단어를 추가하고 어형을 바꿔 쓸 것)

1 나는 그에게 내 새로운 전화번호를 알려줄 것을 잊어버려서, 그의 문자 메시지를 받지 못했다. (forget, notify)

→ _____ of my new phone number, so I didn't get his text message.

2 그의 새로운 접근법은 효과적이고 성공적인 것 같았다. (approach, seem, be)

→ _____ effective and successful.

3 당신은 전시회에 입장하기 위해 대기 명단에 이름을 올려두고 줄을 서서 기다려야 한다. (wait in line, enter, order)

→ You should put your name on the waiting list and _____ the exhibition.

4 올바른 결정을 하는 것에 관해서라면, 나는 항상 나의 언니에게 의지할 수 있다. (come, make the right decisions, when)

→ _____, I can always depend on my sister.

---

vague 애매한, 모호한   commit 저지르다[범하다]   embarrassed 당황스러운   notify 알리다[통지하다]   approach 접근(법)   exhibition 전시회

분사와 분사구문   빈출도 ⓢ ⓜ ⓗ

Point 34 현재분사와 과거분사

》》 구문 개념 잡기

분사는 형용사처럼 감정을 나타내거나, 명사를 앞이나 뒤에서 수식하기도 한다. 분사와 분사가 수식하는 명사가 의미상 능동 관계이면 현재분사(v-ing)를, 수동 관계이면 과거분사(p.p.)를 쓴다.

감정을 나타내는 분사	The students were **excited** to hear that their professor had published a book. Learning a new language and culture can be an **exciting** experience.
명사를 수식하는 분사	I believe that every country has its own **hidden** treasures. The church windows **broken** in the storm have not yet been repaired.

》》 문장 완성 STEPs

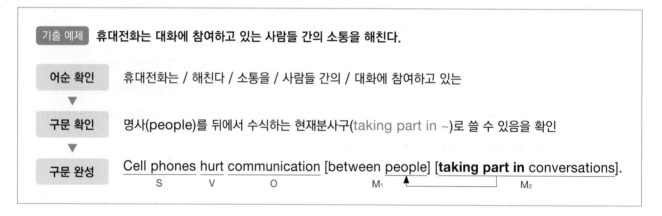

기출 예제	휴대전화는 대화에 참여하고 있는 사람들 간의 소통을 해친다.

어순 확인 휴대전화는 / 해친다 / 소통을 / 사람들 간의 / 대화에 참여하고 있는

▼

구문 확인 명사(people)를 뒤에서 수식하는 현재분사구(taking part in ~)로 쓸 수 있음을 확인

▼

구문 완성 Cell phones hurt communication [between people] [**taking part in** conversations].
　　　　　　　　　S　　　　V　　　O　　　　　M₁　　　　　　　　　　M₂

정답 및 해설 p.29

Check Up 우리말과 일치하도록 네모 안에서 알맞은 말을 고르시오.

1 밤에 그 오래된 냉장고가 내는 큰 소음은 매우 성가시다.

　The loud noises that the old refrigerator makes at night are very | annoyed / annoying |.

2 선홍색으로 칠해진 그 집은 이 거리의 어디에서도 보기 쉽다.

　The house | painted / painting | bright red is easy to see from anywhere on this street.

문장 완성 *Practice*

A 다음 괄호 안의 단어를 빈칸에 알맞은 형태로 쓰시오.

1 The woman _____ president had worked as a lawyer for more than 20 years. (elect)

2 The sailors were _____ to discover fresh water and coconuts on the small island. (please)

3 The history book seemed _____, but it was too expensive for Shaun to purchase. (interest)

4 Several children _____ ice cream were _____ by a large dog _____ around without a leash. (eat, frighten, run)   *leash: (개 등을 매어 두는) 가죽끈[줄]

B 우리말과 일치하도록 괄호 안의 단어를 바르게 배열하시오.

1 그 사진작가는 바다를 가로질러 날아가는 몇몇 펠리컨들의 사진을 찍고 있었다. (across / some pelicans / the ocean / flying)

→ The photographer was taking pictures of _____.

2 그 축제가 악천후 때문에 취소되었다는 것을 알게 된 것은 좌절감을 주었다. (to find out / it / frustrating / was)

→ _____ that the festival had been canceled due to bad weather.

3 Isabella는 쓰레기 속에 버려진 인형을 발견하고 그것을 깨끗이 털어내어 집에 가져가기로 결심했다. (the trash / thrown / a doll / in)

→ Isabella spotted _____ and decided to clean it off and bring it home.

C 우리말과 일치하도록 괄호 안의 단어를 활용하여 영작하시오. (단, 분사를 활용하되 필요시 단어를 추가하고 어형을 바꿔 쓸 것)

1 지하철에서 책을 읽던 그 남자는 겨우 몇 분 뒤에 잠들었다. (read, on the subway, a book)

→ The man _____ fell asleep after just a few minutes.

2 먼 옛날에, 사람들은 숲속에 살던 포식 동물들을 무서워했다. (predators, terrify, of, people)

→ In the distant past, _____ that lived in the forest.

3 레인지 위에서 끓고 있는 닭고기 수프는 곧 완성될 것이다. (on the stove, boil)

→ The chicken soup _____ will be ready to eat soon.

4 그 지역 주민들은 지저분한 공원에 당황해서 그곳을 치우러 갔다. (embarrass, local citizens, by)

→ _____ the dirty park, so they went to clean it up.

---

repair 수리하다   take part in ~에 참여하다   conversation 대화, 회화   elect (선거로) 선출하다   frustrating 불만스러운, 좌절감을 주는   spot 발견하다, 찾다   distant 먼, 아득한

Point 35 분사구문

>>> 구문 개념 잡기

분사구문은 「접속사+주어+동사」 형태의 부사절을 분사가 이끄는 구로 나타낸 것을 말한다.

부사절 → 분사구문	① 접속사를 생략함 ② 부사절의 주어와 주절의 주어가 같으면 부사절의 주어를 생략함 ③ 의미상 주어와의 관계가 능동이면 부사절의 동사를 v-ing, 수동이면 (Being) p.p. 형태로 바꿈 　(Being은 주로 생략함) *분사구문의 부정은 부정어(not, never)를 분사 앞에 써서 나타냄
분사구문의 의미	때, 동시동작, 연속상황, 이유, 조건 등
예문	**Enjoying** open spaces, Todd often goes for long hikes in the nearby desert. (← Because he enjoys open spaces, ~) **(Being) Handled** roughly, the delicate vase will break into hundreds of tiny pieces. (← If it is handled roughly, ~)

>>> 문장 완성 STEPs

기출 예제 그의 교사에게 격려를 받아, Ted는 영어 말하기 대회에 참가하기로 결심했다.

어순 확인 　격려를 받아 / 그의 교사에게 / Ted는 / 결심했다 / 참가하기로 / 영어 말하기 대회에

▼

구문 확인 　이유를 나타내는 수동형 분사구문((Being) Encouraged ~)으로 쓸 수 있음을 확인

▼

구문 완성 　**(Being) Encouraged** by his teacher, Ted decided to enter the English speech
　　　　　　　　　　　M　　　　　　　　　　　S　　　V　　　　　　O
contest.

정답 및 해설 p.30

우리말과 일치하도록 네모 안에서 알맞은 말을 고르시오.

1 서늘하고 건조한 장소에 보관되면, 밀가루 포대는 몇 개월 동안 갈 수 있다.

　Keeping / Kept in a cool, dry place, a bag of flour can last for several months.

2 냉장고가 비어 있다는 것을 알게 되어서, 지친 그 남자는 피자를 주문했다.

　Finding / Found the refrigerator empty, the exhausted man ordered a pizza.

문장 완성 *Practice*

A 다음 밑줄 친 부분을 분사구문으로 바꿔 쓰시오.

1 <u>While they were lost in the forest</u>, the hikers used their cell phones to call for help.

→ _____, the hikers used their cell phones to call for help.

2 <u>If you press this button on your desk phone</u>, you will immediately be connected to the receptionist.

→ _____, you will immediately be connected to the receptionist.   *receptionist: (호텔·사무실·병원 등의) 접수 담당자

3 <u>Since it was trapped in a spider's web</u>, the fly struggled desperately to free itself.

→ _____, the fly struggled desperately to free itself.

B 두 문장이 같은 의미가 되도록 보기 의 접속사를 사용하여 빈칸에 알맞은 말을 쓰시오.

보기	while	after	because

1 Sold at a high price, the product wasn't able to sell well.

→ _____ _____ _____ _____ at a high price, the product wasn't able to sell well.

2 Searching for a shorter route to India, Christopher Columbus ended up in the Caribbean Sea.

→ _____ _____ _____ _____ a shorter route to India, Christopher Columbus ended up in the Caribbean Sea.

3 Opening the door, the young couple saw that their apartment had been robbed.

→ _____ _____ _____ _____ _____, the young couple saw that their apartment had been robbed.

C 우리말과 일치하도록 괄호 안의 단어를 활용하여 분사구문을 완성하시오. (단, 필요시 단어를 추가하고 어형을 바꿔 쓸 것)

1 그 농장에서 일하는 동안, Olivia는 가축을 돌보는 것에 관한 많은 것들을 배웠다. (on the farm, work)

→ _____, Olivia learned many things about taking care of livestock.

2 꿀과 섞이면, 그 그래놀라는 가지고 다니기 쉬운 달콤한 간식이 된다. (with, mix, honey)

→ _____, the granola becomes a sweet snack that is easy to carry.

3 병원으로 가는 길을 알지 못해서, Mindy는 경찰관에게 길을 물어봐야 했다. (the way, know)

→ _____ to the hospital, Mindy had to ask a police officer for directions.

---

handle 다루다[다스리다]　　roughly 대략; *거칠게　　delicate 연약한, 다치기[부서지기] 쉬운　　struggle 투쟁[고투]하다, 몸부림치다　　desperately 필사적으로, 절박하게　　livestock 가축

분사와 분사구문 빈출도 상 중 하

Point 36 완료형 분사구문

》》 구문 개념 잡기

완료형 분사구문은 주절의 시제보다 앞선 때를 나타낸다.

형태	능동	having p.p.
	수동	(having been) p.p. (having been은 주로 생략함)
예문		**Having found** a lost smartphone, Miguel made an effort to locate its owner. (← After he had found a lost smartphone, ~) **(Having been) Injured** in the accident, Janet couldn't attend the meeting yesterday. (← Because she had been injured in the accident, ~)

》》 문장 완성 STEPs

기출 예제 한 시간 전에 내 책상을 치웠기 때문에, 나는 내 숙제를 천천히 했다.

어순 확인 치웠기 때문에 / 내 책상을 / 한 시간 전에 / 나는 / 했다 / 내 숙제를 / 천천히

▼

구문 확인 주절보다 앞선 때를 나타내는 완료형 분사구문(Having cleaned up ~)으로 쓸 수 있음을 확인

▼

구문 완성 **Having cleaned up** my desk an hour ago, I did my homework slowly.
　　　　　　　　　　M₁　　　　　　　　　　　　 S V　 O 　 M₂

정답 및 해설 p.30

Check Up

우리말과 일치하도록 네모 안에서 알맞은 말을 고르시오.

1 이전에 그 셔츠를 세탁한 적이 한 번도 없었기 때문에, 나는 온수를 사용할지 냉수를 사용할지 잘 몰랐다.

Never having / having been washed the shirt before, I wasn't sure whether to use hot or cold water.

2 캐나다에서 키워져서, 지민이는 한국어와 영어를 둘 다 유창하게 한다.

Raising / Raised in Canada, Jimin speaks both Korean and English fluently.

문장 완성 *Practice*

A 다음 밑줄 친 부분을 분사구문으로 바꿔 쓰시오.

1 Because she had not been properly prepared, she failed to finish the marathon.

→ _____, she failed to finish the marathon.

2 Since he had finished the test early, Jacob raised his hand and asked for permission to leave.

→ _____, Jacob raised his hand and asked for permission to leave.

3 Because it had been forgotten by its owner, the red umbrella lay on the bus seat.

→ _____, the red umbrella lay on the bus seat.

4 After he had observed a bright light in the sky, Galileo examined it more closely with his telescope.

→ _____, Galileo examined it more closely with his telescope.

5 As she had gotten sick earlier in the week, Charlotte canceled her plans for the weekend.

→ _____, Charlotte canceled her plans for the weekend.

B 우리말과 일치하도록 괄호 안의 단어를 활용하여 빈칸에 알맞은 말을 쓰시오. (단, 필요시 단어를 추가하고 어형을 바꿔 쓸 것)

1 전투에서 한 번도 진 적이 없었기 때문에, 그 장군은 모든 그의 병사들에게 존경을 받았다. (never, a battle, lose)

→ _____ _____ _____ _____ _____, the general was admired by all of his soldiers.

2 겨우 30분 전에 식사를 했기 때문에, 그 여행객들은 그들이 제공받은 빵을 거절했다. (eat, earlier, only, minute)

→ _____ _____ _____ _____ _____, the travelers turned down bread they were offered.

3 바닷속에 빠진 후, 그 선원은 인근 섬에 다다를 때까지 수영을 하기 시작했다. (the sea, fall into)

→ _____ _____ _____ _____ _____, the sailor started swimming until she reached a nearby island.

4 그 일류 회사에 의해 고용되어서, Zoe는 스테이크 만찬으로 축하했다. (prestigious, hire, company)

→ _____ _____ _____ _____ _____, Zoe celebrated with a steak dinner.

5 그의 교사에게 칭찬을 받아서, 그 어린 남자아이는 미소 짓지 않을 수 없었다. (teacher, praise by)

→ _____ _____ _____ _____, the young boy couldn't help but smile.

UNIT 09
분사와
분사구문

---

locate ~의 위치를 알아내다, 찾아내다   fluently 유창하게   properly 제대로, 적절히   permission 허락, 허가   examine 조사[검토]하다   telescope 망원경   general 장군   admire 존경하다, 칭찬하다   turn down 거절하다   prestigious 명망 있는[높은], 일류의

Point 37 주어나 접속사가 있는 분사구문

》》》 구문 개념 잡기

부사절의 주어가 주절의 주어와 다르면 이를 생략하지 않고 분사 앞에 남겨둔다. 또한, 분사구문의 의미를 명확히 하기 위해 분사 앞에 접속사를 남겨두기도 한다.

주어가 있는 분사구문 (= 독립 분사구문)	**His legs kicking** harder and faster, Chris pushed forward frantically. ┗━━━━━ ≠ ━━━━━┛ (← As his legs kicked harder and faster, ~) **There being** little time left before the party, the family hurried to get ready. (← Because there was little time left before the party, ~) *「접속사+there+be」절을 분사구문으로 전환할 때는 there를 생략하지 않고 being 앞에 남겨둠
접속사가 있는 분사구문	**Before washed**, the pair of jeans will be a deep, dark shade of blue. (← Before they are washed, ~)

》》》 문장 완성 STEPs

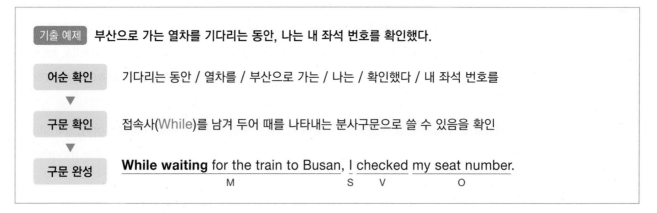

기출 예제 부산으로 가는 열차를 기다리는 동안, 나는 내 좌석 번호를 확인했다.

어순 확인 기다리는 동안 / 열차를 / 부산으로 가는 / 나는 / 확인했다 / 내 좌석 번호를

▼

구문 확인 접속사(While)를 남겨 두어 때를 나타내는 분사구문으로 쓸 수 있음을 확인

▼

구문 완성 **While waiting** for the train to Busan, I checked my seat number.
         M   S   V   O

정답 및 해설 p.31

Check
Up

네모 안에서 알맞은 말을 고르시오.

1 Once opening / opened , the jar of mayonnaise must be kept refrigerated.

2 The children needing / needed to be fed, we quickly cooked a meal of rice and beans.

문장 완성 *Practice*

A 다음 밑줄 친 부분을 분사구문으로 바꿔 쓰시오. (단, 접속사는 쓰지 말 것)

1 While I drove to work, I saw a car crash into another one.

→ _____, I saw a car crash into another one.

2 As everything was wet from the rain, there was nowhere for us to sit.

→ _____, there was nowhere for us to sit.

3 Because all of the flowers had died, the woman's garden was brown and empty.

→ _____, the woman's garden was brown and empty.

4 After you run for several minutes, you will likely find your heartbeat rapidly increasing.

→ _____, you will likely find your heartbeat rapidly increasing.

B 우리말과 일치하도록 괄호 안의 단어를 바르게 배열하시오.

1 그 카페에 빈 탁자들이 없어서, 그 부부는 어딘가 다른 곳에서 커피를 사기로 했다. (no / there / empty tables / being)

→ _____ in the café, the couple decided to get coffee somewhere else.

2 산에서 하이킹을 할 때는, 눈에 쉽게 띌 수 있는 밝은색을 입어라. (in / hiking / the mountains / when)

→ _____, wear bright colors that can easily be seen.

3 우리 안에 홀로 갇혀 있으면, 야생 동물은 짧고 불행한 삶을 살 것이다. (if / in / locked alone / a cage)

→ _____, a wild animal will live a short, unhappy life.

C 우리말과 일치하도록 괄호 안의 단어를 활용하여 분사구문을 완성하시오. (단, 필요시 단어를 추가하고 어형을 바꿔 쓸 것)

1 호텔 방이 작고 불편해서, Julie는 그녀의 대부분의 시간을 밖에서 보냈다. (uncomfortable, the hotel room, small)

→ _____, Julie spent most of her time outside.

2 그 지역에 슈퍼마켓이 없어서, 사람들은 물건을 사기 위해 먼 거리를 이동해야 한다. (supermarkets, there, no)

→ _____ in the area, people must travel long distances to shop.

3 수영장에서 수영하는 동안, 그 남자아이는 다리에 쥐가 났다. (swim, while, in the pool)

→ _____, the boy got a cramp in his leg.

---

frantically 정신없이　　shade 그늘; *색조　　refrigerate 냉장하다[냉장고에 보관하다]　　rapidly 빨리, 급속히　　cramp (근육에 생기는) 경련[쥐]

분사와 분사구문   빈출도 (상)(중) 하

Point 38 with 분사구문

》》》 구문 개념 잡기

「with+(대)명사+분사」는 동시에 일어나는 동작 또는 상태를 나타내는 분사구문이다. (대)명사와 분사의 관계가 능동·진행이면 현재분사를, 수동·완료이면 과거분사를 쓴다.

with+(대)명사+v-ing	의미	~가 …한 채로, ~가 …해서
	예문	The sisters worked well together, **with** one **doing** research while the other wrote the essay.
with+(대)명사+p.p.	의미	~가 …된 채로
	예문	**With** his arms **outstretched**, the child ran around the room pretending to be an airplane.

》》》 문장 완성 STEPs

기출 예제 나는 내 이름이 그것의 구석에 적힌 작은 카드를 발견했다.

어순 확인   나는 / 발견했다 / 작은 카드를 / 내 이름이 적힌 / 그것의 구석에
▼
구문 확인   「with+명사구+p.p.」 형태의 분사구문으로 쓸 수 있음을 확인
▼
구문 완성   I found a small card **with** my name **written** on the corner of it.
　　　　　　 S　 V　　　 O　　　　　　　　　　　　　　　 M

정답 및 해설 p.32

Check Up

네모 안에서 알맞은 말을 고르시오.

1 She walked along the beach in her bare feet, with her shoes [holding / held] in one hand.

2 With her dog [following / followed] close behind, Wanda hiked along the edge of the creek.
  *creek: 시내, 샛강

문장 완성 *Practice*

A 다음 괄호 안의 단어를 빈칸에 알맞은 형태로 쓰시오.

1 The empty car was parked on the side of the road with its engine still _____ . (run)

2 My father enjoys listening to classical music in the dark with his eyes _____ . (close)

3 With his hair _____ in the wind, the ship's captain shouted orders to the crew. (blow)

4 With his chores _____ , Tom was allowed to go to the park to play with his brother. (complete)

B 우리말과 일치하도록 괄호 안의 단어를 바르게 배열하시오. (단, 필요시 어형을 바꿔 쓸 것)

1 그 대중 가수는 수백 명의 팬들이 지켜보는 가운데 무대 위에서 춤을 추었다. (hundreds / fans / of / watch / with)
→ The pop singer danced on the stage _____ .

2 스카프가 목에 단단히 매여진 채로, 나는 맹렬한 눈보라 속으로 걸어나갔다. (tie tightly / with / my scarf / around my neck)
→ _____ , I stepped outside into the raging snowstorm.

3 깃털이 햇빛에 빛나는 가운데, 그 새는 나무에서 즐겁게 노래했다. (in the sunlight / with / shine / its feathers)
→ _____ , the bird sang happily in the tree.

C 우리말과 일치하도록 괄호 안의 단어를 활용하여 영작하시오. (단, with 분사구문을 활용하되 필요시 단어를 추가하고 어형을 바꿔 쓸 것)

1 그의 수염이 면도되어서, Annie의 수학 교사는 전혀 알아볼 수 없었다. (shave off, beard)
→ _____ , Annie's math teacher was totally unrecognizable.

2 그의 친구들이 그를 격려해주는 가운데, Larry는 그의 통기타로 노래 한 곡을 연주하기 시작했다. (encourage, friends)
→ _____ , Larry began to play a song on his acoustic guitar.

3 그 여자는 자신의 고양이들 중 한 마리에게 말을 건네면서 그녀의 다리를 꼰 채 의자에 앉아 있었다. (cross, legs)
→ The woman sat in the chair _____ , talking to one of her cats.

4 비가 퍼붓는 가운데, 그 비행기는 이륙할 수 없었다. (pour down, the rain)
→ _____ , the plane was unable to take off.

---

outstretch 펴다, 뻗다   bare 벌거벗은, 살을 드러낸   edge 가장자리, 가   crew 승무원 (전원)   chore 허드렛일; *늘 하는 일, 일과   raging 격렬한, 맹
렬한   feather (새의) 털, 깃털   unrecognizable 알아볼 수 없는[몰라볼 정도의]   acoustic 음향의; *전자 장치를 쓰지 않는

형용사와 부사   빈출도 (상) (중) 하

Point 39 수량을 나타내는 수식어

>>> 구문 개념 잡기

셀 수 있는 명사 앞에 쓰여 수를 나타내거나 셀 수 없는 명사 앞에 쓰여 양을 나타내는 수식어를 구분하여 알아두자. 특히 a few/ a little(약간의)과 few/little(거의 없는)의 의미 차이에 유의한다.

수를 나타내는 수식어	many, a (great) number of, a few, few, several 등+셀 수 있는 명사
양을 나타내는 수식어	much, a great deal[amount] of, a little, little 등+셀 수 없는 명사
수와 양을 모두 나타내는 수식어	a lot of, lots of, plenty of, some, any 등+셀 수 있는 명사/셀 수 없는 명사
예문	**Many** *coral reefs* around the world are dying due to changes in water temperature. Holly has **a great amount of** *respect* for people who refuse to quit or give up.

>>> 문장 완성 STEPs

| 기출 예제 | 나는 내가 말하고 있을 때 네가 내게 좀 더 많은 주의를 기울이기를 바란다. |

| 어순 확인 | 나는 바란다 / 네가 / 기울이기를 / 좀 더 많은 주의를 / 내게 / 내가 말하고 있을 때 |

▼

| 구문 확인 | 셀 수 없는 명사(more attention) 앞에 양을 나타내는 수식어(a little)를 써야 함을 확인 |

▼

| 구문 완성 | I hope you pay **a little** *more attention* to me when I'm talking.
S   V   S'   V'   O'   M'   S"   V" |

정답 및 해설 p.33

Check Up

네모 안에서 알맞은 말을 고르시오.

1 If you invest a few / a little money wisely today, you could become wealthy in the future.

2 A great number / amount of tourists travel to Asia to enjoy the cherry blossoms in early spring.

문장 완성 *Practice*

정답 및 해설 p.33

A 우리말과 일치하도록 다음 문장에서 **틀린** 곳을 찾아 밑줄을 긋고 바르게 고치시오. (단, 틀린 곳이 없을 경우 O로 표시할 것)

1 Kyle은 그의 친구로부터 책 몇 권을 빌렸지만 그것들을 돌려주지 않았다.

→ Kyle borrowed few books from his friend but failed to give them back.

2 사람들은 그들이 통제할 수 없는 것들에 관해 걱정하는 데 많은 시간을 보낸다.

→ People spend a great deal of time worrying about things they can't control.

3 이번 여름에 비가 거의 오지 않았으며, 그것은 농부들의 작물에 영향을 미치고 있다.

→ There has been a little rain this summer, and it is affecting farmers' crops.

4 당신이 갖고 있는 어떤 질문이든지 저희 직원에 의해 신속하게 답변될 것입니다.

→ Any questions that you have will be answered quickly by our staff.

5 행복한 아기의 웃음소리보다 더 즐거운 소리는 거의 없다.

→ Little sounds are more enjoyable than the laughter of a happy infant.

UNIT 10
형용사와
부사

B 우리말과 일치하도록 괄호 안의 단어를 활용하여 빈칸에 알맞은 말을 쓰시오. (단, 필요시 단어를 추가하고 어형을 바꿔 쓸 것)

1 그 고객은 많은 불만거리들이 있었으며 가게로부터의 전액 환불을 요구했다. (complaints)

→ The customer _____ _____ _____ and demanded a full refund from the shop.

2 Stan은 아침에 보통 그의 커피에 약간의 크림과 설탕을 넣는다. (cream, put, sugar)

→ Stan usually _____ _____ _____ _____ in his coffee in the morning.

3 시내에 물이 많지 않아서 건너기 쉬웠다. (there, water)

→ _____ _____ _____ _____ in the stream, so it was easy to cross.

4 약간의 소금은 요리를 더 맛있게 만들어줄 수 있지만, 너무 많으면 그것을 망칠 것이다. (salt)

→ _____ _____ _____ can make a dish tastier, but too much will ruin it.

5 너는 가끔씩만 만나는 친구들이 많이 있니? (have, friends, lot)

→ _____ _____ _____ _____ _____ _____ _____ who you meet only once in a while?

---

coral reef 산호초   crop (농)작물   laughter 웃음; *웃음소리   infant 유아, 아기   refund 환불(금)   stream 개울, 시내

Point 40 형용사 vs. 부사

》》 구문 개념 잡기

형용사는 명사를 수식하거나 보어 역할을 할 수 있는 반면, 부사는 동사, 형용사, 다른 부사, 혹은 문장 전체를 수식하는 역할을 한다. 아래와 같이 형용사와 부사의 형태가 같거나 비슷한 경우에 유의하도록 한다.

hard	형 열심인 부 열심히	high	형 높은 부 높이, 높게	short	형 짧은 부 짧게
hardly	부 거의 ~ 않다	highly	부 매우	shortly	부 곧
near	형 가까운 부 가까이	late	형 늦은 부 늦게	most	형 대부분의
nearly	부 거의	lately	부 최근에	mostly	부 주로

》》 문장 완성 STEPs

> 기출 예제 충분한 수면을 취하는 것은 우리를 건강하게 지키는 데 결정적인 역할을 한다.
>
> 어순 확인 충분한 수면을 취하는 것은 / 한다 / 결정적인 역할을 / 지키는 데 / 우리를 / 건강하게
> ▼
> 구문 확인 「동사+목적어+목적격보어」 구문에서 목적격보어로 형용사(healthy)를 써야 함을 확인
> ▼
> 구문 완성 <u>Getting enough sleep</u> <u>plays</u> a crucial role in <u>keeping us **healthy**</u>.
> 　　　　　　　　　　 S 　　　　　　　　　V 　　　　　　 O 　　　　　　　　　　M

정답 및 해설 p.33

우리말과 일치하도록 네모 안에서 알맞은 말을 고르시오.

1 친구들과 함께하는 것은 우리를 행복하게 하므로, 우리는 혼자서 너무 많은 시간을 보내는 것을 피해야 한다.

Being with friends makes us happy / happily , so we should avoid spending too much time alone.

2 그 영어 시험지는 통틀어서 거의 10장으로 이루어져 있다.

The English exam papers consist of near / nearly ten pages in total.

문장 완성 *Practice*

A 다음 밑줄 친 부분이 어법상 옳으면 O, 틀리면 X 표시하고 바르게 고치시오.

1 The music I'm listening to is not as <u>loud</u> as it usually is.

2 This net over the bed will keep you <u>safely</u> from mosquitoes while you sleep.

3 When you send professional emails, make sure to write as <u>concise</u> as possible.

4 The crowd became <u>angry</u> when it was announced that the concert had been canceled.

5 Although cultures change <u>gradual</u> over time, some traditions remain the same.

6 The tap water tasted a little <u>strangely</u>, but the hotel's staff assured us that it was safe to drink.

B 우리말과 일치하도록 괄호 안의 단어를 바르게 배열하시오. (단, 필요시 밑줄 친 단어의 형태를 바꿔 쓸 것)

1 당신이 정기적으로 건강 검진을 받을 것이 매우 권고된다. (high / it / recommended / is)

→ _____ that you get a medical checkup regularly.

2 그 음식은 예상외로 매워서 식사하는 몇몇 손님들이 항의하게 했다. (spicy / was / <u>unexpected</u> / the food)

→ _____, causing several diners to complain.

3 Marissa는 오늘 아침에 어지러움을 느껴서 주치의와의 진료 예약을 잡았다. (felt / because / <u>dizzy</u> / Marissa)

→ _____ this morning, she scheduled an appointment with her doctor.

4 Sean은 수업 중에 집중하려고 가능한 한 열심히 노력했지만 또 깜박 졸았다. (as / tried / possible / as / <u>hard</u>)

→ Sean _____ to concentrate during class, but he dozed off again.

5 어떤 사람들은 캠핑이 신난다고 생각하는 반면에, 다른 이들은 호텔에 훨씬 더 머물고 싶어 한다. (consider / <u>exciting</u> / some people / camping)

→ _____, while others would much rather stay at a hotel.

6 극도로 더운 기후에서는, 사람들이 한낮에 실내에서 지내는 경향이 있다. (hot / in / climates / <u>extreme</u>)

→ _____, people tend to stay indoors during the middle of the day.

crucial 중대한, 결정적인   concise 간결한   gradual 점진적인, 서서히 일어나는   assure 장담하다, 확언하다   unexpected 예기치 않은, 예상 밖의
concentrate 집중하다, 전념하다   indoors 실내에서, 실내로

UNIT 10
형용사와
부사

비교급과 최상급

빈출도 (상) (중) (하)

Point 41 원급 비교

>>> 구문 개념 잡기

원급 비교 구문의 기본 형태는 「as+형용사/부사의 원급+as ~」로, '~만큼 …한/하게'의 의미를 나타낸다. 원급 비교와 관련된 주요 구문들을 알아 두자.

주요 구문	not as[so]+원급+as ~	~만큼 …하지 않은/않게
	as+원급+as possible (= as+원급+as+주어+can)	가능한 한 ~한/하게 (= ~가 할 수 있는 한 …한/하게)
	배수사+as+원급+as ~	~보다 몇 배만큼 …한/하게
	not so much A as B	A라기보다는 (차라리) B
예문	It is said that a blue whale's tongue is **as heavy as** an entire elephant. I want to finish my homework **as soon as possible** so that I can relax.	

>>> 문장 완성 STEPs

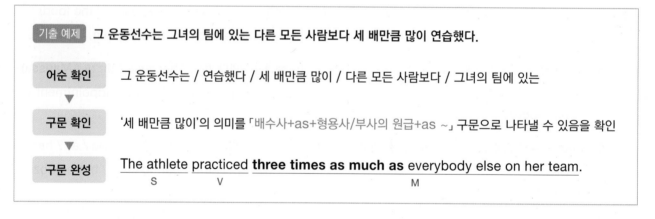

| 기출 예제 | 그 운동선수는 그녀의 팀에 있는 다른 모든 사람보다 세 배만큼 많이 연습했다. |

| 어순 확인 | 그 운동선수는 / 연습했다 / 세 배만큼 많이 / 다른 모든 사람보다 / 그녀의 팀에 있는 |

▼

| 구문 확인 | '세 배만큼 많이'의 의미를 「배수사+as+형용사/부사의 원급+as ~」 구문으로 나타낼 수 있음을 확인 |

▼

| 구문 완성 | The athlete practiced **three times as much as** everybody else on her team. |
| | S   V   M |

정답 및 해설 p.34

Check
Up

네모 안에서 알맞은 말을 고르시오.

1 The blizzard's winds were as powerful as / than those of a typhoon.

2 The scientist wants to create a new material that is ten times as strong / stronger as steel.

문장 완성 *Practice*

A 우리말과 일치하도록 괄호 안의 단어를 바르게 배열하시오.

1 이 나초는 간식이라기보다는 제대로 된 식사였다. (a full meal / much / a snack / not / as / so)

→ These nachos were _____.

2 이 주스 병은 저것보다 두 배만큼 큰데도 값이 겨우 50퍼센트 더 나간다. (that one / as / twice / big / as)

→ This bottle of juice is _____, yet it costs only 50% more.

3 공을 친 후에, 너는 1루를 향해서 가능한 한 빨리 달려야 한다. (as / run / as / possible / fast)

→ After hitting the ball, you should _____ toward first base.

4 축구 경기장 안의 그 팬들은 이륙하는 비행기만큼 시끄럽다. (as / an airplane / as / taking off / loud)

→ The fans in the soccer stadium are _____.

5 모든 사람이 이번 주의 수학 시험이 지난주의 것이 그랬던 만큼 쉽지 않았다는 데 동의했다. (last week's / as / easy / not / was / as)

→ Everyone agreed that this week's math quiz was _____.

B 우리말과 일치하도록 괄호 안의 단어를 활용하여 빈칸에 알맞은 말을 쓰시오. (단, 필요시 단어를 추가하고 어형을 바꿔 쓸 것)

1 내 이웃 Alison은 그녀의 딸보다 세 배만큼 나이가 많다. (old)

→ My neighbor Alison is _____ _____ _____ _____ _____ her daughter.

2 우리 개 Jackson은 반려동물이라기보다는 가족의 일원이다. (a pet)

→ Our dog Jackson is _____ _____ _____ _____ _____ a member of the family.

3 이 건물이 두바이에 있는 Burj Khalifa만큼 높지는 않지만, 그것은 그래도 매우 높다. (tall)

→ Although this building _____ _____ _____ _____ _____ Burj Khalifa in Dubai, it is still very tall.

4 Cruz 씨는 그녀가 할 수 있는 한 열심히 일했지만 그 프로젝트를 제시간에 마치지 못했다. (work, hard)

→ Ms. Cruz _____ _____ _____ _____ _____ _____, but she didn't finish the project on time.

5 이 기차표는 버스표가 그러했을 것보다 두 배만큼 비쌌다. (a bus ticket, expensive)

→ This train ticket was _____ _____ _____ _____ _____ _____ _____ would have been.

---

blizzard 눈보라   material 재료, 물질, 원료   steel 강철   stadium 경기장

Point 42 비교급 비교

≫ 구문 개념 잡기

비교급 비교 구문의 기본 형태는 「형용사/부사의 비교급+than ~」으로, '~보다 더 …한/하게'의 의미를 나타낸다. 비교급 비교와 관련된 주요 구문들을 알아두자.

주요 구문	less+원급+than ~	~보다 덜 …한/하게
	배수사+비교급+than ~	~보다 몇 배 더 …한/하게
	much[even/far/a lot]+비교급+than ~	~보다 훨씬 더 …한/하게
예문	Countries near the equator are **hotter than** those farther north or south. The tech company's CEO is **five times richer** today **than** she was in 2015.	

≫ 문장 완성 STEPs

기출 예제 장기적으로 볼 때, 당신의 건강이 사회적인 성공보다 훨씬 더 중요하다.

어순 확인   장기적으로 볼 때 / 당신의 건강이 / 훨씬 더 중요하다 / 사회적인 성공보다

▼

구문 확인   '훨씬 더 중요한'의 의미를 「비교급 강조 부사+비교급+than」으로 나타낼 수 있음을 확인

▼

구문 완성   In the long run, your health is **far more important than** social success.
              M₁   S   V   C   M₂

정답 및 해설 p.35

Check Up 네모 안에서 알맞은 말을 고르시오.

1 After getting a good night's sleep, you will feel | very / much | better than you do now.

2 Please turn down your music — it is five times | loud / louder | than it should be.

문장 완성 *Practice*

A 우리말과 일치하도록 괄호 안의 단어를 바르게 배열하시오.

1 경주에서 꼴찌를 하는 것이 아예 달리지 않는 것보다 더 낫다. (better / not / than / running)

→ Finishing last in a race is _____ at all.

2 먼 옛날에, 사람들은 그들이 오늘날 그런 것보다 키가 더 작았다. (than / are / people / shorter / they / were)

→ In the distant past, _____ today.

3 공부하는 것에 관해서라면, 나는 소리 내어 읽는 것이 소리 없이 읽는 것보다 더 도움이 된다고 생각한다. (than / reading / helpful / more / silently)

→ When it comes to studying, I think reading aloud is _____.

4 오늘 아침, 그 여자 사업가의 통근 거리는 보통 그런 것보다 세 배 더 길었다. (it usually is / three / than / longer / times)

→ This morning, the businesswoman's commute was _____.

5 다른 언어를 하는 사람들과 소통하는 것은 당신이 생각할 수도 있는 것보다 덜 어렵다. (might think / than / less / you / difficult)

→ Communicating with people who speak a different language is _____
_____.

B 우리말과 일치하도록 괄호 안의 단어를 활용하여 빈칸에 알맞은 말을 쓰시오. (단, 필요시 단어를 추가하고 어형을 바꿔 쓸 것)

1 Irving은 그의 예전 것보다 네 배 더 큰 아파트로 이사했다. (big, old one)

→ Irving moved to an apartment that is _____ _____ _____ _____
_____ _____ _____.

2 유행하는 신발은 유행하지 않는 것들보다 왜 항상 덜 편할까? (ones, unfashionable, comfortable)

→ Why are fashionable shoes always _____ _____ _____ _____
_____?

3 몇몇 사람들은 책을 읽는 것이 텔레비전 프로그램을 보는 것보다 더 흥미진진하다고 생각한다. (watch, interesting)

→ Some people find reading books _____ _____ _____ _____ television
shows.

4 우리가 어릴 때는 인생에서 우리의 부모님이 그런 것보다 우리의 또래가 훨씬 더 영향력이 크다. (influential, a lot)

→ When we are young, our peers are _____ _____ _____ _____
_____ our parents are in our lives.

---

equator 적도   silently 말 없이; *조용히, 소리 없이   commute 통근 (거리)

Point 43 the+비교급, the+비교급

>>> 구문 개념 잡기

「the+비교급, the+비교급」은 대표적인 비교급 관용 표현 중 하나로, '~할수록 더 …하다'의 의미를 나타낸다.

형태	① the+비교급+주어+동사, the+비교급+주어+동사 ② the+비교급+명사+주어+동사, the+비교급+명사+주어+동사 *의미가 명확한 경우 비교급 뒤의 「주어+동사」나 be동사는 흔히 생략됨
예문	I believe that **the more** you exercise, **the better** you will sleep at night. **The cleaner** the air we breathe, **the healthier** our lungs will be.

>>> 문장 완성 STEPs

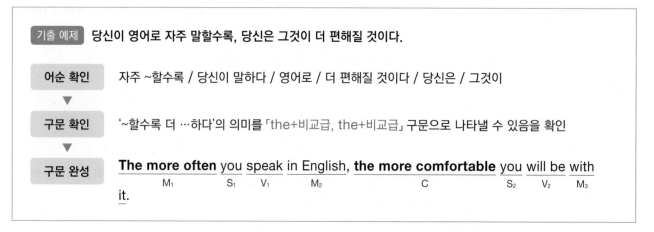

기출 예제 당신이 영어로 자주 말할수록, 당신은 그것이 더 편해질 것이다.

어순 확인 ▸ 자주 ~할수록 / 당신이 말하다 / 영어로 / 더 편해질 것이다 / 당신은 / 그것이

구문 확인 ▸ '~할수록 더 …하다'의 의미를 「the+비교급, the+비교급」 구문으로 나타낼 수 있음을 확인

구문 완성 ▸ <u>The more often</u> <u>you</u> <u>speak</u> <u>in English</u>, <u>the more comfortable</u> <u>you</u> <u>will be</u> <u>with</u>
M₁   S₁   V₁   M₂   C   S₂   V₂   M₃
<u>it</u>.

정답 및 해설 p.35

Check Up

네모 안에서 알맞은 말을 고르시오.

1 She was worried that the faster she walked, the painful / more painful her knee would feel.

2 The fewer you ask questions / questions you ask , the fewer answers you will receive.

문장 완성 *Practice*

A 다음 문장을 「the+비교급, the+비교급」 구문으로 바꿔 쓰시오.

1 As the child cried louder, his father became angrier.

→ _____

2 As you read more books, you will learn more things.

→ _____

3 As you think about your problems less, you will feel better.

→ _____

B 우리말과 일치하도록 괄호 안의 단어를 바르게 배열하시오.

1 Miranda가 심하게 웃을수록, 그녀의 얼굴이 더 빨개졌다. (her face / redder / became / the)

→ The harder Miranda laughed, _____.

2 당신이 사는 집이 클수록, 당신의 전기 요금은 더 높을 것이다. (live in / bigger / the house / you / the)

→ _____, the higher your electricity bill.

3 당신의 머리카락이 길수록, 그것을 감고 말리는 데 더 많은 시간이 걸릴 것이다. (will / more / it / the / time / take)

→ The longer your hair, _____ to wash and dry it.

C 우리말과 일치하도록 괄호 안의 단어를 활용하여 빈칸에 알맞은 말을 쓰시오. (단, 필요시 단어를 추가하고 어형을 바꿔 쓸 것)

1 그녀가 빨리 운전할수록, 덜거덕거리는 소리가 더 커졌다. (fast, drive)

→ _____ _____ _____ _____, the louder the rattling sound became.

2 그 등산객이 세차게 허우적거릴수록, 그는 진흙 속으로 더 깊이 빠졌다. (struggle, hard, the hiker)

→ _____ _____ _____ _____ _____, the deeper he sank into the mud.

3 우리가 일하는 것을 일찍 끝낼수록, 우리는 집에 더 빨리 갈 수 있다. (soon, go home)

→ The earlier we finish working, _____ _____ _____ _____ _____ _____.

4 사람들이 많은 것들을 살수록, 그들은 더 많이 갖고 싶어 한다. (have, want)

→ The more things people buy, _____ _____ _____ _____ _____.

---

lung 폐, 허파   electricity bill 전기 요금   rattle 달가닥[덜거덕]거리다

Point 44 여러 가지 최상급 표현

>>> 구문 개념 잡기

최상급 구문의 기본 형태는 「the+최상급(+in[of] ~)」으로, '(~ 중에서) 가장 …한/하게'의 의미를 나타낸다. 아래와 같이 최상급을 이용한 주요 구문과 원급·비교급을 이용하여 최상급의 의미를 나타내는 표현들을 함께 알아두자.

최상급 주요 구문	the+최상급(+that)+주어+have ever p.p.	(주어)가 지금까지 ~한 것 중 가장 …한
	one of the+최상급+복수 명사	가장 ~한 … 중의 하나
원급·비교급을 이용한 최상급 표현	비교급+than any other+단수 명사 (= 비교급+than all the other+복수 명사)	다른 어떤[모든] ~보다도 더 …한
	nothing[no+명사] ...+as[so]+원급+as ~	아무것도[어떤 (명사)도] ~만큼 …하지 않은
	nothing[no+명사] ...+비교급+than ~	아무것도[어떤 (명사)도] ~보다 더 …하지 않은

>>> 문장 완성 STEPs

> **기출 예제** 의사소통의 가장 중요한 특징들 중 하나는 명료성이다.
>
> **어순 확인** 하나는 / 가장 중요한 특징들 중 / 의사소통의 / 명료성이다
> ▼
> **구문 확인** '가장 ~한 … 중의 하나'의 의미를 「one of the+최상급+복수 명사」 구문으로 나타낼 수 있음을 확인
> ▼
> **구문 완성** One of the most important features of communication is clarity.
>   S   V C

정답 및 해설 p.36

Check Up

네모 안에서 알맞은 말을 고르시오.

1 World War II was one of the most destructive war / wars in the history of the world.

2 My friend Kathleen is funnier than any other student / students at our school.

문장 완성 *Practice*

A 우리말과 일치하도록 괄호 안의 단어를 바르게 배열하시오.

1 목성은 태양계에 있는 다른 모든 행성들보다도 더 크다. (all / planets / than / the / larger / other)

→ Jupiter is _____ in the solar system.

2 몽골은 우리가 지금까지 가본 곳 중 가장 흥미진진한 나라이다. (the / have / interesting / ever visited / most / country / we / that)

→ Mongolia is _____ .

3 올해의 지난 8월은 지난 100년간 가장 더운 달 중 하나였다. (hottest / the / one / months / of)

→ This past August was _____ in the last 100 years.

4 아무것도 내 친구가 나에게 거짓말했다는 것을 알게 된 것보다 더 충격적이지 않다. (more / nothing / than / shocking / is)

→ _____ finding out that my friend lied to me.

5 19세기에, 이것은 그때까지 지어진 것 중 가장 긴 다리였다. (been / that / built / longest / had / the / bridge / ever)

→ Back in the 19th century, this was _____ .

B 우리말과 일치하도록 괄호 안의 단어를 활용하여 빈칸을 완성하시오. (단, 필요시 단어를 추가하고 어형을 바꿔 쓸 것)

1 브라질은 남미에 있는 다른 어떤 나라보다도 더 크다. (big, country)

→ Brazil is _____ _____ _____ _____ _____ in South America.

2 Harry의 운동화는 복도에 있는 다른 모든 신발들보다도 더 지저분하다. (shoes, dirty)

→ Harry's sneakers are _____ _____ _____ _____ _____ in the hallway.

3 내 언니의 친구인 Joanne은 내가 지금까지 본 것 중 가장 긴 머리카락을 지니고 있다. (see, hair, long)

→ My sister's friend Joanne has _____ _____ _____ _____ _____ _____ _____ _____ .

4 아무것도 뜨거운 물로 목욕하면서 잔잔한 음악을 듣는 것만큼 마음을 느긋하게 하지 않는다. (listen to, relaxing)

→ _____ _____ _____ _____ _____ _____ _____ soft music while taking a hot bath.

5 우리가 저녁을 먹으러 나갔을 때, 내 남동생은 메뉴에서 가장 비싼 요리들 중의 하나를 주문했다. (dish, expensive)

→ When we went out to dinner, my brother ordered _____ _____ _____ _____ _____ _____ on the menu.

---

feature 특색, 특징, 특성   clarity (표현의) 명료성   destructive 파괴적인   hallway 복도

서술형 빈출 구문 REVIEW TEST

A 네모 안에서 알맞은 말을 고르시오.

1 I was so confused that I could hard / hardly tell right from wrong anymore.

2 Many graduates with few / little work experience applied for the position.

3 A great number / amount of information on this website is not reliable.

4 Edward was born into one of the most prestigious family / families in England.

5 We couldn't discuss any high / highly controversial issues in a peaceful way.

6 They tried to demonstrate that self-driving cars would be far / very safer than human drivers.

7 The athlete found it frustrating / frustrated that his injury kept him from entering the competition.

8 The experiment will test whether artificial intelligence performs as good / well as experienced workers.

B 다음 문장에서 어법상 틀린 곳을 찾아 밑줄을 긋고 바르게 고치시오.

1 Sue asked the mechanic to repair her car as quick as possible.

2 The bridge connected the two villages will be rebuilt soon.

3 Ethan tried to keep calm, but he appeared anxiously.

4 This new idea seems more promising than any other methods used.

5 Once submitting, the application form cannot be changed or returned.

6 These birds migrate in lately winter and early spring to the southeast U.S.

7 The more popular the city became, crowded with tourists it became.

8 With his heart beat fast, Bill walked onto the stage.

---

tell A from B A와 B를 구별하다   graduate 대학 졸업자   reliable 믿을 수 있는; *믿을 만한   controversial 논란이 많은   demonstrate 입증[실증]하다
promising 유망한   method 방법   submit 제출하다   migrate 이동하다

C 우리말과 일치하도록 괄호 안의 단어를 바르게 배열하시오.

1 그 코치의 격려의 말은 선수들을 자신감 있게 만들어주었다. (made / words / the players / encouraging / confident)

→ The coach's _____.

2 은퇴는 끝이라기보다는 인생의 새로운 시작이다. (an end / a new start / as / much / so / not)

→ Retirement is _____ to life.

3 교통 체증 때문에, 출근하는 데 평소보다 두 배만큼 오래 걸렸다. (long / it / usual / as / as / twice / took)

→ Due to a traffic jam, _____ to get to work.

4 위협받을 때, 스컹크는 최후의 방어선으로 냄새나는 화학 물질을 함유한 액체를 뿌린다. (liquid / skunks / when / smelly chemicals / spray / threatened / containing)

→ _____, _____ as their last line of defense.

5 기온이 너무 낮게 떨어졌었기 때문에, 그 지역에 있는 일부 학교들은 휴교하기로 결정했다. (so low / the temperature / dropped / having)

→ _____, some schools in the area decided to close.

D 우리말과 일치하도록 괄호 안의 단어를 활용하여 영작하시오. (단, 필요시 단어를 추가하고 어형을 바꿔 쓸 것)

1 당신이 다양한 배경의 많은 사람을 알수록, 당신의 삶은 더 다채로워진다. (life, colorful, become)

→ The more people you know of different backgrounds, _____.

2 헤드라이트가 켜진 채로, Henry는 차를 잠그고 떠났다. (the headlights, turn on)

→ _____, Henry locked the car and left.

3 나에게는 아무것도 내 가족의 안전과 행복보다 더 중요하지 않다. (important, nothing)

→ To me, _____ the safety and well-being of my family.

4 이 차들은 대부분의 종류의 대중교통보다 연료 효율이 훨씬 덜 좋다. (much, fuel efficient)

→ These cars are _____ most forms of public transportation.

---

retirement 은퇴[퇴직]   liquid 액체   threaten 협박[위협]하다   defense 방어   public transportation 대중교통 (체계)

전치사와 접속사   빈출도 (상)(중)(하)

Point 45 전치사를 동반하는 동사 표현

》》 구문 개념 잡기

「동사+A+전치사+B」의 형태로 특정 전치사가 함께 쓰여 동사의 의미를 완성하는 다음 구문들을 알아두자.

remind A of B	A에게 B를 상기시키다	accuse A of B	A를 B에 대해 비난하다
inform A of B	A에게 B를 알리다	convince A of B	A에게 B를 납득시키다
rob[deprive] A of B	A에게서 B를 빼앗다	relieve A of B	A에게서 B를 덜어주다
provide[present] A with B	A에게 B를 제공하다	replace A with B	A를 B로 대체[교체]하다
help A with B	A가 B하는 것을 돕다	separate A from B	A를 B와 분리하다
distinguish[tell/know] A from B	A를 B와 구별하다	mistake A for B	A를 B로 착각하다
blame[criticize] A for B	A를 B로 비난하다	attach A to B	A를 B에 붙이다[첨부하다]
owe[attribute] A to B	A를 B의 덕분으로 보다	lead A to B	A를 B로 이끌다
change[transform/convert] A into B	A를 B로 바꾸다[변형시키다/개조하다]	regard[think of/view] A as B	A를 B로 여기다

》》 문장 완성 STEPs

> **기출 예제** 그는 그의 주간 일정을 자신에게 상기시키기 위해서 벽에 메모를 붙였다.
>
> **어순 확인**   그는 / 붙였다 / 메모를 / 벽에 / 자신에게 상기시키기 위해서 / 그의 주간 일정을
>   ▼
> **구문 확인**   'A에게 B를 상기시키다'의 의미로 「remind A of B」를 써야 함을 확인
>   ▼
> **구문 완성**   He put a memo on the wall to **remind** himself **of** his weekly schedule.
>   S   V   O   M₁   M₂

정답 및 해설 p.38

 Check Up   우리말과 일치하도록 네모 안에서 알맞은 말을 고르시오.

1 그 은행은 자사의 모든 오래된 현금 자동 입출금기들을 더 신형의 터치스크린 모델로 교체했다.

     The bank has replaced all of its old ATMs for / with newer touch-screen models.

2 과거에, 많은 선원들은 대왕오징어를 바다 괴물로 착각했다.

     In the past, many sailors mistook giant squids to / for sea monsters.

문장 완성 *Practice*

A 다음 밑줄 친 부분이 어법상 옳으면 O, 틀리면 X 표시하고 바르게 고치시오.

1 The businessman attached a file <u>into</u> the email before sending it.

2 The civic group accused the government <u>with</u> violating human rights laws.

3 Christie owes her life <u>from</u> the doctors who performed heart surgery on her.

4 The job applicant convinced the interviewer <u>of</u> her ability to handle stressful situations.

B 우리말과 일치하도록 괄호 안의 단어를 바르게 배열하시오.

1 학자들은 그 교수를 고대 한국문학의 전문가로 여긴다. (an expert / as / regard / the professor)

→ Scholars _____ on ancient Korean literature.

2 Britney는 그 교환 학생이 그가 기입해야 했던 약간의 서류 작업을 하는 것을 도와주었다. (the exchange student / some paperwork / helped / with)

→ Britney _____ he needed to fill out.

3 그 정글 안내인은 독이 있는 뱀을 무해한 것과 쉽게 구별할 수 있다. (a harmless one / distinguish / from / a poisonous snake)

→ The jungle guide can easily _____.

C 우리말과 일치하도록 괄호 안의 단어를 활용하여 빈칸에 알맞은 말을 쓰시오. (단, 필요시 단어를 추가하고 어형을 바꿔 쓸 것)

1 그 부부는 그들의 차고를 응접실로 개조했다. (garage, convert, a guest room)

→ The couple _____ _____ _____ _____ _____
_____.

2 Sam은 흰옷을 나머지 세탁물과 분리했다. (the rest, separate, the white clothes)

→ Sam _____ _____ _____ _____ _____ _____ _____
of the laundry.

3 오늘날, 대부분의 사람들은 그들의 휴대전화를 그들 삶의 필수적인 부분으로 여긴다. (cell phones, view, an essential part)

→ Today, most people _____ _____ _____ _____ _____ _____
_____ _____ of their lives.

4 그 동화에서, 한 사악한 마법사가 그 왕자를 개구리로 변하게 했다. (transform, a frog, the prince)

→ In the fairy tale, an evil wizard _____ _____ _____ _____ _____
_____.

---

civic group 시민 단체   violate (법 등을) 위반하다[어기다]   applicant 지원자   expert 전문가   scholar 학자   paperwork 서류 작업, 문서 업무
poisonous 유독한, 독[독성]이 있는   fairy tale 동화   evil 사악한

≫ 구문 개념 잡기

전치사 뒤에는 명사 상당어구가 오는 반면, 접속사 뒤에는 「주어+동사」 형태의 절이 온다. 따라서, 뒤따르는 문장 성분을 살펴 앞에 전치사와 접속사 중 어느 것이 적절한지 판단할 수 있어야 한다.

	전치사	접속사
이유	because of, due to: ~ 때문에	because: ~이기 때문에
시간	during: ~ 동안	while: ~하는 동안
양보	despite, in spite of: ~에도 불구하고	although, (even) though: ~임에도 불구하고, ~이긴 하지만

The tennis player withdrew from the tournament **due to** a knee surgery.
Although critics loved the movie, few people went to see it in theaters.

≫ 문장 완성 STEPs

┌───┐
│ 기출 예제 그것이 짧은 역사를 지니고 있긴 하지만, 그 브랜드는 십 대들에게 인기가 많아졌다. │
│   │
│ 어순 확인 ~이긴 하지만 / 그것이 / 지니고 있다 / 짧은 역사를 / 그 브랜드는 / 인기가 많아졌다 / 십 대들에게 │
│   ▼   │
│ 구문 확인 양보를 나타내는 접속사 뒤에 「주어+동사」 형태의 절을 써야 함을 확인   │
│   ▼   │
│ 구문 완성 (Al)Though it has a short history, the brand has become popular with teenagers. │
│   S' V'   O'   S   V   C   M   │
└───┘

정답 및 해설 p.39

우리말과 일치하도록 네모 안에서 알맞은 말을 고르시오.

1 장마철에, 우산 없이 집을 나서는 것은 좋지 않은 생각이다.

   While / During the rainy season, it is a bad idea to leave the house without an umbrella.

2 커피 자체는 동일하긴 했지만, 사람들은 그것을 그들이 매우 좋아하는 잔에 마시는 것을 선호했다.

   Although / Despite the coffee itself was the same, people preferred drinking it from their favorite mug.

문장 완성 *Practice*

A 다음 밑줄 친 부분이 어법상 옳으면 O, 틀리면 X 표시하고 바르게 고치시오.

1 <u>Due to</u> its harsh conditions, the Sahara has always been difficult to cross.

2 Audrey enjoyed drinking iced drinks <u>though</u> the cool and cloudy weather.

3 Dolphins tend to swim near the surface of the ocean <u>because of</u> they need to breathe air.

4 <u>While</u> he was studying in the library, Arnold was annoyed by some noisy students.

B 빈칸에 들어갈 알맞은 접속사 또는 전치사를 보기에서 골라 쓰시오.

보기 despite	during	though	because of	because

1 _____ he was asked to participate in the club meeting, Anthony didn't come.

2 Predators avoid the monarch butterfly _____ its bitter taste.   *monarch butterfly: 제왕나비

3 _____ the week she spent in Mexico, Sophia learned to speak a bit of Spanish.

4 _____ its small size, the island of Manhattan is home to more than 1.5 million people.

C 우리말과 일치하도록 괄호 안의 단어를 바르게 배열하시오.

1 1980년에, Terry Fox는 한쪽 다리만 지녔음에도 불구하고 캐나다를 횡단하려는 시도를 했다. (only one / despite / leg / having)

→ In 1980, Terry Fox attempted to run across Canada _____.

2 Mike는 그것의 낮은 집세와 좋은 위치 때문에 이 아파트를 선택했다. (and / because / good location / its / of / low rent)

→ Mike chose this apartment _____.

3 함께 야구를 하는 동안, 그 아이들은 팀워크에 관해 배웠다. (playing / they / while / baseball / were)

→ _____ together, the children learned about teamwork.

4 그의 친구의 경고에도 불구하고, Jake는 그의 손을 뻗은 채 낯선 개에게 다가갔다. (warning / of / spite / his friend's / in)

→ _____, Jake approached the strange dog with his hand outstretched.

---

withdraw 물러나다; *탈퇴[기권]하다   critic 비평가, 평론가   harsh 가혹한, 혹독한   attempt 시도하다   warning 경고(문), 주의   approach 다가가다 [오다]

병렬구조

빈출도 상 중 하

Point 47 등위접속사의 병렬구조

>>> 구문 개념 잡기

등위접속사(and, but, or 등)에 의해 연결된 어구들은 문법적으로 대등한 형태를 보인다. 이러한 병렬구조의 문장에서는 접속사 앞뒤로 연결된 어구의 형태와 수, 시제 등에 유의하도록 한다.

형태	「A and[or/but] B」, 「A, B, and[or] C」 *to부정사구의 병렬 연결 시 접속사 뒤의 to는 생략되기도 함
예문	The children *bought* some ice cream after school **and** *ate* it in the park. Sylvester enjoys *working out* in the gym **or** *jogging* in the park in his free time. The kids' parents need *to buy* gifts, *wrap* them, **and** *put* them under the Christmas tree.

>>> 문장 완성 STEPs

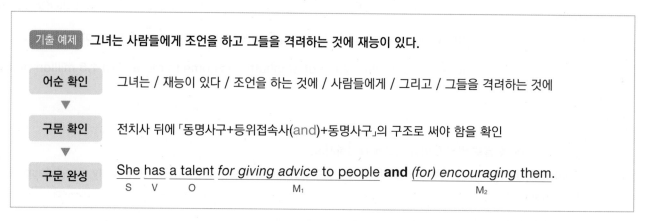

기출 예제 그녀는 사람들에게 조언을 하고 그들을 격려하는 것에 재능이 있다.

어순 확인   그녀는 / 재능이 있다 / 조언을 하는 것에 / 사람들에게 / 그리고 / 그들을 격려하는 것에

▼

구문 확인   전치사 뒤에 「동명사구+등위접속사(and)+동명사구」의 구조로 써야 함을 확인

▼

구문 완성   She has a talent *for giving advice* to people **and** *(for) encouraging* them.
　　　　　　　S　V　　O　　　　　　　　　M₁　　　　　　　　　M₂

정답 및 해설 p.39

Check
Up

네모 안에서 알맞은 말을 고르시오.

1 After he graduates, my brother will go to a local university or spend / spends a year studying abroad.

2 If you are seen cheating on the test or helped / helping someone else cheat, you will get an automatic F.

문장 완성 *Practice*

A 다음 문장에서 밑줄 친 부분을 어법에 맞게 고치시오.

1 The worker spends his days printing out documents and <u>staple</u> them together.

2 The artists sell their paintings to art collectors or <u>to display</u> them in local galleries.

3 The confused dog didn't know whether to attack the intruder or <u>ran away</u> from him.

4 Join our broadcasting club and <u>helping</u> us make our school a fun place to be.

B 우리말과 일치하도록 괄호 안의 단어를 바르게 배열하시오.

1 신선한 달걀이 든 이 바구니를 받아서 그것을 여러분의 부모님께 드리세요. (this basket / give / and / take / it / of fresh eggs)

→ Please _____ to your parents.

2 체리를 몇 개 따서 씨를 제거한 후에, 우리는 파이 만드는 것을 시작할 수 있다. (removing / some cherries / their pits / picking / and) *pit: (복숭아 등의) 씨

→ After _____, we can start making the pie.

3 당신이 다른 이들로부터 듣는 모든 말은 당신이 자신감을 느끼게 만들거나 낙담하게 할 수 있다. (be discouraged / or / cause / to / you)

→ Every word you hear from others can make you feel confident _____.

C 우리말과 일치하도록 괄호 안의 단어를 활용하여 빈칸에 알맞은 말을 쓰시오. (단, 필요시 단어를 추가하고 어형을 바꿔 쓸 것)

1 늦게 일어났기 때문에, Kimberly는 여동생에게 자신을 위해 블라우스를 고르고 그것을 다림질해달라고 부탁했다. (a blouse, iron, pick out)

→ Having woken up late, Kimberly asked her sister to _____ _____ _____ _____ _____ _____ _____ for her.

2 Victor의 부모님은 그에게 멈추고 그의 인생에서 무엇을 하고 싶은지에 관해 생각해보라고 말씀하셨다. (think about, stop)

→ Victor's parents told him _____ _____ _____ _____ what he wanted to do with his life.

3 경찰은 그 정치인의 집을 수색했지만 뇌물 수수에 대한 아무런 증거도 찾지 못했다. (no evidence, find)

→ The police searched the politician's house _____ _____ _____ _____ of bribery. *bribery: 뇌물 수수

---

automatic 자동의; *(결과가) 자동적으로 따라오는   document 서류, 문서   staple 스테이플러로 고정하다   intruder 침입자   broadcasting 방송
discourage ~의 용기를 잃게 하다, 낙담시키다

UNIT 13

병렬구조

빈출도 상 중 하

Point 48 상관접속사의 병렬구조

≫ 구문 개념 잡기

등위접속사뿐만 아니라 상관접속사에 의해 연결된 어구들도 문법적으로 대등한 형태를 보인다. 흔히 쓰이는 상관접속사들의 의미에 유의한다.

형태	both A and B	A와 B 둘 다
	not A but B	A가 아니라 B
	not only A but (also) B (= B as well as A)	A뿐만 아니라 B도
	either A or B	A이거나 B
	neither A nor B	A도 B도 아닌
예문	In order to survive, animals must **not only** *find* sources of food **but also** *avoid* predator. Some people say that you should **neither** *borrow* money from friends **nor** *lend* it to them.	

≫ 문장 완성 STEPs

기출 예제 비언어적인 의사소통은 언어적 의사소통을 대체하지 않고 그것을 보완한다.

어순 확인 : 비언어적인 의사소통은 / 대체하지 않는다 / 언어적 의사소통을 / 그러나 / 보완한다 / 그것을

▼

구문 확인 : 'A가 아니라 B'의 의미이므로 상관접속사 「not A but B」 구문을 써야 함을 확인

▼

구문 완성 : Non-verbal communication does **not** *replace* verbal communication **but**
S — V₁ — O₁
complements it.
V₂ — O₂

정답 및 해설 p.40

 Check Up

네모 안에서 알맞은 말을 고르시오.

1 Donovan spent his weekend not playing with friends but studied / studying for his biology exam.

2 Expressing your emotions not only improves your mental health but also making / makes you a better communicator.

문장 완성 *Practice*

A 다음 괄호 안의 단어를 빈칸에 알맞은 형태로 쓰시오.

1 The thief not only stole my television but also _____ one of my windows. (break)

2 Mr. McGregor builds birdhouses, not _____ money but to take his mind off his problems. (earn)

3 The couple decided to save money by both growing their own vegetables and _____ out less. (eat)

B 우리말과 일치하도록 괄호 안의 단어를 바르게 배열하시오.

1 그 여자아이는 속상해서가 아니라 행복에 휩싸여서 울었다. (but / she was upset / because / not / she was overwhelmed / because)

→ The girl cried _____ with happiness.

2 Jasmine이 오늘 밤에 너에게 문자 메시지를 보내거나 전화를 걸 것이다. (a text message / give you a call / either / send / or / you)

→ Jasmine will _____ tonight.

3 그 회사는 자사 상품의 가격을 낮출 뿐만 아니라 자사의 마케팅 방식을 바꾸기로 결정했다. (as well as / its marketing style / decided / to lower / to change)

→ The business _____ the prices of its products.

C 우리말과 일치하도록 괄호 안의 단어를 활용하여 빈칸에 알맞은 말을 쓰시오. (단, 필요시 단어를 추가하고 어형을 바꿔 쓸 것)

1 부러진 다리 때문에, Luna는 수업에 출석하지도, 그녀의 축구팀과 연습하지도 못했다. (practice, attend classes)

→ Due to her broken leg, Luna could _____ _____ _____ _____ _____ with her soccer team.

2 박물관들을 방문하는 것과 현지 식당들에서 먹는 것 둘 다 새로운 문화에 관해 배우는 좋은 방법들이다. (museums, eat, visit, at local restaurants)

→ _____ _____ _____ _____ _____ _____ _____ _____ are good ways to learn about a new culture.

3 네가 무언가를 완전히 이해하지 못한다면, 그녀에게 한 번 더 말해달라고 하거나 그것을 다른 방식으로 설명해달라고 부탁해라. (explain, repeat oneself)

→ If you don't fully understand something, ask her _____ _____ _____ _____ _____ _____ _____ _____ in a different way.

UNIT 13
병렬구조

---

verbal 언어[말]의   complement 보완하다, 보충하다   express 나타내다, 표현하다   take one's mind off ~에서 마음을 돌리다, ~을 잊다   overwhelm (격한 감정이) 휩싸다[압도하다]   repeat oneself 같은 말[일]을 반복하다, 한 번 더 말하다

명사절 접속사   빈출도 ⑤ ⑥ ⑥

Point 49 that이 이끄는 명사절

》》 구문 개념 잡기

접속사 that은 명사절을 이끌어 문장에서 주어, 목적어, 보어 역할을 할 수 있으며, 앞에 나온 명사를 부연 설명하는 동격절을 이끌기도 한다.

형태	1) that절이 주어, 목적어, 보어의 역할을 하는 경우: 「that+주어+동사」
	2) that이 동격의 접속사 역할을 하는 경우: 「명사+that+주어+동사」 *주로 쓰이는 명사: news, idea, fact, thought, evidence, opinion, belief, question, notion, rumor 등
예문	Environmentalists feel **that** protecting our planet should be humanity's number one priority. *The idea* **that** the Sun revolves around the Earth was once widely accepted.

》》 문장 완성 STEPs

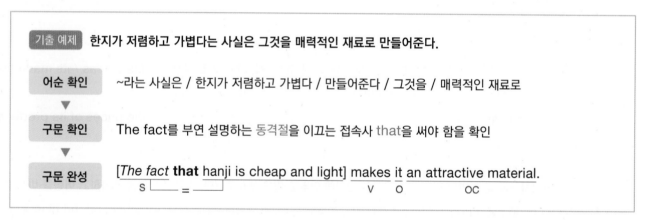

기출 예제   한지가 저렴하고 가볍다는 사실은 그것을 매력적인 재료로 만들어준다.

어순 확인   ~라는 사실은 / 한지가 저렴하고 가볍다 / 만들어준다 / 그것을 / 매력적인 재료로

▼

구문 확인   The fact를 부연 설명하는 동격절을 이끄는 접속사 that을 써야 함을 확인

▼

구문 완성   [*The fact* **that** hanji is cheap and light] makes it an attractive material.
     S   =   V   O   OC

정답 및 해설 p.41

Check Up   **다음 문장에서 접속사 that이 들어갈 자리에 ✔ 표시하시오.**

1 An inspection revealed the airplane was in need of many repairs.

2 The teacher didn't accept Nina's excuse she was too busy to finish her homework on time.

문장 완성 *Practice*

A 우리말과 일치하도록 괄호 안의 단어를 바르게 배열하시오.

1 내 의견은 우리 동아리가 불필요한 지출을 줄여야 한다는 것이다. (cut back on / our club / that / should / unnecessary spending)

→ My opinion is _____.

2 19세기 후반에, Robert Koch는 세균이 특정한 질병들을 초래한다는 것을 발견했다. (specific diseases / germs / that / cause)

→ In the late 19th century, Robert Koch discovered _____.

3 국가 대표팀이 연장전에서 졌다는 소식에 모든 사람이 충격을 받았다. (that / the national team / the news / had lost)

→ Everyone was shocked by _____ in overtime.

4 그 운전자는 그가 자신의 차 지붕 위에 커피 한 잔을 놓아두었다는 것을 몰랐다. (had left / that / a cup of coffee / he)

→ The driver didn't know _____ on the roof of his car.

B 우리말과 일치하도록 괄호 안의 단어를 활용하여 영작하시오. (단, 접속사 that을 활용하되 필요시 단어를 추가하고 어형을 바꿔 쓸 것)

1 Justine의 성공은 당신이 열심히 노력한다면 어느 것이든 가능하다는 것을 보여준다. (anything, possible)

→ Justine's success shows _____ _____ _____ _____ if you work hard.

2 자신이 다이아몬드 절도범이었다는 Mark의 자백이 법정에 있던 모든 사람을 놀라게 했다. (the diamond thief, Mark's confession)

→ _____ _____ _____ _____ _____ _____ _____ _____ surprised everyone in the courtroom.

3 가장 중요한 것은 아무도 그 강력한 지진으로 사망하지 않았다는 것이다. (be killed, no one)

→ The most important thing is _____ _____ _____ _____ _____ _____ by the powerful earthquake.

4 Roberto는 그의 아버지가 편찮으셔서 학교에 늦었다고 설명했다. (late for school)

→ Roberto explained _____ _____ _____ _____ _____ _____ because his father was feeling ill.

Point 50 whether/if가 이끄는 명사절

》》 구문 개념 잡기

접속사 whether와 if는 '~인지 (아닌지)'의 의미로 명사절을 이끈다. 하지만 if는 주어나 보어, 전치사의 목적어 역할을 하는 절에는 잘 쓰이지 않는다는 점에 유의한다.

형태	「whether/if+주어+동사 (or not)」
예문	**Whether** a new type of technology is embraced by the public is related to a number of factors. This test will determine **whether[if]** you are healthy enough to become an astronaut. What everyone wanted to know was **whether** the actor would be attending the party.

》》 문장 완성 STEPs

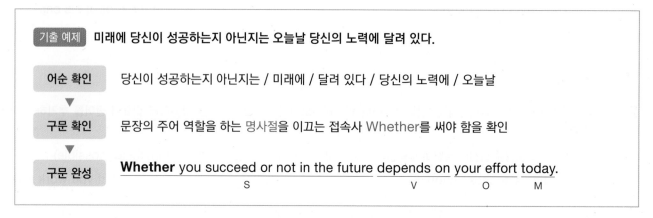

기출 예제 미래에 당신이 성공하는지 아닌지는 오늘날 당신의 노력에 달려 있다.

어순 확인 당신이 성공하는지 아닌지는 / 미래에 / 달려 있다 / 당신의 노력에 / 오늘날

▼

구문 확인 문장의 주어 역할을 하는 명사절을 이끄는 접속사 Whether를 써야 함을 확인

▼

구문 완성 <u>**Whether** you succeed or not in the future</u> <u>depends on</u> <u>your effort</u> <u>today</u>.
                      S   V   O   M

정답 및 해설 p.42

Check Up

네모 안에서 알맞은 말을 고르시오.

1 The hikers began to question that / whether it was possible to reach the cabin before sunset.

2 What / Whether you have an optimistic or pessimistic attitude can affect your health.

A 다음 밑줄 친 부분이 어법상 옳으면 O, 틀리면 X 표시하고 바르게 고치시오.

1 I was wondering <u>that</u> you have time to discuss our vacation plans.

2 <u>Whether</u> the school festival will be held this year has not yet been decided.

3 The most critical issue was <u>when</u> the new government policy would harm the economy or not.

B 우리말과 일치하도록 괄호 안의 단어를 바르게 배열하시오.

1 그 선생님은 우리에게 우리가 기말고사를 다시 봐야 하는지 말씀해 주실 것이다. (have to / we / the final exam / if / retake)

→ The teacher will tell us _____ .

2 우리 배드민턴팀이 토너먼트에서 우승하는지는 중요하지 않다. (the tournament / our badminton team / whether / wins)

→ _____ is not important.

3 모든 사람이 물어보던 질문은 전쟁이 있을지였다. (be / there / a war / whether / was going to)

→ The question that everyone was asking was _____ .

4 그 호텔은 우리가 우리의 딸을 위한 유아용 침대가 필요할지 알아야 한다. (will / a crib / if / we / need)
*crib: 유아용 침대

→ The hotel needs to know _____ for our daughter.

C 우리말과 일치하도록 괄호 안의 단어를 활용하여 빈칸에 알맞은 말을 쓰시오. (단, 필요시 단어를 추가하고 어형을 바꿔 쓸 것)

1 우리가 알고 싶은 것은 당신이 당신 삶의 질에 만족하는지이다. (the quality, be satisfied with)

→ What we'd like to know is _____ _____ _____ _____ _____
_____ _____ of your life.

2 한 낯선 사람이 우리가 서울역에 가는 가장 빠른 길을 아는지 물었다. (way, knew, quick)

→ A stranger asked _____ _____ _____ _____ _____ _____
to get to Seoul Station.

3 학교의 취업 박람회에 충분한 사람들이 참가할 것인지가 John의 최대 관심사이다. (take part in, enough)

→ _____ _____ _____ _____ _____ _____ _____ the
school's job fair is John's biggest concern.

---

embrace 포옹하다; *받아들이다[수용하다]   factor 요인, 인자   determine 결정하다; *알아내다, 밝히다   optimistic 낙관적인, 낙관하는   pessimistic
비관적인   policy 정책, 방침   quality 질, 품질   concern 우려[걱정]; *중요한 것, 관심사

UNIT 14

Point 51 의문사가 이끄는 명사절

>>> 구문 개념 잡기

의문사는 간접의문문의 형태로 명사절을 이끌어 문장에서 주어, 목적어, 보어 역할을 할 수 있다. 이때, 간접의문문의 어순에 특히 주의해야 한다.

형태	1) 기본 형태: 「의문사+주어+동사」
	2) 의문사가 간접의문문의 주어일 때: 「의문사+동사」
	3) 주절이 do you think[believe/guess/suppose/imagine 등]일 때:
	「의문사+do you think[believe/guess/suppose/imagine 등](+주어)+동사」
예문	An employee asked **why** *the company was staying* open on a holiday.
	When do you guess *the first snowfall of this year will occur*?

>>> 문장 완성 STEPs

기출 예제	사냥은 인간이 어떻게 사회적 교류를 발전시켰는지를 설명할 수 있다.
어순 확인	사냥은 / 설명할 수 있다 / 어떻게 / 인간이 발전시켰는지를 / 사회적 교류를
▼	
구문 확인	'어떻게 ~인지'의 의미이므로 「의문사(how)+주어+동사」의 형태로 써야 함을 확인
▼	
구문 완성	Hunting can explain **how** *humans developed* social exchange.
	S　　　V　　　　　　　　　　　O

정답 및 해설 p.42

우리말과 일치하도록 네모 안에서 알맞은 말을 고르시오.

1 은행 강도들이 어디에 숨어 있을 것이라고 생각하니?

　Do you believe where / Where do you believe the bank robbers are hiding out?

2 그 상사는 저희가 지불이 늦는 고객들에게 어떻게 연락해야 하는지 말해주었나요?

　Did the boss say how we should / how should we contact customers whose payments are late?

문장 완성 *Practice*

A 다음 밑줄 친 부분이 어법상 옳으면 O, 틀리면 X 표시하고 바르게 고치시오.

1 The pilot explained <u>why did the plane have</u> to turn around and return to the airport.

2 <u>Do you think what</u> our parents did for fun when they were our age?

3 My friend and I got together to talk about <u>why we weren't getting along</u>.

B 우리말과 일치하도록 괄호 안의 단어를 바르게 배열하시오.

1 너는 누가 그 소음에 관해 항의하기 위해 경찰을 불렀을 거라고 생각하니? (you / suppose / who / do / called / the police)

→ _____ to complain about the noise?

2 그 시의회는 언제 지역 청소 행사가 개최될지를 결정할 것이다. (held / will / when / be / the neighborhood cleanup event)

→ The city council will decide _____.

3 그 팀은 그들의 시즌 첫 경기가 언제일지 아직 발표하지 않았다. (their first game / be / of / when / will / the season)

→ The team still hasn't announced _____.

4 너는 만약 세계의 모든 컴퓨터가 작동하는 것을 멈춘다면 무슨 일이 일어날 것이라고 상상하니? (imagine / do / would / you / what / happen)

→ _____ if all the computers in the world stopped working?

C 우리말과 일치하도록 괄호 안의 단어를 활용하여 영작하시오. (단, 필요시 단어를 추가하고 어형을 바꿔 쓸 것)

1 그 교수는 큰 소행성이 지구와 충돌하면 무슨 일이 일어날지에 관한 강의를 했다. (would, give a lecture on, happen)

→ The professor _____ if a large asteroid hit the Earth.

2 너는 Desmond가 이번 주말에 배를 타려는 우리의 계획에 관해 어떻게 알았을 거라고 생각하니? (suppose, know)

→ _____ about our plans to take a boat ride this weekend?

3 많은 사람들은 어떻게 그 과학자가 그의 이론을 입증할 것인지에 관해 의문을 제기한다. (verify, the scientist, theory)

→ Many people raise questions about _____.

UNIT 14
명사절
접속사

payment 지불, 지급   city council 시의회   give a lecture 강의하다

명사절 접속사

빈출도 상 중 하

Point 52 가주어-진주어(명사절)

>>> 구문 개념 잡기

명사절이 주어로 쓰일 때, 보통 주어 자리에 가주어 it을 쓰고 진주어인 명사절은 문장 뒤쪽으로 보낸다.

형태	1) that절이 주어일 때: 「It ~ that+주어+동사」 2) whether절이 주어일 때: 「It ~ whether+주어+동사」 3) 의문사절이 주어일 때: 「It ~ who[what/when/where/how/why 등]+주어+동사」
예문	It is hard to believe **that** people once sailed across oceans on small, wooden boats. It was surprising **who** showed up at the party and **who** didn't.

>>> 문장 완성 STEPs

기출 예제 음식에 대한 우리 평가의 일부가 그것의 시각적인 모습인 것은 분명하다.

어순 확인   ~은 분명하다 / 우리 평가의 일부가 / 음식에 대한 / 그것의 시각적인 모습이다

▼

구문 확인   주어 자리에 가주어 it을 쓰고 진주어 that절을 뒤쪽에 써야 함을 확인

▼

구문 완성   **It** is obvious **that** part of our assessment of food is its visual appearance.
             S V   C   S(진주어)
    (가주어)

정답 및 해설 p.43

Check
Up

우리말과 일치하도록 네모 안에서 알맞은 말을 고르시오.

1 정부가 국민의 뜻에 따르기 위해 존재한다는 것은 일반적으로 이해된다.

   It / This is generally understood that governments exist to do the will of the people.

2 그 비행기가 언제 관제탑과 교신이 끊어졌는지는 아직 밝혀지지 않았다.

   It has not yet been revealed when / that the plane lost contact with the control tower.

문장 완성 *Practice*

A 다음 밑줄 친 부분이 어법상 옳으면 O, 틀리면 X 표시하고 바르게 고치시오.

1 It was surprising <u>what</u> nobody in the office could speak Spanish.

2 It must be decided <u>that</u> the name of the new geology club will be.

3 It shouldn't make any difference <u>whether</u> we have the same political views or not.

B 우리말과 일치하도록 괄호 안의 단어를 바르게 배열하시오.

1 당신이 사무실에서 일한 경험이 있는지는 중요하지 않다. (whether / you / it / important / experience / have / isn't)

→ _____ working in an office.

2 최초의 인간은 아프리카에서 나머지 세계로 이주했다고 한다. (the first / is / migrated / that / human beings / it / said)

→ _____ from Africa to the rest of the world.

3 우주로부터 되돌아오고 있는 로켓이 어디에 착륙할 것인지는 아직 알려지지 않았다. (the rocket / where / from space / returning / will land)

→ It is not yet known _____ .

4 그 회사가 결함이 있는 상품들에 대해 고객들에게 어떻게 보상할 것인지는 설명되지 않았다. (how / will / customers / the company / compensate)

→ It has not been explained _____ for the defective products.

C 우리말과 일치하도록 괄호 안의 단어를 활용하여 영작하시오. (단, 가주어 it을 활용하되 필요시 단어를 추가할 것)

1 정부가 금리를 인상해야 하는지 아닌지는 논쟁의 여지가 있다. (the government, debatable, raise, should)

→ _____ the interest rate or not.

2 그 팀의 모든 사람이 같은 목표를 달성하기 위해서 함께 일하고 있다는 것이 중요하다. (everyone, important, on the team)

→ _____ working together to achieve the same goal.

3 세계의 아주 많은 사람들이 먹기에 충분한 음식이 없다는 것은 좌절감을 준다. (in the world, so many people, frustrating, have)

→ _____ enough food to eat.

---

assessment 평가   appearance (겉)모습, 외모   do the will of ~의 뜻에 따르다   control tower (항공) 관제탑   political 정치와 관련된, 정치적인
compensate 보상하다   defective 결함이 있는   debatable 논쟁의 여지가 있는   interest rate 금리, 이율

부사절 접속사   빈출도 (상) (중) (하)

Point 53 목적·결과의 부사절

》》 구문 개념 잡기

아래와 같이 목적이나 결과를 나타내는 부사절을 이끄는 다양한 표현의 형태와 의미를 알아두자.

목적	so (that)+주어+동사: ~하기 위하여, ~하도록
결과	so+형용사/부사+that ...: 너무 ~해서 …하다 such+a/an(+형용사)+명사+that ...: 너무 (~한) 명사라서 …하다 (= so+형용사+a/an+명사+that ...)

Some farmers keep cats in their barns **so that** they will hunt the rats and mice.
Josie found the novel **so** interesting **that** she stayed up all night reading it.
Theo is **such** a skilled soccer player **that** he scored three goals in the first half.

》》 문장 완성 STEPs

기출 예제 물은 너무 저렴해서 우리는 생각하지 않고 그것을 쓴다.

어순 확인 | 물은 / 너무 저렴해서 / 우리는 / 쓴다 / 그것을 / 생각하지 않고

▼

구문 확인 | '너무 ~해서 …하다'의 의미이므로 「so+형용사+that ....」 구문을 써야 함을 확인

▼

구문 완성 | Water is **so** cheap **that** we use it without thinking.
　　　　　　 S　　V　　C　　　　　　　　 S'　V'　O'　　　 M'

정답 및 해설 p.44

Check Up

우리말과 일치하도록 네모 안에서 알맞은 말을 고르시오.

1 그 여자아이는 도둑들이 자전거를 훔쳐가지 않도록 밤에는 자신의 자전거를 차고에 보관한다.

  The girl keeps her bicycle in the garage at night so that / such that thieves won't steal it.

2 마카다미아는 너무 딱딱한 껍질을 가지고 있어서 그것을 손으로 부술 수 있는 사람은 거의 없다.

  Macadamia nuts have so / such a hard shell that few people can crack them by hand.

문장 완성 *Practice*

A 다음 밑줄 친 부분이 어법상 옳으면 O, 틀리면 X 표시하고 바르게 고치시오.

1 The nearest black hole is <u>such</u> far away from Earth that it would take millions of years to get there.

2 Liechtenstein is <u>so</u> a small country that it can be walked across in less than two hours.

3 Penny pulled down the brim of her hat <u>so that</u> no one could see her face.   *brim: (모자의) 챙

B 우리말과 일치하도록 괄호 안의 단어를 바르게 배열하시오.

1 나는 네가 원하는 대로 오고 갈 수 있도록 문을 잠그지 않은 채로 둘 것이다. (go / so / may come / that / and / you)

→ I will leave the door unlocked _____ as you please.

2 그 남자아이가 너무 우스운 농담을 말해서 그의 친구들은 웃는 것을 멈출 수 없었다. (a funny joke / stop / such / that / could not / his friends / laughing)

→ The boy told _____.

3 무인도에 갇혀, Gus는 머리 위로 날아가는 비행기들이 볼 수 있도록 불을 피웠다. (so / planes / that / flying overhead / it / might see)

→ Trapped on a deserted island, Gus started a fire _____.

C 우리말과 일치하도록 괄호 안의 단어를 활용하여 영작하시오. (단, 필요시 단어를 추가하고 어형을 바꿔 쓸 것)

1 Matthew는 높은 곳을 너무 무서워해서 그는 심지어 사다리도 오를 수 없다. (scared of, ladders, heights, even climb)

→ Matthew is _____.

2 그 교사가 너무 혼란스러운 질문을 물어봐서 아무도 그것에 답할 수 없었다. (no one, a confusing question, answer, could)

→ The teacher asked _____ it.

3 블랙 맘바 뱀이 무는 것은 너무 치명적이어서 그것의 피해자들은 보통 20분 이내에 죽는다. (deadly, usually die, victims)

→ The bite of the black mamba snake is _____ within 20 minutes.

---

barn 곳간, 헛간   first half 상반기; *전반전   shell 껍데기[껍질]   crack 갈라지게 하다; *부수다   deserted island 무인도   deadly 치명적인
victim 피해자

부사절 접속사

Point 54 시간·조건의 부사절

>>> 구문 개념 잡기

아래와 같이 시간이나 조건을 나타내는 부사절을 이끄는 다양한 표현의 형태와 의미를 알아두자.

시간	• when: ~할 때 • while: ~하는 동안 • since: ~한 이후로 • by the time: ~할 때쯤에는 • until: ~할 때까지	• as soon as: ~하자마자 • once: 일단 ~하면 • no sooner A than B: A하자마자 B하다 • every time: ~할 때마다 • not ~ until ...: …하고 나서야 (비로소) ~하다
조건	• if: (만약) ~한다면 • as long as: ~하는 한	• unless(= if ~not): (만약) ~하지 않는다면 • in case: ~할 경우에 대비하여

As soon as her phone began to vibrate, Lizzy knew it was a call from her best friend.
No sooner did the food arrive **than** Mr. Cunningham began to complain about its quality.
*부정어(No sooner)가 문두에 왔으므로 뒤에 「조동사(did)+주어+동사원형」의 어순으로 쓴다.

>>> 문장 완성 STEPs

┌──┐

기출 예제 │ 언어는 우리가 누군가와 사업을 하려고 할 때 도움이 된다.

어순 확인 │ 언어는 / 도움이 된다 / ~할 때 / 우리가 사업을 하려고 한다 / 누군가와
▼
구문 확인 │ '~할 때'의 의미이므로 시간을 나타내는 접속사 when을 써야 함을 확인
▼
구문 완성 │ Language is helpful **when** we are trying to conduct business with someone.
│   S   V   C   S'   V'   O'   M'

└──┘

정답 및 해설 p.45

Check
Up

네모 안에서 알맞은 말을 고르시오.

1 Many marine species will die in case / if there is a significant change in the water's salt level.

2 As soon as / Until Mark witnessed the accident, he reported it to the police.

문장 완성 *Practice*

A 빈칸에 들어갈 알맞은 접속사를 보기 에서 골라 쓰시오.

> 보기 while   until   unless   as long as

1 Pour the mixture of mashed potato and milk into a pan and cook it _____ it becomes creamy.

2 You can bring your dogs to the public park _____ they remain on a leash.

3 _____ they were exploring the New World, European explorers spread disease to the indigenous people.

4 _____ something changes, Hailey will be attending Harvard University in the fall.

B 우리말과 일치하도록 괄호 안의 단어를 바르게 배열하시오.

1 학생들은 일단 시험 전체를 끝마치면 손을 들어야 한다. (they / the entire exam / once / have completed)

→ Students should raise their hands _____.

2 너희 개는 누군가가 초인종을 울릴 때마다 짖고 으르렁거리기 시작하니? (the doorbell / somebody / rings / every time)

→ Does your dog begin to bark and growl _____?

3 David는 그의 어머니가 회사에 의해 그곳으로 전근 가신 이후로 런던에서 살고 있다. (by her company / since / was transferred / his mother / there)

→ David has been living in London _____.

C 우리말과 일치하도록 괄호 안의 단어를 활용하여 영작하시오. (단, 필요시 단어를 추가하고 어형을 바꿔 쓸 것)

1 그 전쟁이 끝났을 때쯤에는, 수백만 명의 사람들이 집을 잃은 상태였다. (the war, over)

→ _____, millions of people had been displaced from their homes.

2 Jerome은 첫 잎들이 떨어지기 시작하고 나서야 여름이 가버렸다는 것을 깨달았다. (realize, that, be gone)

→ Jerome _____ the first leaves began to fall.

3 Ella는 주말 동안 자신이 파티에 초대될 경우에 대비하여 멋진 드레스를 챙기기로 했다. (to a party, was invited)

→ Ella decided to pack a nice dress _____ during the weekend.

UNIT 15
부사절
접속사

---

vibrate 진동하다   conduct (특정한 활동을) 하다   significant 중요한; *상당한, 현저한   witness 목격하다   indigenous 토착의   growl 으르렁거리다   transfer 옮기다; *전임[전근]시키다   displace 대신하다; *(살던 곳에서) 쫓아내다

Point 55 양보·대조의 부사절

⟫⟫ 구문 개념 잡기

아래와 같이 양보나 대조를 나타내는 부사절을 이끄는 다양한 표현의 형태와 의미를 알아두자. 특히 양보를 의미하는 접속사의 경우, despite나 in spite of와 같은 전치사와 혼동하지 않도록 주의한다.

양보·대조	• although[though]: (비록) ~이긴 하지만
	 • even though: 비록 ~하더라도
	 • no matter+what/who/when/where/which/how+주어+동사:
	   무엇이[을]/누가[누구를]/언제/어디서/어느 것이[을]/어떤 식으로 ~하더라도
	   (= whatever/whoever/whenever/wherever/whichever/however+주어+동사)
	 • no matter how+형용사/부사+주어+동사: 아무리 ~하더라도
	   (= however+형용사/부사+주어+동사)
		• while: ~인 반면에; ~이긴 하지만
		 • even if: 설령 ~하더라도

Our team is up by two goals with two minutes left, **though** the game isn't over yet.
Even if there is heavy rain or snow, the show will start at its scheduled time.

⟫⟫ 문장 완성 STEPs

> 기출 예제   당신의 행동이 아무리 사소하더라도, 그것은 큰 변화를 만들 수 있다.

어순 확인   아무리 사소하더라도 / 당신의 행동이 / 그것은 / 만들 수 있다 / 큰 변화를

▼

구문 확인   '아무리 ~하더라도'의 의미를 「no matter how+형용사+주어+동사」 구문으로 나타낼 수 있음을 확인

▼

구문 완성   No matter how small your action is, it can make a big difference.
                           S   V S'   V'   O'

정답 및 해설 p.45

Check Up   우리말과 일치하도록 네모 안에서 알맞은 말을 고르시오.

1 비록 브라질이 남미에 있더라도, 그곳의 사람들은 스페인어보다는 포르투갈어를 쓴다.

[In spite of / Even though] Brazil is in South America, its people speak Portuguese rather than Spanish.

2 소금이 음식의 풍미를 끌어내긴 하지만, 너무 많이 쓰는 것은 당신의 건강에 부정적으로 영향을 미칠 수 있다.

[Although / Despite] salt brings out the flavor of food, using too much can negatively affect your health.

A 두 문장이 같은 의미가 되도록 빈칸에 알맞은 말을 쓰시오.

1 You must keep this door locked at all times, whoever asks you to open it.

→ You must keep this door locked at all times, _____ _____ _____ asks you to open it.

2 Whatever your personal preferences are, you should respect the views of others.

→ _____ _____ _____ your personal preferences are, you should respect the views of others.

3 Few people bought the new flat-screen TV, in spite of it being cheaper than similar models.

→ Few people bought the new flat-screen TV, _____ _____ it was cheaper than similar models.

B 우리말과 일치하도록 괄호 안의 단어를 바르게 배열하시오.

1 랍스터가 어떤 식으로 준비되더라도, 그것은 당신의 손님들을 반드시 기쁘게 해줄 맛있는 음식이다. (no / is prepared / matter / lobster / how)

→ _____, it is a delicious food that is sure to please your guests.

2 Erin이 많은 한국어 단어들을 알고 있긴 하지만, 그녀는 사람들 앞에서 말하는 것이 아직 편하지 않다. (Erin / many / while / knows / Korean words)

→ _____, she is not yet comfortable speaking in public.

3 Edward가 이전에 이스탄불을 방문했던 적이 한 번도 없긴 하지만, 그는 그 도시가 친숙하다고 생각했다. (before / had never visited / though / Istanbul / Edward)

→ _____, he found the city familiar.

4 어떤 사람들은 감초 사탕을 맛있게 여기는 반면에 다른 이들은 그것이 거의 먹을 수 없는 것이나 마찬가지라고 불평한다. (while / that / practically inedible / is / others / complain / it)

→ Some people find black licorice delicious, _____.
*black licorice: 감초 사탕

5 그 부부는 설령 그것이 틀렸다는 것을 입증하는 증거를 제시받더라도 그들의 견해를 고수할 것이다. (evidence / even if / are presented with / they / proving / wrong / it)

→ The couple will stand by their idea _____.

---

preference 선호(도), 애호   practically 사실상; *거의, ~이나 마찬가지   inedible 먹을 수 없는   stand by ~을 고수하다

UNIT 15
부사절
접속사

Point 56 원인·이유의 부사절

》》 구문 개념 잡기

아래와 같이 원인이나 이유를 나타내는 부사절을 이끄는 다양한 표현의 형태와 의미를 알아두자.

원인 · 이유	• because/as/since: ~이므로, ~이기 때문에 • now that: ~인 이상, ~이니까 • seeing that: ~인 것으로 보아, ~이니까

We should wait for the next elevator, **as** this one is already filled to capacity.
Since you have some free time tomorrow, why don't you help me move into my new apartment?

》》 문장 완성 STEPs

기출 예제   물은 모든 생명체에게 필수적이기 때문에 적이 없다.

어순 확인   물은 / 적이 없다 / ~이기 때문에 / 물은 필수적이다 / 모든 생명체에게

▼

구문 확인   '~이기 때문에'의 의미이므로 원인을 나타내는 접속사를 써야 함을 확인

▼

구문 완성   Water has no enemy **because** water is essential to all creatures.
              S   V   O   S'   V'   C'   M'

정답 및 해설 p.46

우리말과 일치하도록 네모 안에서 알맞은 말을 고르시오.

1 내 이웃은 좀처럼 잔디를 깎거나 정원의 잡초를 뽑지 않아서 그의 마당은 형편없어 보인다.

  My neighbor's yard looks terrible, since / though he rarely mows the grass or weeds his garden.

2 전쟁이 끝났으므로, 우리는 우리 국가를 재건하는 것에 집중해야 한다.

  Now that / In order that the war has ended, we need to focus on rebuilding our nation.

문장 완성 *Practice*

A 다음 밑줄 친 부분이 어법상 옳으면 O, 틀리면 X 표시하고 바르게 고치시오.

1 <u>Because of</u> the attorney lied to the judge, he lost not only the case but also his license.

2 <u>Now that</u> he has turned 18, Trent will be able to vote in the next presidential election.

3 There is no point in arguing with her, <u>seen that</u> she has already made up her mind.

B 우리말과 일치하도록 괄호 안의 단어를 바르게 배열하시오.

1 그녀의 전화기가 꺼져 있었기 때문에 Melanie는 그녀의 반 친구의 문자 메시지를 받지 못했다. (her phone / turned off / was / as)

→ Melanie didn't receive her classmate's text message, _____.

2 그 부부는 아이가 있으니 집에서 훨씬 더 많은 시간을 보낸다. (now / have / they / a child / that)

→ The couple spends a lot more time at home _____.

3 마다가스카르는 아프리카 본토에 물리적으로 연결되어 있지 않으므로, 그곳은 많은 독특한 종들의 서식지이다. (physically connected / since / Madagascar / to mainland Africa / is not)

→ _____, it is home to many

  unique species.

4 대나무에는 영양이 거의 없으므로, 판다는 매일 그것의 많은 양을 먹어야 한다. (little nutrition / there / as / in bamboo / is)

→ _____, pandas must eat large quantities of it every day.

5 많은 사람들이 이른 봄에 알레르기에 시달리는데, 그때가 나무들이 꽃가루를 내뿜는 때이기 때문이다. (that's / release / when / trees / since / their pollen) *pollen: 꽃가루

→ Many people suffer from allergies in early spring, _____.

6 부패를 일으키는 박테리아가 저온에서는 활동적이지 않기 때문에 냉동식품은 더 오래간다. (bacteria / are not active / because / that / decay / cause)

→ Frozen food lasts longer _____ in

  low temperatures.

capacity 수용력, 정원   mow (잔디를) 깎다   weed 잡초를 뽑다   attorney 변호사   license 면허[자격](증)   mainland 본토   nutrition 영양
(처리 과정)   quantity 양   release 방출하다, 내뿜다   decay 부패, 부식

서술형 빈출 구문 REVIEW TEST

A 네모 안에서 알맞은 말을 고르시오.

1 It is natural to / that we want to do more work in less time.

2 Although / Despite a serious illness, my life was never threatened.

3 If / Even if some members are absent, the meeting will proceed as scheduled.

4 It isn't certain that / whether the company can speed up its production or not.

5 Some people view a tough problem as / from an interesting challenge to take on.

6 Exercising not only helps you stay fit and / but improves your mental health.

7 As / Since Tina entered the company, she has worked in eight different teams.

8 About 60% of respondents said that the products were neither satisfying or / nor dissatisfying.

B 다음 문장에서 어법상 틀린 곳을 찾아 밑줄을 긋고 바르게 고치시오.

1 Because the support of his fans, his album became a really big success.

2 It is not yet decided that will be in charge of advertising our new product.

3 He attributed his success for himself and blamed situational factors for his failures.

4 This recording is not allowed to be copied or rerecord without prior permission.

5 People were such curious that they crowded around the window to watch.

6 While the rainy season, the number of visitors to the region decreases.

7 I will inform you with any changes to the schedule that you need to be aware of.

8 This is believed that humans began to use fire to cook food at the time of Homo erectus.
*Homo erectus: 호모 에렉투스, 직립 원인(猿人)

---

proceed 진행하다[되다]　　respondent 응답자　　be in charge of ~을 담당하다　　prior 사전의　　region 지역　　decrease 감소하다

C 우리말과 일치하도록 괄호 안의 단어를 바르게 배열하시오.

1 이것은 너무나 큰 행사여서 누구도 놓치면 안 된다. (big / that / a / such / event)

→ This is _____ nobody should miss it.

2 너는 누가 부회장으로 선출될 거라고 생각하니? (do / will / you / who / elected / be / think)

→ _____ as a vice president?

3 아무리 그 문제가 사소하더라도, 너는 그것을 즉시 처리해야 한다. (minor / how / the problem / matter / is / no)

→ _____, you need to deal with it immediately.

4 당신은 바이러스로부터 당신 자신과 타인을 보호할 수 있도록 마스크를 착용해야 한다. (that / you / yourself / protect / so / can)

→ You must wear a mask _____ and others from the virus.

5 당신의 업무가 무엇이든, 당신은 상사를 위해서가 아니라 당신 자신을 위해서 그것을 잘해야 한다. (boss / yourself / your / for / but / not / for)

→ Whatever your work is, you should do it well, _____.

D 우리말과 일치하도록 괄호 안의 단어를 활용하여 영작하시오. (단, 필요시 단어를 추가하고 어형을 바꿔 쓸 것)

1 경찰은 그 사고가 어떻게 발생했는지 조사할 것이다. (investigate, happen, the accident)

→ The police will _____.

2 나는 모든 일이 계획된 대로 되지는 않는다는 사실을 받아들였다. (accept, the fact)

→ _____ all things don't go as planned.

3 쟁점은 그 자백이 협박의 결과로 이루어졌는지이다. (the confession, make)

→ The issue _____ as a result of threats.

4 그 화가는 그의 화풍을 바꾸고 나서야 유명해졌다. (until, become famous, change)

→ The painter _____ his painting style.

minor 작은, 사소한   investigate 조사[수사]하다   threat 위협, 협박

관계대명사   빈출도  상 중 하

Point 57 주격/목적격/소유격 관계대명사

》》 구문 개념 잡기

관계대명사는 접속사처럼 절과 절을 연결하는 동시에, 대명사처럼 선행사를 대신하는 역할을 한다.

주격 관계대명사	사람 선행사: who 사람 이외의 선행사: which 모든 선행사: that
	People **who** are watching their weight should avoid foods with a high sugar content.
목적격 관계대명사	사람 선행사: who(m) 사람 이외의 선행사: which 모든 선행사: that
	The man **who(m)** you were speaking to is the owner of a chain of restaurants.
소유격 관계대명사	사람 선행사: whose 사람 이외의 선행사: whose[of which]
	Stephanie apologized to *a classmate* **whose** feelings were hurt by a joke she made.

》》 문장 완성 STEPs

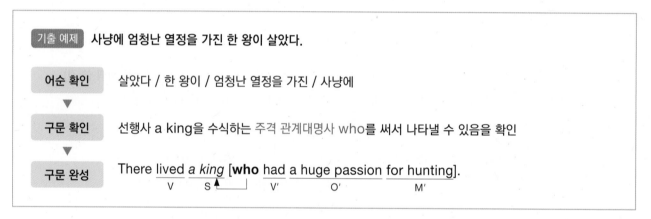

기출 예제   사냥에 엄청난 열정을 가진 한 왕이 살았다.

어순 확인   살았다 / 한 왕이 / 엄청난 열정을 가진 / 사냥에

▼

구문 확인   선행사 a king을 수식하는 주격 관계대명사 who를 써서 나타낼 수 있음을 확인

▼

구문 완성   There lived *a king* [**who** had a huge passion for hunting].
          V   S   V'   O'   M'

정답 및 해설 p.48

Check Up

우리말과 일치하도록 네모 안에서 알맞은 말을 고르시오.

1 본래 이곳에 살았던 미국 원주민 부족은 Cheyenne 족으로 알려져 있다.

The Native American tribe that / it lived here originally is known as the Cheyenne.

2 네가 지난주에 추천해 준 영화의 이름을 내게 말해줄 수 있니?

Can you tell me the name of the movie which / who you recommended last week?

문장 완성 *Practice*

A 다음 문장에서 어법상 틀린 곳을 찾아 밑줄을 긋고 바르게 고치시오. (단, 틀린 곳이 없을 경우 O로 표시할 것)

1 The company is satisfied with the office space that it rented downtown.

2 The man whom car was broken due to the traffic accident reported the incident to the police.

3 The host of the party served his guests with exotic dishes who were amazingly delicious.

B 다음 두 문장을 관계대명사를 사용하여 한 문장으로 바꿔 쓰시오. (단, of which는 사용하지 말 것)

1 The surgeons operated on a woman. She had suffered a heart attack at work.

  → The surgeons _____.

2 My grandfather wears special glasses. He uses them to read small print.

  → My grandfather wears _____.

3 Switzerland is a country. Its watches are popular with people around the world.

  → Switzerland _____.

C 우리말과 일치하도록 괄호 안의 단어를 바르게 배열하시오.

1 그 회사는 온라인 판매에 경험이 있는 누군가를 찾고 있다. (who / with / experience / online sales / has)

  → The company is looking for someone _____.

2 우리가 휴양지에서 만난 그 사람들은 프랑스에서 와서 우리나라를 방문 중이었다. (met / whom / we / at the resort)

  → The people _____ were visiting our country from France.

3 국민들이 주로 두 개 언어를 할 줄 아는 나라들은 보통 한 개가 넘는 공식 언어를 가지고 있다. (whose / are / citizens / primarily bilingual)

  → Countries _____ often have more than one official language.

4 쇼핑몰에서 쇼핑하는 동안, Nicole은 그녀가 초등학교에 같이 다녔던 사람을 만났다. (that / she / with / elementary school / went to)

  → While shopping at the mall, Nicole met someone _____.

---

content 내용물; *함유량, 함량   tribe 부족, 종족   originally 원래, 본래   incident 일어난 일, 사건   exotic 외국의, 이국적인   surgeon 외과 의사
operate 가동하다; *수술하다   primarily 주로   bilingual 두 개 언어를 할 줄 아는

관계대명사   빈출도 (상)(종)(하)

Point 58 관계대명사의 생략

>>> 구문 개념 잡기

목적격 관계대명사로 쓰인 who(m), which, that은 흔히 생략된다. 「주격 관계대명사+be동사」 역시 생략할 수 있는데, 이때 be동사 뒤의 분사구, 형용사구, 전치사구가 앞의 명사를 수식하는 형태가 된다.

예문	If somebody **(whom)** you loved needed help, would you be there to lend a hand? A letter **(that is)** mailed on Monday will reach its recipient by Thursday at the latest.

>>> 문장 완성 STEPs

> 기출 예제 실패에 대한 위험은 우리의 목표들을 달성하기 위해 우리 모두가 치러야 하는 대가이다.
>
> 어순 확인   실패에 대한 위험은 / 대가이다 / 우리 모두가 치러야 하는 / 우리의 목표를 달성하기 위해
> ▼
> 구문 확인   선행사 the price를 수식하는 목적격 관계대명사를 써야 하나, 이는 생략 가능함을 확인
> ▼
> 구문 완성   A risk of failure is the price [**(that)** we all must pay for achieving our goals].
>   S   V   C   S'   V'   M'

정답 및 해설 p.49

밑줄 친 부분을 생략할 수 있으면 O, 그렇지 않으면 X를 쓰시오.

1 전설 속에서 아서 왕이 가지고 다닌 그 검은 엑스칼리버로 알려져 있었다.

The sword <u>that</u> King Arthur carried in legends was known as Excalibur.

2 축구 국가 대표팀에서 뛰고 있는 그 선수들은 매우 재능이 있다.

The athletes <u>who</u> are playing for the national soccer team are extremely talented.

문장 완성 *Practice*

A 다음 문장에서 생략할 수 있는 부분을 찾아 밑줄을 그으시오.

1 The woman who was flying the plane that crashed into the sea was never found.

2 The beach that we wanted to go to was so crowded that we couldn't even see the sand.

3 The librarian picked up a book which was lying on the floor and placed it on the proper shelf.

4 The other commuters whom I see on the train every morning have become familiar to me.

5 A French director decided to make a novel that was written by my friend into a film.

B 우리말과 일치하도록 괄호 안의 단어를 바르게 배열하시오.

1 Sarah는 그녀가 어제 자신의 책상에 두고 간 서류를 찾고 있다. (she / the document / on her desk / left)

→ Sarah has been looking for _____ yesterday.

2 그 감독이 영화에 캐스팅하고 싶어 했던 배우는 그 제안을 거절했다. (the director / to cast / wanted / for the movie)

→ The actor _____ turned down the offer.

3 어떤 소비자들은 자국 외의 국가에서 만들어진 상품들을 구매하는 것을 피한다. (their own / made / other than / in countries)

→ Some consumers avoid purchasing products _____.

4 그 버스 기사는 인도 위에서 스케이트보드를 타고 있던 어린 남자아이에게 손을 흔들었다. (a skateboard / a young boy / riding / on the sidewalk)

→ The bus driver waved to _____.

5 Darius는 그가 오랫동안 보지 않았었던 오랜 친구에게 문자 메시지를 보냈다. (hadn't / he / seen / an old friend / in a long time)

→ Darius sent a text message to _____.

6 여러 유적지로 유명한 그 도시는 많은 관광객들을 끌어들인다. (famous / several / historic sites / for)

→ The city _____ draws many tourists.

---

lend a hand 도움을 주다   recipient 받는 사람, 수취인   proper 적절한, 알맞은   commuter 통근자   cast (시선 등을) 던지다; *배역을 맡기다, 캐스팅을
하다   other than ~ 외에

관계대명사

Point 59 관계대명사의 계속적 용법

》》 구문 개념 잡기

관계대명사의 계속적 용법은 「콤마(,)+관계대명사」의 형태로, 선행사에 대한 부가적인 정보를 나타내는 것을 말한다. 관계대명사 that은 계속적 용법으로 쓸 수 없다는 점에 주의한다.

예문	*Hannibal*, **who** was a Carthaginian general, is said to have used elephants to attack Rome. (선행사=앞의 명사) *Carthaginian: 카르타고의 (사람) *We saw a leopard while on safari*, **which** was an unexpected but memorable moment. (선행사=앞 절 전체)

》》 문장 완성 STEPs

> **기출 예제** 화석 연료는 한정적인데, 그것은 우리가 그것들을 언젠가는 다 써버릴 것이라는 것을 의미한다.
>
> **어순 확인** 화석 연료는 / 한정적인데 / 그것은 의미한다 / 우리가 / 다 써버릴 것이라는 것을 / 그것들을 / 언젠가
>
> ▼
>
> **구문 확인** 앞 절 전체에 대한 부연 설명을 하는 계속적 용법의 관계대명사 which를 써야 함을 확인
>
> ▼
>
> **구문 완성** *Fossil fuels* *are* *limited*, **which** means [that we will run out of them one day].
>   S   V   C   V'   O'

정답 및 해설 p.49

Check Up

우리말과 일치하도록 네모 안에서 알맞은 말을 고르시오.

1 그 재단은 선발된 학생들에게 장학금을 제공할 것인데, 그들은 그 학생들을 신중하게 평가했다.

The foundation will offer scholarships to a select group of students, who / whose they have carefully evaluated.

2 이 샌들은 인도에서 만들어졌는데, 너무나 편해서 나는 그것을 어디서나 신는다.

These sandals, which / that were made in India, are so comfortable that I wear them everywhere.

문장 완성 *Practice*

A 다음 문장에서 어법상 틀린 곳을 찾아 밑줄을 긋고 바르게 고치시오.

1 Xavier's friend, who father is a bank executive, lives in a big house on the hill.

2 It rained for three straight days, that caused serious flooding in the village.

3 The baseball team signed a contract with Ben Watson, which has won Player of the Year twice.
*Player of the Year: 올해의 선수(상)

B 다음 문장을 관계대명사를 사용하여 바꿔 쓰시오.

1 We were all impressed by the opera singer, and his voice was incredibly powerful.

→ We were all impressed by the opera singer, _____.

2 The player celebrated excessively after scoring a goal, and it angered the other team.

→ The player celebrated excessively after scoring a goal, _____.

3 The company has developed a new VR headset, and it will be available for purchase next year.

→ The company has developed a new VR headset, _____.

C 우리말과 일치하도록 괄호 안의 단어를 바르게 배열하시오.

1 누군가가 내 예전 이메일 주소로 이메일을 보냈는데, 그것은 내가 수년간 사용하지 않은 것이다. (haven't / in years / I / used / which)

→ Someone sent an email to my old email address, _____.

2 Francesca는 그녀의 연로한 이웃을 방문하러 갔는데, 그 이웃을 그녀는 가끔 돕는다. (helps out / whom / she sometimes)

→ Francesca went to visit her elderly neighbor, _____.

3 그 유명한 요리사는 자신의 식당을 열었는데, 그곳의 가격은 꽤 합리적이다. (are / whose / quite / prices / reasonable)

→ The celebrity chef has opened her own restaurant, _____.

4 그 기자는 Roberts 씨를 인터뷰했는데, 그는 25년 동안 경찰을 해오고 있다. (has been / for 25 years / who / a police officer)

→ The reporter interviewed Mr. Roberts, _____.

UNIT 16
관계대명사

---

general 장군   run out of ~을 다 써버리다   foundation 토대[기초]; *재단   scholarship 장학금   select 선택[선발]된, 뽑힌   evaluate 평가하다
executive 경영 간부, 임원   contract 계약(서)

관계대명사   빈출도 상 중 하

Point 60 관계대명사 what

>>> 구문 개념 잡기

관계대명사 what은 '~하는 것'의 의미로 선행사를 포함하며, the thing(s) that[which]으로 바꿔 쓸 수 있다. 관계대명사 what이 이끄는 명사절은 문장에서 주어, 목적어, 보어 역할을 할 수 있으며, 주어로 쓰일 경우 주로 단수 취급한다.

예문	**What** upset me was that my brother never apologized for breaking my game console. (주어) The students couldn't believe **what** they learned about the lives of slaves in America. (목적어) A warm sweater and some wool socks are **what** I really want for Christmas. (보어)

>>> 문장 완성 STEPs

기출 예제 좋은 삶을 사는 것은 우리가 하기로 되어 있는 일을 하는 것이다.

어순 확인   좋은 삶을 사는 것은 / 하는 것이다 / 우리가 하기로 되어 있는 것을

▼

구문 확인   '우리가 하기로 되어 있는 것'의 의미를 관계대명사 what을 써서 나타낼 수 있음을 확인

▼

구문 완성   Living a good life is doing **what** we are supposed to do.
             S   V   C

정답 및 해설 p.50

 Check Up

우리말과 일치하도록 네모 안에서 알맞은 말을 고르시오.

1   그 아이들은 그들의 캠핑 여행에 필요할 것의 목록을 만들었다.

    The kids made a list of | what / that | they would need for their camping trip.

2   관객들을 놀라게 한 것은 그 밴드가 그들의 예전 노래들 중 어떤 것도 연주하기를 거부한 것이다.

    The thing | that / what | surprised the audience was the band's refusal to play any of their old songs.

A 우리말과 일치하도록 괄호 안의 단어를 바르게 배열하시오.

1 그 두 동료들 사이에서 문제를 일으킨 것은 의사소통 오류였다. (caused / between / the problem / what / the two coworkers)

→ _____ was a miscommunication.

2 생선, 쌀, 그리고 콩은 그 가족이 대부분의 식사로 먹는 것이다. (eats / what / the family / for most meals)

→ Fish, rice, and beans are _____ .

3 그 여자는 옆 테이블에 있는 사람들이 먹고 있던 것을 주문했다. (the people / were eating / at the next table / what)

→ The woman ordered _____ .

4 그 호텔의 손님들이 가장 즐겼던 것은 새로운 실내 수영장이었다. (the hotel's guests / most / what / enjoyed)

→ _____ was the new indoor swimming pool.

5 그 교사는 방문한 부모들에게 그들의 아이들이 미술 수업에서 만들었던 것을 보여주었다. (had created / what / their children / in art class)

→ The teacher showed the visiting parents _____ .

B 우리말과 일치하도록 괄호 안의 단어를 활용하여 빈칸에 알맞은 말을 쓰시오. (단, 필요시 단어를 추가하고 어형을 바꿔 쓸 것)

1 다이아몬드 반지가 그 남자의 책상 위의 작은 상자 안에 들어 있던 것이다. (be, in the small box)

→ A diamond ring is _____ _____ _____ _____ _____ on the man's desk.

2 Missy가 알아낼 수 없었던 것은 그녀의 계정의 비밀번호를 변경하는 방법이었다. (can't, figure out)

→ _____ _____ _____ _____ _____ was how to change the password of her account.

3 밀가루와 설탕이 그 요리사가 플라스틱 그릇 안에 함께 섞은 것이었다. (chef, mix)

→ Flour and sugar were _____ _____ _____ _____ together in the plastic bowl.

4 그가 매우 좋아하는 가수의 콘서트에서 본 것은 그가 기대했던 것과 달랐다. (see, expect)

→ _____ _____ _____ at his favorite singer's concert was different from _____ _____ _____ .

5 차가운 물 한 잔은 나의 아버지가 정원에서 일하다 들어오셨을 때 요청하신 것이다. (ask for, father)

→ A cold glass of water is _____ _____ _____ _____ _____ when he came in from working in the garden.

---

game console 게임기   refusal 거절, 거부   miscommunication 의사소통 오류   account 계좌; *계정

관계대명사   빈출도 상 중 하

Point 61 명사절을 이끄는 복합관계대명사

≫≫ 구문 개념 잡기

복합관계대명사 whoever, whatever, whichever는 명사절을 이끌어 문장에서 주어, 목적어, 보어의 역할을 할 수 있다. 이 중 whatever와 whichever는 명사를 앞에서 수식하는 복합관계형용사로도 쓰여 각각 '~하는 무슨 …든지', '~하는 어느 …든지'의 의미를 나타낼 수 있다.

whoever	의미	~하는 누구든지 (= anyone who)
	예문	**Whoever** arrives at the office first should turn on both the lights and the air conditioner.
whatever	의미	~하는 무엇이든지 (= anything that)
	예문	Toby is not a picky eater—he will eat **whatever** you put in front of him.
whichever	의미	~하는 어느 것이든지 (= any one that)
	예문	**Whichever** you decide to eat will be fine with me.

*부사절을 이끄는 복합관계대명사는 Point 55 참고

≫≫ 문장 완성 STEPs

기출 예제 건강한 마음을 가진 누구든지 다른 사람들의 감정을 이해할 수 있다.

어순 확인 ▶ 건강한 마음을 가진 누구든지 / 이해할 수 있다 / 다른 사람들의 감정을

▼

구문 확인 ▶ '~하는 누구든지'의 의미를 복합관계대명사 whoever를 써서 나타낼 수 있음을 확인

▼

구문 완성 ▶ **Whoever** has a healthy mind is capable of understanding others' emotions.
               S   V   C

정답 및 해설 p.51

Check
Up

네모 안에서 알맞은 말을 고르시오.

1 Whatever / Whoever you find in the old attic can be thrown away or given to a thrift shop.
   *thrift shop: 중고품 가게

2 Whoever / Whichever sent you this text message should not be trusted.

문장 완성 *Practice*

A 우리말과 일치하도록 괄호 안의 단어를 바르게 배열하시오.

1 우리가 오늘 끝내지 못하는 무엇이든지 내일 처리될 수 있다. (don't finish / whatever / today / we)

→ _____ can be taken care of tomorrow.

2 나는 우리가 가장 낮은 요금을 가진 어느 호텔에서든지 머물러야 한다고 생각한다. (hotel / rates / whichever / the lowest / has)

→ I think we should stay in _____ .

3 그 자선 단체는 어려움에 처한 사람들을 돕기를 원하는 누구든지 모집하고 있다. (wants to / people / help / whoever / in need)

→ The charity is recruiting _____ .

4 그 개가 마당에 나가 있는 동안 먹은 무엇이든지 그를 아프게 하고 있었다. (the dog / whatever / while outside / had eaten)

→ _____ in the yard was making him sick.

5 가장 많은 학교 축제 티켓을 파는 누구든지 특별한 상을 받을 것이다. (sells / the most tickets / whoever / for the school festival)

→ _____ will win a special prize.

B 우리말과 일치하도록 괄호 안의 단어를 활용하여 빈칸에 알맞은 말을 쓰시오. (단, 필요시 단어를 추가하고 어형을 바꿔 쓸 것)

1 나는 내 현관문에 이 무례한 쪽지를 붙인 누구에게든지 이야기하고 싶다. (rude note, tape)

→ I want to speak to _____ _____ _____ _____ _____ on my front door.

2 내 여동생은 내가 저녁으로 만드는 무엇에든지 소금을 더 넣는다. (for dinner, make)

→ My sister adds more salt to _____ _____ _____ _____ _____ .

3 그 아이들은 그들의 조부모님이 생일 선물로 그들에게 주는 무엇이든지 아주 좋아한다. (grandparents, give)

→ The children love _____ _____ _____ _____ _____ as a birthday gift.

4 네가 고르는 어느 색이든지 주방과 욕실의 벽을 칠하는 데 사용될 것이다. (choose, color)

→ _____ _____ _____ _____ will be used to paint the walls of the kitchen and the bathroom.

---

picky 까다로운   capable ~을 할 수 있는   rate 속도; *요금   tape 녹음(녹화)하다; *테이프로 붙이다

관계부사   빈출도 (상)(중)(하)

Point 62 여러 가지 관계부사

⟫⟫ 구문 개념 잡기

관계부사는 관계사절 내에서 부사 역할을 하기 때문에 관계대명사와는 달리 뒤에 완전한 절이 이어진다. 선행사가 time, place, reason 등과 같이 일반적인 명사인 경우에는 관계부사를 생략하거나 that으로 바꿔 쓸 수 있다.

종류	when	시간을 나타내는 선행사(time, day 등) 뒤에 쓰임
	where	장소를 나타내는 선행사(place 등) 뒤에 쓰임
	why	이유를 나타내는 선행사(the reason) 뒤에 쓰임
	how	방법을 나타내는 선행사 the way와 관계부사 how 중 하나만 쓰임(나머지 하나는 생략)
예문	Johan will never forget *the moment* **when** he first heard a live orchestra play. I wanted to know **how[the way]** Claire changed the course of her life after she graduated from university.	

⟫⟫ 문장 완성 STEPs

> **기출 예제** 변화에 대한 두려움은 몇몇 사람들이 기술상의 발전을 반대하는 이유들 중 하나이다.
>
> **어순 확인** 두려움은 / 변화에 대한 / 하나이다 / 이유들 중 / 몇몇 사람들이 / 반대하는 / 기술상의 발전을
> ▼
> **구문 확인** '반대하는 이유들'의 의미를 관계부사 why를 써서 나타낼 수 있음을 확인
> ▼
> **구문 완성** The fear of change is [one of *the reasons*] [**why** some people resist technological
>   S   V   C   S'   V'   O'
> development].

정답 및 해설 p.51

Check Up

네모 안에서 알맞은 말을 고르시오.

1 No one knows the reason which / why the ancient people abandoned the city.

2 Droughts are a serious problem during years when / how there is little precipitation.
   *precipitation: 강수량

문장 완성 *Practice*

A 다음 밑줄 친 부분이 어법상 옳으면 O, 틀리면 X 표시하고 바르게 고치시오.

1 Language helps to shape the way <u>how</u> we think about our environment.

2 Most adults cannot remember the time <u>when</u> they were babies.

3 After the concert, Valerie stood in the exact spot on the stage <u>which</u> her favorite singer had been standing.

B 다음 두 문장을 관계부사를 사용하여 한 문장으로 바꿔 쓰시오.

1 The store has a strict no-returns policy. Leonard bought his jeans at the store.

→ The store _____ has a strict no-returns policy.

2 Today is the day. My parents got married at the young age of 23 on the day.

→ Today is the day _____ at the young age of 23.

3 We're living in a country. We are free to speak our own mind in the country.

→ We're living in a country _____.

4 No one knows the reason. The soccer player retired from the game all of a sudden for the reason.

→ No one knows the reason _____ all of a sudden.

C 우리말과 일치하도록 괄호 안의 단어를 바르게 배열하시오.

1 청소년기는 뇌에서 현저한 변화들이 일어나는 시기인데, 이는 십 대들이 판단을 더 잘하는 데 도움이 된다. (significant / when / changes / the period / happen)

→ Adolescence is _____ in the brain, which helps teens reason better.

2 일단 네가 그 감독이 그 영화를 끝맺고 싶어 하는 방식을 알면, 그것을 보는 것은 지루해진다. (the director / to end / the way / wants / the movie)

→ Once you know _____, watching it becomes boring.

3 한때 시민 회관이 있었던 자리에, 이제는 아파트 단지가 있다. (the community center / the place / once stood / where)

→ In _____, there is now an apartment complex.

4 그 학생은 숙제를 제때 제출하지 않은 이유를 설명해달라는 요청을 받았다. (why / on time / didn't submit / he / the reason / his homework)

→ The student was asked to explain _____.

---

resist 저항[반대]하다   drought 가뭄   adolescence 청소년기   reason 판단하다, 추리[추론]하다

Point 63 관계부사의 계속적 용법

>>> **구문 개념 잡기**

관계부사 중에서 when과 where만 「콤마(,)+관계부사」 형태의 계속적 용법으로 쓸 수 있으며, 관계부사를 대신하는 that은 계속적 용법으로 쓸 수 없다.

예문	Everyone is looking forward to *Friday*, **when** final exam week comes to an end. I need to search up more information before traveling to *Singapore*, **where** there are strict laws.

>>> **문장 완성 STEPs**

기출 예제 그녀는 뉴욕으로 돌아갔는데, 그곳에서 그녀는 3년 동안 살았다.

어순 확인 그녀는 / 돌아갔다 / 뉴욕으로 / 그곳에서 / 그녀는 / 살았다 / 3년 동안
▼
구문 확인 장소 선행사에 대한 부연 설명을 하는 계속적 용법의 관계부사 where를 써야 함을 확인
▼
구문 완성 She went back to *New York*, **where** she lived for three years.
　　　　　S　　V　　　　M　　　　　　　　S'　　V'　　　M'

정답 및 해설 p.52

Check
Up

네모 안에서 알맞은 말을 고르시오.

1 In the school's supply room, where / when extra paper is kept, you'll also find printer ink cartridges.　*cartridge: (프린터기의) 카트리지

2 People began rebelling against the king in 1770, when / which America was still a British colony.

문장 완성 *Practice*

A 다음 문장에서 어법상 틀린 곳을 찾아 밑줄을 긋고 바르게 고치시오.

1 At exactly 12 noon, where the church bells began to ring, Todd proposed to his girlfriend.

2 Maria has a large bruise on her upper arm, that she was struck by a baseball.

3 There are always long lines at the amusement park on Sundays, where many people have a day off.

B 다음 문장을 관계부사를 사용하여 바꿔 쓰시오.

1 I spent my summer at camp, and I learned how to set up a tent there.

→ I spent my summer at camp, _____.

2 We'll visit the museum next Monday, and an exhibition of works by local artists will start on that day.

→ We'll visit the museum next Monday, _____.

3 I am meeting Anton at the park, and he will teach me how to fly a drone there.

→ I am meeting Anton at the park, _____.

C 우리말과 일치하도록 괄호 안의 단어를 바르게 배열하시오.

1 오페라는 오후 8시에 시작했는데, 그때 Dan은 아직 음악당으로 뛰어가고 있었다. (still running / Dan / to the concert hall / was / when)

→ The opera began at 8 p.m., _____.

2 어제 오후에 전등이 갑자기 나갔는데, 그때 큰 뇌우가 지나가고 있었다. (a large thunderstorm / passing through / when / was)

→ The lights suddenly went out yesterday afternoon, _____.

3 해저에는 햇빛이 거의 닿지 않는데, 많은 해양 생물들이 그들 자신만의 빛을 만들어 낸다. (little / reaches / where / sunlight)

→ At the bottom of the ocean, _____, many sea creatures make their own light.

4 Quentin은 그의 생일 파티를 Western 카페에서 하기로 결정했는데, 그곳에는 많은 공간이 있다. (space / there / lots of / is / where)

→ Quentin has decided to have his birthday party at the Western Café, _____
_____.

---

supply room 비품실   rebel 반란을 일으키다, 저항[반항]하다   colony 식민지   bruise 명, 타박상   day off (근무·일을) 쉬는 날   thunderstorm 뇌우

관계부사 빈출도 상 중 하

Point 64 복합관계부사

》》》 구문 개념 잡기

복합관계부사는 부정(不定)이나 양보의 의미를 나타내는 부사절을 이끈다.

	부정	양보
whenever	~할 때는 언제든지, ~할 때마다	언제 ~하더라도
wherever	~하는 곳은 어디든지	어디에(서) ~하더라도
however	~하는 어떤 방법이든지	어떤 식으로 ~하더라도 (however+주어+동사) 아무리 ~하더라도 (however+형용사/부사+주어+동사)
예문	**Whenever** the economy begins to slow down, people start to complain about the president. **Wherever** I looked, all I saw were billboards and advertisements. **However** we get to the airport, we need to make sure that we arrive on time.	

》》》 문장 완성 STEPs

> 기출 예제 어떤 사람들은 짜증이 날 때는 언제든지 기분이 나아지기 위해 음식에 의지한다.

어순 확인	~할 때는 언제든지 / 어떤 사람들은 / 짜증이 난다 / 그들은 / 음식에 의지한다 / 기분이 나아지기 위해

▼

구문 확인	'~할 때는 언제든지'의 의미를 복합관계부사 whenever를 써서 나타낼 수 있음을 확인

▼

구문 완성	**Whenever** some people feel annoyed, they turn to food to feel better.

Whenever some people feel annoyed, they turn to food to feel better.
　　　　　　　S'　　　　　V'　　　C'　　　S　　　V　　　O　　　　M

정답 및 해설 p.53

 Check Up

네모 안에서 알맞은 말을 고르시오.

1 The doctor advised the woman to take two pills | whenever / wherever | her knee began to hurt.

2 An expensive cut of beef is going to taste delicious | wherever / however | you prepare it.

문장 완성 *Practice*

A 다음 문장에서 밑줄 친 부분을 바르게 고치시오.

1 The bus driver continued to ignore the children <u>whenever</u> noisy they got.

2 Mr. Johnson has to go <u>whatever</u> his boss sends him, but he enjoys taking business trips.

3 The man's roof leaks <u>wherever</u> it rains, but he doesn't have enough money to repair it.

B 우리말과 일치하도록 괄호 안의 단어를 바르게 배열하시오.

1 Nina의 오빠가 그녀를 놀릴 때마다, 그녀는 부모님께 말씀드릴 것이라고 협박한다. (Nina's brother / whenever / her / teases)

→ _____, she threatens to tell their parents.

2 학생들은 수업 시간 동안에는 그들이 좋아하는 곳은 어디든지 앉아도 되지만, 그들이 시험을 볼 때는 안 된다. (during / they / wherever / like / lessons)

→ Students may sit _____, but not when they take exams.

3 우리가 서로에게 아무리 화가 나더라도, 내 여동생과 나는 항상 화해한다. (angry / may get / at each other / however / we)

→ _____, my sister and I always make up.

4 모든 여행자는 그들의 여행 가이드가 그들을 데려가는 곳은 어디든지 만족했다. (tour guide / wherever / their / them / took)

→ All the travelers were satisfied with _____.

C 우리말과 일치하도록 괄호 안의 단어를 활용하여 빈칸에 알맞은 말을 쓰시오. (단, 필요시 단어를 추가하고 어형을 바꿔 쓸 것)

1 그 도보 여행자는 에너지 촉진이 필요할 때마다 한 줌의 견과류와 건포도를 먹었다. (the hiker, need)

→ _____ _____ _____ _____ an energy boost, he ate a handful of nuts and raisins. *raisin: 건포도

2 이 도시에서 당신이 어디에 살더라도, 걸어갈 수 있는 거리 내에 편의점이 있을 가능성이 있다. (in this city, live)

→ _____ _____ _____ _____ _____ _____, it is likely that there is a convenience store within walking distance.

3 우리의 주문이 아무리 복잡했더라도, 그 종업원은 우리가 요청한 것을 기억했다. (complicated, order)

→ _____ _____ _____ _____ _____, the waiter remembered what we requested.

turn to ~에 의지하다   ignore 무시하다; *못 본 척하다   leak 새다   tease 놀리다   complicated 복잡한

UNIT 17
관계부사

서술형 빈출 구문 REVIEW TEST

A 네모 안에서 알맞은 말을 고르시오.

1 Only those who / whose entries are selected will be contacted.

2 I totally understood that / what you meant to say.

3 Whichever / Wherever movie I choose to watch will be enjoyable.

4 Who / Whoever leaves last should turn off the light and lock the door.

5 The city will begin the construction of the hospital next month, when / where there will be 5,000 hospital rooms.

6 I work for that organization, that / which ultimately aims to promote world peace.

7 How / However boring the novel was, I tried to concentrate on reading it to the end.

8 No guests were invited to our wedding in 2021, when / which the country was locked down because of the pandemic.

B 다음 문장에서 어법상 틀린 곳을 찾아 밑줄을 긋고 바르게 고치시오.

1 I lost my dog, that caused me a great deal of grief.

2 What to wear is an important decision what affects how you look.

3 All wondered about the strange man at the back of the classroom, which stood with his arms crossed.

4 My parents want to spend the rest of their lives in a village where is close to the ocean.

5 People seeking a resort which they can recharge will be interested in our grand opening.

6 Studying the habits of monkeys is which James has done for most of his life.

7 The committee is composed of eleven members, one of them will be appointed as the chair.

8 Some of the dolphins at this zoo will soon be sent back to the sea which they were born.

---

entry 입장; *출품작   ultimately 궁극적으로, 결국   aim ~을 목표로 하다   grief 슬픔   recharge 충전하다; *(에너지 등을) 재충전하다   committee 위원회   appoint 임명[지명]하다   chair 의장(직)

C 우리말과 일치하도록 괄호 안의 단어를 바르게 배열하시오.

1 해고된 이유를 몰라서, Mac은 설명을 요구했다. (he / fired / the reason / was / why)

→ Not knowing _____, Mac demanded an explanation.

2 곧 우리는 모든 차가 전기나 수소로 움직이는 때를 보게 될 것이다. (when / all cars / on electricity or hydrogen / run / a time) *hydrogen: 수소

→ Very soon, we will see _____.

3 나를 놀라게 한 것은 그가 고객을 대하는 방식이었다. (how / me / was / what / treated / he / surprised)

→ _____ customers.

4 언덕 꼭대기에 위치한 그 호텔에서의 전망은 놀랄 만큼 아름다웠다. (on the top / the hotel / of a hill / located)

→ The view from _____ was amazingly beautiful.

5 관련 분야에 경험이 있는 사람은 우대를 받는다. (who / experience / is given / in related fields / has / a person)

→ _____ preferential treatment.

*preferential treatment: 우대, 특별 대우

D 우리말과 일치하도록 괄호 안의 단어를 활용하여 빈칸에 알맞은 말을 쓰시오. (단, 관계사를 활용하되 필요시 단어를 추가하고 어형을 바꿔 쓸 것)

1 내가 나의 방학을 어디에서 보내더라도, 나는 수영할 수영장이 있기를 바란다. (vacation, spend)

→ _____ _____ _____ _____ _____, I hope there is a pool to swim in.

2 나의 아버지는 늘 내게 내가 믿는 것을 고수하라고 말씀하셨다. (stick to, believe in)

→ My father always told me to _____ _____ _____ _____ _____ _____.

3 Paul은 무례한 사람인데, 그는 누군가가 말할 때마다 가로막는다. (someone, interrupt, talk)

→ Paul is a rude person, _____ _____ _____ _____ _____.

4 나이가 20세에서 50세 사이인 연구 대상자들이 이번 조사에 참여할 것이다. (subjects, between, age)

→ _____ _____ _____ _____ _____ _____ _____ _____ years old will participate in this survey.

fire 사격하다; *해고하다   electricity 전기, 전력   field 들판; *분야   stick to ~을 고수하다[지키다]   interrupt 방해하다, 가로막다   subject 주제; *연구[실험] 대상

Point 65 부정어 도치

⋙ 구문 개념 잡기

부정어나 부정의 의미를 지닌 어구가 강조를 위해 문두에 오면 주어와 (조)동사의 도치가 일어난다. 동사의 종류에 따라 도치 구문의 형태가 어떻게 달라지는지 알아두자.

부정어(구)의 종류	not, never, no, nothing, not only, not until, no sooner, few, little, hardly, rarely, seldom, scarcely, only 등 *No sooner A than B: A하자마자 B하다(= Hardly[Scarcely] A when[before] B)		
형태	조동사가 쓰였을 때: 부정어(구)+조동사+주어+동사원형	be동사가 쓰였을 때: 부정어(구)+be동사+주어	일반동사가 쓰였을 때: 부정어(구)+do[does/did]+주어+동사원형
예문	*Not only* **could the boy sing** beautifully, but he could also dance extremely well.	*In no way* **is the town** considered an ideal place to raise children.	*Not for several days* **did the ship's crew realize** their vessel had been damaged.

⋙ 문장 완성 STEPs

> **기출 예제** 이 시대가 되어서야 그림이 평민의 집을 장식하기 시작했다.
>
> **어순 확인** 이 시대가 되어서야 / 그림이 / 장식하기 시작했다 / 평민의 집을
> ▼
> **구문 확인** 부정어구 not until을 강조하는 도치 구문으로 나타낼 수 있음을 확인
> ▼
> **구문 완성** Paintings did not begin decorating the homes of common people until this period.
>
> → *Not until this period* **did paintings begin** decorating the homes of common
>   M   조동사 S   동사원형   O
> people.

정답 및 해설 p.55

네모 안에서 알맞은 말을 고르시오.

1 Hardly does / do he get upset, even when his daughter is rude to him.

2 Never we were / were we more frightened than when we saw a ghost in an abandoned building.

문장 완성 *Practice*

A 다음 문장에서 밑줄 친 부분을 어법에 맞게 고치시오.

1 Seldom <u>I have seen</u> a sight as impressive as a double rainbow.

2 Little did the travelers <u>knew</u> that a dangerous typhoon was approaching the island.

3 Not only <u>Pete is</u> a renowned translator, but he is also a gifted illustrator.

B 다음 문장을 부정어(구)가 문두에 오는 문장으로 바꿔 쓰시오.

1 Antonio has never heard of a student receiving a perfect score on the exam.

→ _____ receiving a perfect score on the exam.

2 The giant squid rarely rises to the surface of the ocean where it can be observed.

→ _____ where it can be observed.

3 The school play had hardly begun when one of the young actors forgot her lines.

→ _____

4 We will not begin to plant the seeds in our garden until the cold weather ends.

→ _____ in our garden.

C 우리말과 일치하도록 괄호 안의 단어를 바르게 배열하시오. (단, 부정어 도치 구문으로 쓸 것)

1 그 손님들이 도착하자마자 연기 냄새가 주방에서부터 나오기 시작했다. (scarcely / had / arrived / the guests)

→ _____ when the smell of smoke began to come from the kitchen.

2 나는 내가 그렇게 오랫동안 해외에서 일할 거라고는 거의 상상하지 못했다. (imagine / did / little / I / that)

→ _____ I would work abroad for such a long time.

3 그 아이들은 손을 씻고 난 후에만 식사를 시작하는 것이 허용되었다. (only after / the children / were / washing / permitted / their hands)

→ _____ to begin eating their meal.

4 Zoe가 자신의 새 차의 값을 지불하는 것을 마치자마자 그것은 고장 났다. (no sooner / Zoe / than / did / finish / broke down / it)

→ _____ paying for her new car _____ .

---

in no way 결코[조금도] ~않다   ideal 이상적인   vessel 선박, 배   renowned 유명한, 명성 있는   translator 번역가   permit 허용하다

도치

Point 66 부사구 도치

>>> 구문 개념 잡기

장소나 방향을 나타내는 부사(구)가 강조를 위해 문두에 오면 주어와 동사의 도치가 일어난다. 단, 주어가 대명사일 경우에는 도치가 일어나지 않음에 유의한다.

형태	부사(구)+동사+주어
예문	*Across the road* **stood cows**, stopping traffic in both directions for several minutes. *In the crocodile's mouth* **was a small animal** that it had snatched from the river's edge.

>>> 문장 완성 STEPs

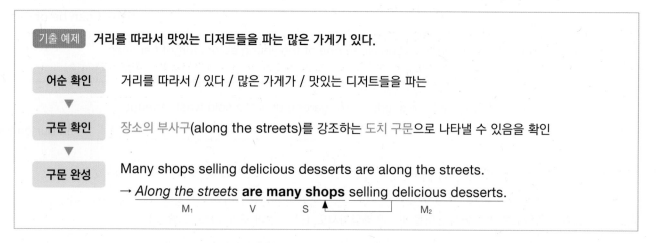

기출 예제 거리를 따라서 맛있는 디저트들을 파는 많은 가게가 있다.

어순 확인   거리를 따라서 / 있다 / 많은 가게가 / 맛있는 디저트들을 파는
▼
구문 확인   장소의 부사구(along the streets)를 강조하는 도치 구문으로 나타낼 수 있음을 확인
▼
구문 완성   Many shops selling delicious desserts are along the streets.
  → *Along the streets* **are many shops** selling delicious desserts.
    M₁   V   S   M₂

정답 및 해설 p.56

Check
Up

네모 안에서 알맞은 말을 고르시오.

1 Under the bridge [is a peddler / a peddler is] selling a variety of accessories.

2 On top of the bookshelf [sit / sits] the championship trophy that Ella won in high school.

문장 완성 *Practice*

A 다음 밑줄 친 부분이 어법상 옳으면 O, 틀리면 X 표시하고 바르게 고치시오.

1 Behind the counter <u>were</u> the store clerk who was wearing an apron.

2 Into the storm <u>an airplane flew</u> carrying a device that measures wind speed.

3 Near our school <u>stand a lot of pine trees</u> that were planted years ago.

B 다음 문장을 밑줄 친 부분을 강조하는 도치 구문으로 바꿔 쓰시오.

1 The couple drove <u>toward the village</u>, hoping to get there before nightfall.

→ _____, hoping to get there before nightfall.

2 The woman pushed <u>through the crowd</u>, desperate to get to her boarding gate on time.

→ _____, desperate to get to her boarding gate on time.

3 The warriors danced <u>around the fire</u> to celebrate their victory over the enemy.

→ _____ to celebrate their victory over the enemy.

4 Several interesting shells that I found on the beach are <u>inside this box</u>.

→ _____ that I found on the beach.

C 우리말과 일치하도록 괄호 안의 단어를 바르게 배열하시오.

1 그 만의 파도 아래에서 선명한 열대어 한 무리가 헤엄쳤다. (bright / a school of / tropical fish / swam)

→ Beneath the waves of the bay _____.

2 오래된 책의 페이지 사이에 하늘의 색을 닮은 예쁜 깃털이 있었다. (a beautiful feather / lay / the color of the sky / resembling)

→ Between the pages of the old book _____.

3 폭우가 땅을 흐트러뜨린 후에 언덕 아래로 큰 바위들이 굴러떨어졌다. (large rocks / several / tumbled)

→ Down the hill _____ after heavy rain loosened the soil.

---

snatch 와락 붙잡다, 잡아채다   peddler 행상인   nightfall 해질녘   desperate 필사적인   warrior 전사   school (해양 동물의) 떼, 무리
tropical 열대(지방)의   tumble 굴러떨어지다

도치

빈출도 상 중 하

Point 67 기타 도치 구문

>>> 구문 개념 잡기

부정어(구)와 장소·방향의 부사(구)에 의한 도치 외에도 다양한 도치 구문이 있으므로, 어순과 수 일치에 유의하자.

형태	There[Here]+동사+주어	so[neither/nor]+(조)동사+주어	보어+동사+주어
예문	In an ancient city, *there* once **lived a wise queen** who was beloved by her loyal subjects. Oscar shouldn't complain about his new science teacher, *nor* **should his classmates.** *Available for all guests* **are the hotel's lounge chairs and beach towels.**		

>>> 문장 완성 STEPs

기출 예제 협동에 대한 많은 진화적이거나 문화적인 이유들이 있다.

어순 확인 ~가 있다 / 많은 진화적이거나 문화적인 이유들이 / 협동에 대한

▼

구문 확인 '~가 있다'는 의미이므로 there is[are] 구문을 써야 함을 확인

▼

구문 완성 There <u>are</u> <u>many evolutionary or cultural reasons</u> <u>for cooperation.</u>
　　　　　　　　 V 　　 S 　　　　　　　　　　　　　　　　　　　 M

정답 및 해설 p.57

Check
Up

네모 안에서 알맞은 말을 고르시오.

1 The child claimed he had washed up, but his face wasn't clean, and neither did / were his hands.

2 So tall is the building / the building is that it is impossible to see its top floor from its entrance.

문장 완성 *Practice*

A 다음 문장을 밑줄 친 부분을 강조하는 도치 구문으로 바꿔 쓰시오.

1 The body of a brave knight who died in battle in the year 1642 lies <u>here</u>.

→ _____ who died in battle in the year 1642.

2 The subway workers who keep them safe every day are <u>unappreciated by most commuters</u>.

→ _____ who keep them safe every day.

3 Cancun is <u>such a popular holiday destination</u> that it is visited by millions of tourists each year.

→ _____ that it is visited by millions of tourists each year.

B 우리말과 일치하도록 괄호 안의 단어를 바르게 배열하시오.

1 나는 환경을 중히 여기지 않는 가게에서는 물건을 사지 않을 것이고, 내 친구들 중 누구도 그러지 않을 것이다. (will / my friends / any of / neither)

→ I won't shop at stores that don't respect the environment, and _____.

2 Patricia는 어린 나이에 악보를 읽을 줄 알았고, 그녀의 남동생 또한 그럴 수 있었다. (younger brother / so / her / could)

→ Patricia was able to read music at an early age, and _____.

3 언덕 위에, 양치기를 따라가고 있는 양떼가 있다. (is / there / sheep / a flock of)

→ On the hill, _____ following a shepherd.

C 우리말과 일치하도록 괄호 안의 단어를 활용하여 영작하시오. (단, 필요시 단어를 추가하고 어형을 바꿔 쓸 것)

1 나는 이번 주말에 우리가 몇 페이지를 읽기로 되어 있는지 기억나지 않는데, Marcus도 그렇다. (nor, Marcus, do)

→ I don't remember what pages we're supposed to read this weekend, and _____.

2 여기에 한 목공 가족이 살았는데, 그들은 훌륭한 예술적 기술로 알려져 있었다. (a family, live)

→ _____ of woodworkers, who were known for their great artistic skill.

3 새로운 이탈리아 식당의 음식은 최고급이었고, 서비스도 그러했다. (the service)

→ The food at the new Italian restaurant was first class, and _____.

4 어떤 친구들도 없이 우리 안에 갇혀 있는 그 동물원 동물은 외롭다. (the zoo animal)

→ Lonely _____ that is kept in a cage without any companions.

---

loyal 충성스러운   subject 주제; *국민, 신하   knight 기사   unappreciated 인정받지 못하는   destination 목적지   shepherd 양치기
first class 최고급의, 일류의   companion 동반자; *친구[벗]

부정과 강조

빈출도 상 중 하

Point 68 부분부정과 전체부정

》》 구문 개념 잡기

'모두 ~인 것은 아니다'와 같이 일부만을 부정하는 부분부정과, '아무(것)도 ~않다'와 같이 모두를 부정하는 전체부정의 형태 및 의미 차이에 유의한다.

부분부정	형태	not all[every/always/necessarily/completely] 등
	의미	모두[언제나/반드시/완전히] ~인 것은 아니다
전체부정	형태	no, none, not ~ any, never, neither 등
	의미	아무(것)도[결코/둘 다] ~ 않다

Some people think it is **not always** necessary to work at the office.
No resident of the village had ever been elected governor of the province before.

》》 문장 완성 STEPs

기출 예제 모든 학생들이 학교에 가는 것과 숙제하는 것을 싫어하는 것은 아니다.

어순 확인 모든 학생들이 ~인 것은 아니다 / 싫어한다 / 학교에 가는 것을 / 그리고 숙제하는 것을
▼
구문 확인 '모두 ~인 것은 아니다'의 의미이므로 부분부정 구문을 써야 함을 확인
▼
구문 완성 **Not all** students hate going to school and doing homework.
　　　　　　　　　S　　　　　　V　　　　　O

정답 및 해설 p.57

Check Up

우리말과 일치하도록 네모 안에서 알맞은 말을 고르시오.

1 아무도 금요일에 늦게까지 일하겠다고 자원하지 않아서, 그 상사는 누군가를 선택해야 했다.

　 Not everybody / Nobody volunteered to work late on Friday, so the boss had to choose someone.

2 페인트가 아직 완전히 마른 것은 아니니, 아무도 그것을 우연히 건드리지 못하도록 해라.

　 The paint is not / not completely dry yet, so make sure no one accidentally touches it.

문장 완성 *Practice*

A 빈칸에 들어갈 알맞은 말을 [보기]에서 골라 쓰시오.

> [보기] never   none   neither   not all

1 "_____ that glitters is gold" is a famous proverb that suggests appearances can be deceptive.

2 _____ tourist spoke Korean, so they used a translation app to read the notice.

3 Madeline _____ cooks at home, preferring to either dine out or order in.

4 _____ of those shirts had short sleeves, so I checked out other ones at the store.

B 우리말과 일치하도록 괄호 안의 단어를 바르게 배열하시오.

1 그 교사는 논술 시험에서 그 학생들 중 누구에게도 A+를 주지 않았다. (any / did / the students / not / of / give)

→ The teacher _____ an A+ on the essay exam.

2 솔직하게 말하는 것이 언제나 좋은 생각인 것은 아니다. 가끔은 침묵을 지키는 것이 더 낫다. (a good idea / honestly / not / to speak / always)

→ It is _____—sometimes it is better to remain silent.

3 이 목록에 있는 모든 호텔이 바닷가 근처에 위치한 것은 아니지만, 그곳들 모두가 수영장을 가지고 있다. (located / every / on this list / not / is / hotel)

→ _____ near the beach, but all of them have pools.

C 우리말과 일치하도록 괄호 안의 단어를 활용하여 빈칸에 알맞은 말을 쓰시오. (단, 필요시 단어를 추가하고 어형을 바꿔 쓸 것)

1 결혼 반지가 반드시 비싼 것은 아닙니다. 이 가게는 알맞은 가격의 많은 선택 사항들을 제공합니다. (expensive)

→ Wedding rings _____ _____ _____ _____—this store offers a number of affordable options.

2 모든 목표가 달성될 수 있는 것은 아니지만, 그래도 최선을 다하는 것이 중요하다. (goal, achieve, every)

→ _____ _____ _____ _____ _____ _____, but it is still important to do your best.

3 그 판사는 그 남자의 결백을 완전히 확신하지는 않았지만, 그가 범인이라는 증거가 전혀 없었다. (be convinced of, complete)

→ The judge _____ _____ _____ _____ _____ the man's innocence, but there was no evidence that he was the criminal.

---

governor 총독; *주지사   province (행정 단위) 주(州)   accidentally 우연히, 뜻하지 않게   glitter 반짝반짝 빛나다   proverb 속담   deceptive 기만적인, 현혹하는   affordable (가격 등이) 알맞은, 감당할 수 있는   innocence 결백, 무죄

부정과 강조   빈출도 (상) 중 (하)

Point 69 it is[was] ~ that ... 강조구문

>>> 구문 개념 잡기

「it is[was] ~ that ...」 강조구문은 주어, 목적어, 부사(구/절) 등의 강조를 위해 it is[was]와 that 사이에 강조하고자 하는 말을 두고 나머지는 that 이하에 쓰는 구문을 말한다.

형태	it is[was] ~ that ...: …한 것은 바로 ~이다[였다] *강조하고자 하는 말이 사람일 경우, that 대신 관계대명사 who 사용 가능
예문	It was *a large tiger* **that** had been terrorizing the people of the small jungle village. It was *George Washington* **who** served as the first president of the United States.

>>> 문장 완성 STEPs

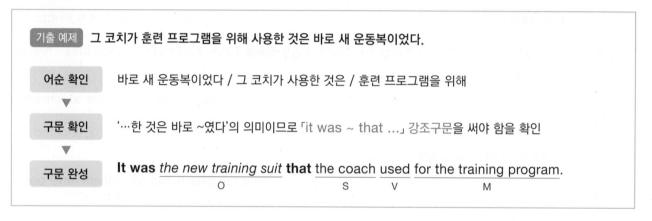

기출 예제 그 코치가 훈련 프로그램을 위해 사용한 것은 바로 새 운동복이었다.

어순 확인 바로 새 운동복이었다 / 그 코치가 사용한 것은 / 훈련 프로그램을 위해
▼
구문 확인 '…한 것은 바로 ~였다'의 의미이므로 「it was ~ that ...」 강조구문을 써야 함을 확인
▼
구문 완성 It was *the new training suit* **that** the coach used for the training program.
                        O   S   V   M

정답 및 해설 p.58

Check
Up

네모 안에서 알맞은 말을 고르시오.

1 It is music [that / who] many people turn to when they want to improve their mood.

2 It is my older sister [who / what] suggests that I consider majoring in education.

문장 완성 *Practice*

A 다음 문장을 밑줄 친 부분을 강조하여 바꿔 쓰시오.

1 Sometimes <u>persistence</u> is more important than talent or skill.

→ Sometimes it is _____ than talent or skill.

2 Grandma served the family <u>a homemade apple pie</u> for dessert.

→ It was _____ for dessert.

3 Jenny gave away her laptop <u>in exchange for limited edition sneakers</u>.

→ It was _____ her laptop.

B 우리말과 일치하도록 괄호 안의 단어를 바르게 배열하시오.

1 Kevin의 아버지가 일찍 일어나서 가족에게 아침을 해주는 것은 바로 일요일 아침이다. (on / it / Sunday mornings / that / is)

→ _____ Kevin's father wakes up early and makes breakfast for the family.

2 Angela를 울기 시작하게 만든 것은 바로 그 영화의 마지막 장면이었다. (the final scene / was / of the film / it / that)

→ _____ made Angela start to cry.

3 그 기술자는 그 복사기를 작동하지 못하게 한 것이 바로 작은 종이 한 장이었다고 말했다. (that / a small piece of / jammed / was / paper / it)

→ The technician said _____ the copy machine.

C 우리말과 일치하도록 괄호 안의 단어를 활용하여 빈칸에 알맞은 말을 쓰시오. (단, 필요시 단어를 추가하고 어형을 바꿔 쓸 것)

1 당신의 인생을 책임져야 하는 사람은 바로 당신이다. (take responsibility, should)

→ _____ _____ _____ _____ _____ _____ _____ for your life.

2 그가 뜨거운 차 한 잔을 가지고 현관에 앉아 있곤 했던 것은 바로 저녁이었다. (sit, in the evening, would)

→ _____ _____ _____ _____ _____ _____ _____

_____ _____ on his porch with a cup of hot tea.

3 내가 아는 한, 그 회사에 가장 깊은 인상을 준 것은 바로 너의 업무 경험이었다. (impress, work experience)

→ As far as I know, _____ _____ _____ _____ _____ _____

_____ the company the most.

---

terrorize 공포에 떨게 하다   major in ~을 전공하다   persistence 고집; *끈기, 인내   jam (세게) 밀다; *움직이지[작동하지] 못하게 만들다   technician 기술자, 기사   take responsibility for ~을 책임지다   porch 현관

부정과 강조   빈출도 상 중 하

Point 70 do 강조 / 재귀대명사(강조 용법)

≫ 구문 개념 잡기

동사 앞에 조동사 do를 써서 동사를 강조할 수 있다. 또한, 강조하고자 하는 말의 뒤나 문장 맨 뒤에 재귀대명사를 씀으로써 주어 또는 목적어를 강조할 수도 있다. 이렇게 강조 용법으로 쓰인 재귀대명사는 생략이 가능하다.

	강조의 do	강조 용법의 재귀대명사
형태	do[does/did]+동사원형	인칭대명사의 소유격[목적격]+-self[selves]
의미	정말[꼭/확실히] ~하다	직접, 그 자신[자체], 스스로
예문	While I **do** *appreciate* your offer to help, I think I can finish the project in time.	*The CEO* **himself** requested that we rearrange the layout of the office.

≫ 문장 완성 STEPs

> 기출 예제   컴퓨터가 당신의 글을 읽는 것을 듣는 것은 당신이 그것을 직접 읽는 것과 다르다.
>
> 어순 확인   듣는 것은 / 컴퓨터가 읽는 것을 / 당신의 글을 / 다르다 / 그것을 읽는 것과 / 당신이 직접
> ▼
> 구문 확인   '직접'이라는 의미를 강조 용법의 재귀대명사(yourself)로 나타낼 수 있음을 확인
> ▼
> 구문 완성   Hearing the computer read your writing is different from reading it **yourself**.
>   S   V   C

정답 및 해설 p.59

Check Up   네모 안에서 알맞은 말을 고르시오.

1 Harriot does / did clean her shoes, but they got dirty again when she walked to school.

2 The singers ourselves / themselves admitted that their biggest hit was copied from an old song.

문장 완성 *Practice*

A 우리말과 일치하도록 괄호 안의 단어를 바르게 배열하시오.

1 Lyle의 개들이 정말 많이 짖긴 하지만, 그들은 사실 상당히 순하고 얌전하다. (Lyle's dogs / do / a lot / although / bark)

→ _____, they're actually quite gentle and sweet.

2 심지어 아인슈타인 자신도 이 교과서에 있는 질문들에 답하는 데 어려움을 겪곤 했다. (would / answering / Einstein / have / himself / trouble)

→ Even _____ the questions in this textbook.

3 나는 우박을 동반한 폭풍이 얼마나 많은 재산 피해를 초래할 수 있는지 직접 본 적이 있다. (how much / have seen / myself / property damage / I)

→ _____ a hailstorm can cause.

*hailstorm: 우박을 동반한 폭풍

4 그 심판은 확실히 그녀의 호루라기를 불었지만, 관중이 너무 떠들썩해서 아무도 그것을 듣지 못했다. (blow / the referee / her whistle / did)

→ _____, but the crowd was so noisy that nobody heard it.

B 우리말과 일치하도록 괄호 안의 단어를 활용하여 빈칸에 알맞은 말을 쓰시오. (단, 필요시 단어를 추가하고 어형을 바꿔 쓸 것)

1 다음 달에 그 대통령은 직접 학생들에게 연설하기 위해 우리 대학교를 방문할 것이다. (she, visit, the president)

→ _____ _____ _____ _____ _____ our university to speak to the students next month.

2 오래전에 이 섬에 사람들이 정말 살았지만, 그곳은 수백 년간 버려져 있다. (on, live, island)

→ _____ _____ _____ _____ _____ _____ long ago, but it has been abandoned for hundreds of years.

3 그 주방장은 직접 우리의 스테이크들을 테이블로 가져왔고, 그런 다음 우리에게 행복한 기념일이 되기를 바란다고 말했다. (he, the chef, bring, steaks)

→ _____ _____ _____ _____ _____ _____ to the table, and then wished us a happy anniversary.

4 저 시간표에 쓰여 있는 것에도 불구하고, 그 급행열차는 정말 Greenville에 선다. (the express train, stop at)

→ Despite what that schedule says, _____ _____ _____ _____ _____ _____ .

---

appreciate 진가를 알아보다; *고마워하다   rearrange 다시 정리[정렬]하다   layout 레이아웃[배치]   gentle 온화한, 순한   referee 심판

Point 71 반복어구의 생략

》》》 구문 개념 잡기

앞에 나온 어구가 반복되는 경우 해당 부분을 다시 언급하지 않아도 의미 파악이 가능하기 때문에 간결한 정보 전달을 위해 흔히 생략한다.

예문	The university held *a job fair* and encouraged graduating seniors to attend **(the job fair)**. (반복되는 명사구 생략) All of my friends *know how to ride a jet ski*, but I don't **(know how to ride a jet ski)**. (반복되는 동사구 생략) Joe looked *happy* when he heard about the promotion, but he actually wasn't **(happy)**. (반복되는 형용사 생략)

》》》 문장 완성 STEPs

기출 예제 과거에 아마추어 사진작가들이 있었던 것보다 현재 훨씬 더 많은 아마추어 사진작가들이 있다.

어순 확인 ~가 있다 / 훨씬 더 많은 아마추어 사진작가들이 / 현재 / 있었던 것보다 / 아마추어 사진작가들이 / 과거에

▼

구문 확인 종속절의 반복어구(amateur photographers)를 생략할 수 있음을 확인

▼

구문 완성 There are far more *amateur photographers* now than there were **(amateur**
 V   S   M   V'
 photographers) in the past.
                      M'

정답 및 해설 p.60

다음 문장에서 생략할 수 있는 부분을 찾아 밑줄을 그으시오.

1 Although many of the guests liked the music, some of the guests did not like the music.

2 Susan is class president, and she will continue to be class president until the end of the semester.

문장 완성 *Practice*

A 다음 문장에서 생략된 부분을 찾아 ✔ 표시하고 생략된 말을 쓰시오.

1 Being short on time, the chef had Ella make the pasta and Sasha the salad.

2 If you see any fresh green apples at the store, please buy me six.

3 The office manager wanted to take some time off to travel, but she couldn't.

4 The kitten tried to jump from the sofa to the coffee table again and finally made it.

5 Every student needs to put aside some time during the week to read books if they can.

6 My grandfather used to be able to finish crossword puzzles faster than he can now.

7 The boy rode the roller coaster when his family visited the amusement park, but his sister didn't.

B 우리말과 일치하도록 괄호 안의 단어를 바르게 배열하시오.

1 나는 그 뉴스의 출처가 믿을 만하다고 생각했지만 나의 아버지는 그것이 전혀 그렇지 않다고 말씀하셨다. (it / said / my father / that / wasn't / but)

   → I thought the news source was reliable, _____ at all.

2 나는 엄마에게 그렇게 하겠다고 말했지만, 집을 나설 때 창문을 닫을 것을 잊어버렸다. (I / that / Mom / I / told / would)

   → I forgot to close the windows when I left the house although _____.

3 우리의 신약 공급은 저조하고, 가격은 계속 인상되고 있다. (the price / and / increasing / keeps)

   → Our supply of the new medicine is low, _____.

4 은퇴한 후에, 그 부부는 그것이 재미있고 건강에 좋기 때문에 배드민턴을 시작했다. (fun / good / it is / and / for their health)

   → After retiring, the couple took up badminton because _____.

---

promotion 승진, 진급   make it 성공하다   supply 공급   take up 기장을 줄이다; *(재미로) ~을 배우다[시작하다]

생략

빈출도 (상)(중)(하)

Point 72 「주어+be동사」의 생략

》》》 구문 개념 잡기

부사절과 주절의 주어가 같을 때, 부사절의 「주어+be동사」는 생략할 수 있다.

흔히 쓰이는 부사절 접속사	when, while, as, although, if, unless 등
예문	Nicki cut her finger on a piece of paper *while* **(she was)** doing her homework.

》》》 문장 완성 STEPs

기출 예제 그녀가 고등학교에 있는 동안, 그녀는 그녀의 고등학교 신문에 기고했다.

어순 확인 그녀가 있는 동안 / 고등학교에 / 그녀는 / 기고했다 / 그녀의 고등학교 신문에

▼

구문 확인 부사절과 주절의 주어가 같으므로 부사절의 「주어+be동사」(she was)를 생략할 수 있음을 확인

▼

구문 완성 *While* **(she was)** in high school, she wrote for her high school newspaper.
　　　　　　　　S'　　V'　　　　　M'　　　S　　V　　　　　　M

정답 및 해설 p.60

Check Up

다음 문장에서 생략할 수 있는 부분을 찾아 밑줄을 그으시오.

1 Some people snore so loudly while they are sleeping that they wake their neighbors.

2 If you are lost in the woods and unable to get a cell phone signal, try moving to higher ground.

A 다음 문장에서 생략된 부분을 찾아 ✔ 표시하고 생략된 말을 쓰시오.

1 My sister and I stay in our own rooms when angry at each other.

2 Once opened, the mango juice should be consumed within seven days.

3 People have no way of knowing how they'll handle an emergency until faced with one.

4 Until told that he had passed the audition, Tim had no idea how the judges felt about his performance.

5 Unless fully charged, your electronic device might not last for the entire day.

6 When riding the subway, I like to daydream about what my life will be like in the future.

7 Although unable to see anyone in the darkened room, Andrew could hear someone breathing nearby.

B 우리말과 일치하도록 괄호 안의 단어를 바르게 배열하시오.

1 대부분의 운동을 잘하긴 하지만, Brianna는 테니스를 치는 것에는 전혀 관심이 없다. (sports / good / though / most / at)

→ _____, Brianna has no interest in playing tennis.

2 설령 냉장고에 보관되더라도, 생고기는 상당히 빠르게 상할 것이다. (in / even if / the refrigerator / kept)

→ _____, raw meat will go bad fairly quickly.

3 당신의 의견을 요청받지 않으면, 이사회 중에 말씀하지 마세요. (for / unless / your opinion / asked)

→ _____, please do not speak during the board meeting.

4 정치학을 공부하는 것에 관해 진지했지만, 그는 그렇지 않은 척했다. (serious about / studying / although / politics)

→ _____, he pretended not to be.

5 인권에 대한 연설을 준비하는 동안, Monica는 더 많은 통계 자료가 필요하다는 것을 느꼈다. (a speech / preparing / on human rights / while)

→ _____, Monica felt that she needed more statistical data.

snore 코를 골다   consume 소모하다; *먹다, 마시다   daydream 공상에 잠기다   raw 익히지 않은, 날것의   politics 정치, 정치학   statistical 통계의, 통계(학)상의

생략   빈출도 (상)(중)(하)

Point 73 대부정사와 대동사

》》 구문 개념 잡기

앞에 나온 동사(구)의 반복을 피하기 위해 대부정사나 대동사를 쓸 수 있다.

	대부정사	대동사
형태	to부정사구에서 to를 제외한 나머지를 생략	일반동사 대신 do[does/did]를 사용
예문	Mr. Wilson will not *start working on the project* until I tell him **to (start working on the project)**.	Nobody I have ever met *dances* the way that Sara **does**(= dances).

》》 문장 완성 STEPs

기출 예제 개구리는 그들의 조상들이 그랬했던 것처럼 그들의 알들을 물속에 낳는다.

어순 확인   개구리는 / 낳는다 / 그들의 알들을 / 물속에 / ~처럼 / 그들의 조상들이 / 그랬했다

▼

구문 확인   '그랬했던'의 의미를 대동사(did)로 나타낼 수 있음을 확인

▼

구문 완성   Frogs *lay their eggs in water*, as their ancestors **did**(= laid their eggs in water).
                S   V   O   M   S'   V'

정답 및 해설 p.61

Check
Up

다음 밑줄 친 부분이 어법상 옳으면 O, 틀리면 X 표시하고 바르게 고치시오.

1 The only reason John agreed to the plan was because everyone else <u>was</u>.

2 Please feel free to stop and drink some water whenever you need <u>to</u>.

문장 완성 *Practice*

A 다음 문장에서 어법상 틀린 곳을 찾아 밑줄을 긋고 바르게 고치시오. (단, 틀린 곳이 없을 경우 O로 표시할 것)

1 Few people enjoy listening to live music as much as I am.

2 The soldiers stand in a line and call out their names whenever they are ordered to.

3 Gina didn't notice the huge spider crawling up the wall, but her father does.

4 Stephen doesn't hang out in the playground after school, even though his friends do.

B 다음 문장에서 밑줄 친 부분이 대신하는 부분이나 그 뒤에 생략된 부분을 찾아 쓰시오.

1 Having a clean apartment matters more to my roommate than it <u>does</u> to me.

2 I'd be happy to carry your luggage up the stairs if you want me <u>to</u>.

3 Our school doesn't hold a charity concert anymore, but it used <u>to</u> before.

4 You can help me wash and dry the dishes, but I don't need you <u>to</u>.

C 우리말과 일치하도록 괄호 안의 단어를 바르게 배열하시오.

1 그녀가 우리에게 그렇게 해달라고 부탁했기 때문에 우리는 연세 드신 이웃이 그녀의 마당을 청소하는 것을 도왔다. (she / to / asked / us / because)

→ We helped our elderly neighbor clean up her yard _____.

2 내 두 마리 개들 중 한 마리는 다른 한 마리가 그럴 때마다 짖기 시작한다. (the other / does / one / whenever)

→ One of my two dogs starts to bark _____.

3 봄과 여름에, 바람은 그것이 겨울에 그러는 방식처럼 전혀 부는 것 같지 않다. (the way / it / in winter / does)

→ In spring and summer, the wind never seems to blow _____.

4 David는 배우들이 영화 속에서 그러는 것만큼 실생활에서 그들이 멋져 보이는 것은 드물다고 생각한다. (they / in movies / as / do)

→ David thinks actors rarely look as good in real life _____.

---

work on ~에 착수하다   crawl 기다, 기어가다

서술형 빈출 구문 REVIEW TEST

A 네모 안에서 알맞은 말을 고르시오.

1 It is indifference who / that is the greatest threat to democracy.

2 Never comes success / does success come without going through any failure.

3 Tim complains that he earns far less than his coworkers be / do.

4 Most of the employees don't agree with the wage policy, nor does Dan / Dan doesn't.

5 In order to save money, the farmers decided to set up fences around the farm himself / themselves.

6 Through eleven countries run / runs the Nile, the longest river in the world.

7 Communication is important, but rarely it is / is it taught in the traditional school system.

8 When he was young, Kyle spent much more time with his dog than his brothers do / did.

B 다음 문장에서 어법상 틀린 곳을 찾아 밑줄을 긋고 바르게 고치시오.

1 Everyone in the stadium cheered for their team, and so do I.

2 When are cooked properly, vegetables become easier to digest.

3 This was her strong will that led Emily towards the finish line against every obstacle.

4 Out of the wall did the water leak, so we called the mechanic.

5 Here come a big change related to the social welfare system of the city.

6 I didn't know the agenda of the meeting, and neither was my coworker Toby.

7 These days, George do want to help his new boss learn ways to cope with the current problems.

8 Little the company cares about the environment, but it greatly cares about its financial growth.

---

indifference 무관심, 무심   democracy 민주주의   wage 임금[급료]   obstacle 장애(물)   agenda 의제[안건]   cope with ~에 대처[대응]하다

C 우리말과 일치하도록 괄호 안의 단어를 바르게 배열하시오.

1 어떤 사람들은 그들이 필요한 것보다 더 말한다는 것을 깨닫지 못한다. (they / to / more / talk / need / than)

→ Some people don't realize that they ＿＿＿＿＿＿＿＿＿＿＿＿＿＿＿＿＿＿＿＿＿＿ .

2 나는 내게 어떤 도전이 닥치든 정말 받아들일 용기가 있다. (embrace / the courage / I / have / to / do)

→ ＿＿＿＿＿＿＿＿＿＿＿＿＿＿＿＿＿＿＿＿＿＿＿ whatever challenge may come my way.

3 내가 음악에 대한 나의 열정을 추구하도록 격려한 사람은 바로 나의 부모님이었다. (who / my parents / was / encouraged / it)

→ ＿＿＿＿＿＿＿＿＿＿＿＿＿＿＿＿＿＿＿＿＿＿＿ me to pursue my passion for music.

4 광장 한가운데에, 그 마을에서 태어나고 사망한 한 시인의 동상이 있었다. (used / a statue / to / of a poet / there / be)

→ In the middle of the square, ＿＿＿＿＿＿＿＿＿＿＿＿＿＿＿＿＿＿＿＿＿ who was born and died in the village.

5 내가 그 역에 도착하자마자 나는 내가 탈 기차가 떠나는 것을 봤다. (I / at / had / sooner / the station / than / arrived)

→ No ＿＿＿＿＿＿＿＿＿＿＿＿＿＿＿＿＿＿＿＿＿＿ I saw my train leaving.

D 우리말과 일치하도록 괄호 안의 단어를 활용하여 영작하시오. (단, 필요시 단어를 추가하고 어형을 바꿔 쓸 것)

1 햇빛이 너무 눈부셔서 나는 내 카메라 화면의 사진들을 또렷하게 볼 수 없었다. (brilliant, the sun)

→ So ＿＿＿＿＿＿＿＿＿＿＿＿＿＿＿＿＿＿＿ I couldn't clearly see the pictures on the display on my camera.

2 모든 사람이 승자가 될 수 있는 것은 아니지만 중요한 것은 모든 사람이 최선을 다해 경기를 하는 것이다. (a winner, be, everyone)

→ ＿＿＿＿＿＿＿＿＿＿＿＿＿＿＿＿＿＿＿＿＿ but what is important is that everyone plays their best.

3 나는 오랜 친구를 만난다는 흥분 때문에 며칠 동안 거의 잠을 자지 못했다. (sleep, a few days, for, do)

→ Hardly ＿＿＿＿＿＿＿＿＿＿＿＿＿＿＿＿＿＿＿ because of excitement to see my old friend.

4 이 접시들은 장인에 의해 손으로 만들어진 공예품이라서 그것들 중 어느 것도 똑같지 않다. (none, the same, are)

→ These dishes are handmade crafts by the master, so ＿＿＿＿＿＿＿＿＿＿＿＿＿＿＿＿＿＿＿ .

---

come one's way (일이) 닥치다   pursue 추구하다, 밀고 나가다   brilliant 훌륭한; *아주 밝은, 눈부신   craft (pl.) (수)공예품

PART

서술형 유형 훈련

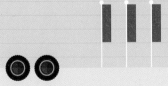

내용 파악

UNIT 01 대의파악

빈출도 (상) (종) (하)

출제 **POINT** | 대의파악 유형은 본문에서 알맞은 단어를 찾거나 주어진 단어를 배열하여 글의 요지, 주제, 제목 등을 완성하는 형태로 출제된다.

≫ 기출 예제

다음 글의 요지를 쓰고자 한다. 빈칸에 들어갈 알맞은 말을 본문에서 찾아 쓰시오.

`부산외국어고등학교 1학년 기말고사 응용`

According to research, how deeply you process the material you read is more important than how often you go over it. This is because you need to wrestle with the meaning of the material if you expect to remember it. In particular, it is useful to make material personally meaningful. When you read your textbooks, try to relate information to your own life and experience. For example, if you're reading in your psychology text about the personality trait of confidence, you can think about people you know who are particularly confident and the reason you would characterize them as being that way. By doing so, you will remember the text more easily and learn a lot more from it than you would by reading it repeatedly.

Making study material ＿＿＿＿＿ ＿＿＿＿＿ is more effective than ＿＿＿＿＿ ＿＿＿＿＿ ＿＿＿＿＿.

≫ 풀이 전략

Step 1 글의 주요 소재 파악: 윗글은 자료를 깊이 처리하는 것의 중요성에 관해 이야기하고 있다.

Step 2 우리말로 요지 작성: 학습 자료를 개인적으로 의미 있게 만드는 것이 그것을 반복해서 읽는 것보다 더욱 효과적이라는 것이 글의 요지이다.

Step 3 요지의 핵심 어구 확인: 요지의 핵심 어구라고 할 수 있는 '개인적으로 의미 있는'과 '그것을 반복해서 읽는 것'에 해당하는 표현을 본문에서 찾아 쓴다.

≫ 정답 도출

Making study material <u>personally meaningful</u> is more effective than <u>reading it repeatedly</u>.

---

process 처리하다　　go over ~을 검토하다　　wrestle 몸싸움을 벌이다; *(문제 등과) 씨름하다　　meaningful 의미 있는　　relate 관련[결부]시키다
psychology 심리학　　trait 특성　　characterize 특징이 되다; *~의 특징을 (…으로) 묘사하다　　repeatedly 반복해서

1 다음 글의 요지를 쓰고자 한다. 빈칸에 들어갈 알맞은 말을 본문에서 찾아 쓰시오. 대전동신과학고등학교 1학년 중간고사 응용

Since most people like to be flattered, social relationships usually benefit from people giving each other compliments. In this respect, social lies are just as beneficial as telling the truth. So it is common for people to make flattering but deceptive comments to each other, such as, "Your new hairstyle really suits you." Social lies are told for psychological reasons and serve both self-interest and the interest of others. The liar's self-interest is served by the satisfaction they feel when they realize that their lies please other people or that they help the liar avoid awkward situations. And the interests of others are served because the lies save them from the truth, since hearing the truth all the time could be damaging to a person's confidence and self-esteem.

_____ _____ _____ relationships because they _____ _____ as well as the interest of others.

2 보기에 주어진 단어를 바르게 배열하여 다음 글의 주제를 완성하시오. 강릉여자고등학교 1학년 기말고사 응용

As the saying goes, the belly rules the mind. This fact has been clinically proven, and it means that food is actually the original mind-controlling drug. Every time we eat, we bombard our brains with a feast of chemicals, triggering an explosive hormonal chain reaction that directly influences the way we think. And according to numerous studies, people who experience the positive emotions induced by a good meal are more likely to be persuaded, as these emotions trigger an instinctive desire to repay the provider. This is why executives regularly combine business meetings with meals, why lobbyists invite politicians to attend receptions, lunches, and dinners, and why major state occasions almost always involve an impressive banquet. Churchill called this "dining diplomacy," and sociologists have confirmed that this principle is a strong motivator across all human cultures.

*banquet: 연회

보기 easier / a good meal / to persuade / makes it / serving / people

how _____

---

flatter 아첨하다, 듣기 좋은 칭찬을 하다 (flattering 아첨하는, 추켜올리는)   compliment 칭찬(의 말), 찬사   respect 존경(심); *(측)면   self-esteem 자존(심)
clinically 임상적으로   bombard 퍼붓다   chemical 화학 물질   trigger 촉발시키다   explosive 폭발(성)의; *폭발적인   numerous 다수
의, 수많은   induce 설득하다; *유발[초래]하다   instinctive 본능적인   repay 갚다; *보답하다   occasion 때; *행사   diplomacy 외교(술)
sociologist 사회학자   principle 원리, 원칙

UNIT 02 세부 내용 서술

빈출도 상 (중) 하

출제 POINT	세부 내용 서술 유형은 주어진 질문에 대한 답을 본문에서 찾아 쓰는 형태로 출제된다. 해당 어구를 그대로 옮겨 적거나 우리말로 서술해야 하는 경우가 있다.

》》》 기출 예제

다음 글을 읽고 주어진 질문에 영어로 답하시오. (15단어 내외) 상산고등학교 1학년 중간고사 응용

Thanks to high-speed cameras, we can look into the world of things that move too fast for our eyes to see. These cameras can do the opposite of time-lapse photography by shooting images that are thousands of times faster than our vision. As a result, we are able to see how many of nature's ingenious devices work. For example, many people don't realize that dragonflies are the greatest fliers in nature. They can hover, fly backwards, and even fly upside down. By tracking markers on a dragonfly's wings, we can visualize the air flow that they produce. And images from high-speed photography have revealed that dragonflies can move all four wings in different directions at the same time.

*high-speed camera: 고속 카메라 **time-lapse: 저속도 촬영의

Q: What has high-speed photography shown us about dragonflies?
A: It has shown us that _____.

》》》 풀이 전략

Step 1 주어진 질문 내용 파악: '고속 사진술은 우리에게 잠자리에 관해 무엇을 보여주었는가?'가 질문의 내용이다.

Step 2 질문과 관련된 부분 확인: 지문 후반부에 잠자리 날개에 표시한 것을 추적한다는 내용이 언급되어 관련 내용이 이어질 것임을 알 수 있다.

Step 3 정답 위치 확인: 마지막 문장에 고속 사진술이 잠자리에 관해 어떤 사실을 보여주었는지 나와 있다.

》》》 정답 도출

It has shown us that dragonflies can move all four wings in different directions at the same time.

---

shoot (총 등을) 쏘다; *촬영하다   ingenious 기발한   hover (허공을) 맴돌다   marker 표시[표지](물)   visualize 눈에 보이게 하다, 시각화하다

1 다음 글을 읽고 주어진 질문에 영어로 답하시오. (15단어 내외) 과천외국어고등학교 1학년 중간고사 응용

There are seven species of horned lizards that live in the deserts and arid regions of the southwestern United States. Unlike chameleons, which change their colors to match their immediate surroundings, horned lizards rely on their natural coloring and patterns to blend in with their environment. For example, dark patches on the lizards' backs resemble shadows and make motionless lizards difficult to distinguish from the rocks where they lie. Also, members of a single species of horned lizard can have different coloring, enabling them to blend in with different types of terrain. The irregular shape of their body outlines is an additional trait that helps horned lizards evade predators, as their spiny scales and uneven edges enhance their ability to camouflage themselves.

*arid: 건조한, 메마른 **horned lizard: 뿔도마뱀

Q: How do the dark patches on horned lizards' backs help them?

A: _____

2 다음 글을 읽고, 레오나르도 다빈치와 Marcantonio della Torre 간의 공동 작업이 중요했던 이유를 찾아 우리말로 쓰시오. (35자 내외) 목포혜인여자고등학교 1학년 중간고사 응용

The foundation for most of the arts and sciences is collaboration. Shakespeare is believed to have worked with many other playwrights of his day to create his plays. Leonardo da Vinci often made sketches alone, but he also collaborated with others in order to complete the finer details of his drawings. For example, he worked with University of Pavia professor and anatomist Marcantonio della Torre to finish his sketches of human anatomy. This partnership was significant because it showed how the artist and the scientist can be mutually beneficial to one another. Likewise, Marie Curie's research was aided by the help of her husband. If they had not worked together, they would not have discovered radium, a finding that changed the way we think about physics and chemistry.

---

immediate 즉각적인; *아주 가까이에[바로 옆에] 있는   surrounding (pl.) 주변(의 상황), 환경   blend in with ~와 조화를 이루다   patch 부분 motionless 움직이지 않는   terrain 지형, 지역   evade 피하다   camouflage 위장하다, 감추다   collaboration 공동 작업 (collaborate 협력하다, 공동으로 작업하다)   playwright 극작가, 각본가   anatomist 해부학자 (anatomy 해부학)   mutually 상호 간에

UNIT 03 지칭 내용 및 의미

내용 파악

빈출도 (상) (중) (하)

출제 POINT | 지칭 내용 및 의미 유형은 밑줄 친 부분이 가리키는 대상이나 내용을 본문에서 찾아 쓰는 유형, 또는 문맥을 바탕으로 밑줄 친 부분의 의미를 추론하여 서술하는 유형으로 출제된다.

기출 예제

다음 글의 밑줄 친 these different groups가 가리키는 것을 본문에서 찾아 영어로 쓰시오.

원광여자고등학교 1학년 기말고사 응용

According to business consultant Frans Johansson, the Medici Effect is the fresh ideas and creative solutions that come about when people from different backgrounds work together. The term is derived from the Medici family. In the 15th century, they aided the Renaissance by uniting diverse groups of artists and scientists from various countries. What most likely led to the success of the Renaissance was <u>these different groups</u> being in constant contact with one another. Johansson believes the same rules apply to business. To foster innovation and solve tough problems within a company, she believes mixing people of diverse expertise, experiences, and cultural backgrounds is key. So, if your employees are unable to solve the problems faced by your business, you may need to look into expanding and diversifying the talent and skills on your team.

풀이 전략

Step 1 밑줄 친 부분의 의미 파악: 밑줄 친 부분의 의미를 통해 지칭 대상을 추측할 수 있다. 해당 부분은 '이 서로 다른 집단들'의 의미로, 지칭 대상이 하나가 아님을 알 수 있다.

Step 2 밑줄 친 부분의 앞 문장 확인: 주로 밑줄 친 부분의 앞부분에서 관련된 내용을 찾을 수 있다.

Step 3 답안이 언급된 부분 확인: 밑줄 친 부분이 있는 바로 앞 문장에 these different groups가 가리키는 대상인 diverse groups ~ countries가 언급되어 있음을 알 수 있다.

정답 도출

diverse groups of artists and scientists from various countries

---

derive 유래하다, 나오다   unite 통합[결속]시키다   foster 조성하다, 촉진하다   expertise 전문 지식[기술]   diversify 다각[다양]화하다

1 다음 글의 밑줄 친 this가 가리키는 것을 본문에서 찾아 영어로 쓰시오. (8단어 내외) 인일여자고등학교 1학년 기말고사 응용

All too often, we wait many months or even years before reconnecting with friends and family. Then, out of the blue one day, we decide to contact them again to keep the relationship alive. We expect that calling people we haven't spoken to in ages can make up for all the lost time. Unfortunately, doing this tends to be unsuccessful. If a laptop battery goes uncharged and unused in a desk drawer for too long, it will die, and the same goes for relationships. Like laptop batteries, our relationships also need regular charging. To extend the healthy life of our relationships, we should contact our friends on a regular basis. Of course, this doesn't mean you should call your friend just because it's been a while since you last spoke with them. Rather, it should be a reminder that healthy relationships are maintained through the practice of consistent communication.

_____

2 다음 글의 밑줄 친 haste does not make waste가 문맥적으로 의미하는 바를 25자 내외의 우리말로 쓰시오. (밑줄 친 부분을 직역하지 말 것) 대전외국어고등학교 1학년 중간고사 응용

Most people are suspicious of rapid cognition. It is commonly believed that the quality of a decision is directly related to the time and effort that was spent on making it. We even try to convince ourselves of this with phrases like "Look before you leap," "Stop and think," and "Don't judge a book by its cover." We believe that we are always better off if we continue to gather information and spend as much time as possible in careful consideration. But there are moments, particularly in time-driven, critical situations, when haste does not make waste. Survivors have developed and sharpened the skill of rapid cognition based on the understanding that our snap judgments and first impressions can at times offer a better means of making sense of the world.

*cognition: 인식

_____

out of the blue 갑자기, 난데없이   make up for ~을 벌충[만회]하다   extend 더 길게 만들다; *연장하다   maintain 유지하다[지키다]   consistent 한결같은, 일관된   suspicious 의심하는   leap 뛰다   consideration 사려, 숙고   sharpen 날카롭게 하다; *(기량을) 갈고 닦다, 연마하다   snap 성급한

UNIT 04 문장 전환

빈출도 상 중 하

출제 POINT | 문장 전환 유형은 주로 특정 구문을 활용하여 문장을 바꿔 쓰거나 두 문장을 한 문장으로 결합하여 쓰는 유형으로 출제된다.

≫ 기출 예제

다음 글의 밑줄 친 부분을 분사구문을 활용하여 바꿔 쓰시오. 거창대성고등학교 1학년 중간고사 응용

Science is just one of the numerous methods for finding answers to the mysteries of the universe, but it is a unique one. To prove the truth or falsity of their ideas, scientists follow a very logical system. It requires that they repeatedly test any and all of their findings and theories. Old ideas are replaced when scientists find new information that they cannot fully explain. Each discovery is carefully reviewed by other scientists before they include it in their own research. In this way, scientists can build upon older discoveries while correcting any mistakes in their theories. As they have new and improved scientific knowledge, scientists are able to build various useful devices and make our lives far easier and more convenient.

≫ 풀이 전략

Step 1 구문 확인: 분사구문을 활용하라고 했으므로 「접속사+주어+동사」 형태의 부사절을 분사구로 바꿔야 함을 확인한다.

Step 2 구문 적용: 접속사 As를 생략할 수 있으며, 부사절의 주어 they가 주절의 주어 scientists와 동일하므로 이 역시 생략 가능함을 알 수 있다.

Step 3 구문 완성: 주어와 동사의 관계가 능동이므로 동사를 v-ing의 형태로 바꿔 쓴다.

≫ 정답 도출

Having new and improved scientific knowledge

---

falsity 허위, 거짓   convenient 편리한, 간편한

1 다음 글의 밑줄 친 문장을 if절을 활용하여 바꿔 쓰시오. [공통영어 교과서 응용]

Bangpaeyeon is the most popular type of Korean kite, and while it looks simple, it is actually one of the most difficult kites in Korea to fly. Covered with traditional Korean paper, this unique rectangular kite is made from five bamboo sticks. *Bangpaeyeon* is different from kites in other countries in that it has a circular hole in the center, the diameter of which is half the width of the kite. This hole controls the flow of air through the kite. Wind passes from the front to the back through the hole, which allows you to turn the kite very quickly. <u>Without this hole, the kite would not be easy to control.</u> Additionally, the hole prevents the kite from being damaged by strong winds. As *Bangpaeyeon* illustrates, many normal objects often act in accordance with fascinating scientific principles.

_____

2 다음 글의 밑줄 친 두 문장을 관계부사를 활용하여 한 문장으로 바꿔 쓰시오. [2021년 고1 학력평가 응용]

According to scientists, frogs most likely evolved from water-dwelling ancestors. Once the first frogs could come onto land, they were able to take advantage of the food and shelter there. Nonetheless, they still remain closely connected to water. The lungs of frogs are rather weak, so frogs have to get some of their oxygen by breathing through their skin. But their skin has to remain moist in order for this type of "breathing" to work well. <u>So frogs must remain near the water. They can take a dip in the water every now and then to keep from drying out.</u> Additionally, frogs need to lay their eggs in water. And eggs laid in water must develop into water creatures if they are to survive. For frogs, metamorphosis thus provides the bridge between the water-dwelling young forms and the land-dwelling adults.

*metamorphosis: 탈바꿈

_____

diameter 지름   width 폭, 너비   illustrate 삽화를 쓰다; *분명히 보여주다   in accordance with ~에 따라서   evolve 발달하다; *진화하다   dwell 살다[거주하다]   shelter 주거지   moist 촉촉한   every now and then 때때로, 가끔

UNIT 05 어법

빈출도 상 중 하

출제 POINT 어법 유형은 주로 밑줄 친 부분 중 어법상 적절하지 않은 것을 찾아 고쳐 쓰거나 주어진 단어의 형태를 어법에 맞게 고쳐 쓰는 유형으로 출제된다. 글 전체에서 틀린 부분을 찾아야 하거나 어법상 틀린 이유까지 작성해야 하는 유형으로 출제되기도 한다.

≫ 기출 예제

다음 글의 밑줄 친 ①~⑤ 중 어법상 틀린 것을 3개 찾아 그 번호를 쓰고 고쳐 쓰시오.

전주한일고등학교 1학년 기말고사 응용

Intellectual humility is accepting that you are only human and have limited knowledge about the world. This kind of humility involves acknowledging that your personal biases often make you believe your opinions are superior to ① <u>that</u> of others. Intellectual humility means making a conscious effort ② <u>to overcome</u> these biases so that you can make more objective decisions. It also means trying to be more open to ③ <u>considering</u> information from a variety of people and sources. People who practice intellectual humility are more likely to be willing to learn from those who think differently than they ④ <u>are</u>. And they are typically well-liked and respected by others because they make it clear ⑤ <u>what</u> they care about the perspectives of others. Such people are more interested in truth and the greater good than their own self-centered sense of superiority.

*humility: 겸손

≫ 풀이 전략

Step 1 밑줄 친 부분의 형태 파악: ①은 대명사, ②는 to부정사, ③은 동명사, ④는 대동사, ⑤는 관계대명사 혹은 의문사인 것을 알 수 있다.

Step 2 어법상 적절하지 않은 선지 파악: ①은 opinions를 가리키는 복수형 대명사가 되어야 하며, ④는 앞서 나온 일반동사 think를 대신하는 대동사가 되어야 한다. ⑤는 앞에 가목적어 it이 있으며 뒤에 완전한 절이 이어지므로 진목적어 역할을 하는 that절을 이끌어야 한다.

Step 3 다른 선지의 적절성 확인: ②는 목적을 나타내는 부사적 용법의 to부정사, ③은 전치사 to의 목적어로 쓰인 동명사로 어법상 적절하다.

≫ 정답 도출

(1) ① → those
(2) ④ → do
(3) ⑤ → that

---

intellectual 지적인 의식하는; *의식적인   limited 제한된 objective 객관적인   acknowledge 인정하다 perspective 관점, 시각   bias 편견, 편향   superior 우월한 (superiority 우월성, 우세)   conscious

1 다음 글의 밑줄 친 (A)~(C)를 어법상 알맞은 형태로 고쳐 쓰시오. 인천국제고등학교 1학년 기말고사 응용

You should always think critically when looking over another scientist's findings. It is good (A) check if the results are reasonable and can be repeated, and if the sources of information are reliable. Additionally, you should find out if the researchers were unbiased. If researchers are unbiased, it means they have no special interest in the outcome of the experiment. If a drug company decides to pay for an experiment to test how well one of its own drugs (B) work, for instance, it indicates that there is a special interest involved. This is because the company stands to profit if it can prove the efficacy of its drug. As a result, there's a high likelihood that the experimenters will fail to be objective. They might only show a positive conclusion that benefits the drug company. So never forget to consider the possible biases in an experiment when (C) assess scientific findings.

(A) _____   (B) _____   (C) _____

2 다음 글의 밑줄 친 (A)~(C)를 어법상 알맞은 형태로 고치고 그 이유를 쓰시오. EBS 리딩파워 응용

It may be surprising to hear that tourism is one of the many contributors to changes in the climate system. But, in fact, there are many ways (A) which tourism impacts climate change. Replacing forests and natural areas with other structures, for instance, can affect the local climate. These climate changes may also (B) cause during land-clearing activities or by the engines that power construction sites. Over time, many of these locally focused human activities can even affect climate on regional and global scales. They often worsen the negative impact of more global enterprises, such as those which produce emissions from aircraft (C) carry travelers around the globe.

(A) 정답: _____
  이유: _____
(B) 정답: _____
  이유: _____
(C) 정답: _____
  이유: _____

critically 비판적으로　unbiased 선입견[편견] 없는, 편파적이지 않은　outcome 결과　efficacy 효험　likelihood 공산[가능성]　conclusion 결론, (최종적인) 판단　contributor 기고자; *요인, 원인　enterprise 기업, 회사　emission 배출; *배출물, 배기가스

UNIT 06 어휘

빈출도 상 중 하

출제 POINT | 어휘 유형은 밑줄 친 부분 중에서 또는 글 전체에서 문맥상 어색한 단어를 찾아 고쳐 쓰거나, 주어진 영영 뜻풀이에 해당하는 단어를 쓰는 유형으로 출제된다.

기출 예제

다음 글의 밑줄 친 ①~⑤ 중 문맥상 어색한 단어를 1개 찾아 그 번호를 쓰고 고쳐 쓰시오.

대전중앙고등학교 1학년 기말고사

Some deep-sea organisms use bioluminescence to ① <u>attract</u> prey with a little glow that imitates the movements of their prey's favorite fish, while others use it as a sexual attractant to find mates. Though there are many possible evolutionary theories for the survival value of bioluminescence, one of the most fascinating is to create a cloak of ② <u>invisibility</u>. The color of almost all bioluminescent molecules is blue-green, the same color as the ocean above. By self-glowing blue-green, the creatures no longer cast a shadow or ③ <u>create</u> a silhouette, especially when viewed from below against the brighter waters above. Rather, by ④ <u>glowing</u> themselves, they can blend into the sparkles, reflections, and scattered blue-green glow of sunlight or moonlight. Thus, they are most likely glowing in order to ⑤ <u>reveal</u> themselves in the open ocean from predators approaching from below.

*bioluminescence: 생물 발광
**survival value: 생존가(생체의 특징이 생존경쟁에 기여하는 유용성)

풀이 전략

Step 1 중심 내용 파악: 일부 심해 생물들이 생물 발광을 사용하는 목적에 관해 설명하는 글이다.

Step 2 단서가 되는 주요 표현 확인: no longer cast a shadow(더 이상 그림자를 드리우지 않는다), can blend into ... scattered blue-green glow of sunlight or moonlight(햇빛 혹은 달빛의 분산된 청록색 빛에 섞일 수 있다) 등의 표현을 통해 심해 생물이 포식자의 눈에 띄지 않기 위해 생물 발광을 사용하고 있음을 알 수 있다.

Step 3 문맥상 어색한 부분 파악: 심해 생물이 아래에서 다가오는 포식자들로부터 자신을 드러내기 (reveal) 위해 빛을 내는 것 같다는 내용은 어색하므로 이를 conceal(숨기다)과 같은 말로 바꿔 써야 한다.

정답 도출

⑤ → <u>conceal</u>

---

organism 유기체, 생물체　　glow 불빛　　attractant 유인 물질　　evolutionary 진화의　　cloak 망토　　invisibility 눈에 보이지 않음, 불가시성
molecule 분자　　sparkle 반짝거림　　reflection 반사　　scatter 흩뿌리다; *(빛을) 확산시키다

1 다음 글의 밑줄 친 ①~⑤ 중 문맥상 <u>어색한</u> 단어를 2개 찾아 그 번호를 쓰고 고쳐 쓰시오.

현대고등학교 1학년 기말고사 응용

Obedience training involves teaching a dog to perform certain behaviors at a given signal from the handler. These behaviors may be as simple as sitting at the owner's side or as ① <u>elaborate</u> as retrieving a specific object after dealing with a series of obstacles or barriers. The signals may be verbal, non-verbal, or a combination of the two. ② <u>Novice</u> obedience instruction involves teaching the dog to respond to a verbal command and an accompanying hand signal. Later, as the dog learns, the spoken word can be ③ <u>added</u>. Some handlers have so expertly trained their animals that the dog responds to the slightest ④ <u>non-verbal</u> signal, such as a roll of the eye or the slight flex of a finger. These signals may not be ⑤ <u>ignored</u> by the human audience, but they are easily picked up by the trained dog whose full attention is focused on his owner.

(1) _____ → _____ (2) _____ → _____

2 다음 글의 빈칸에 들어갈 단어를 영영 뜻풀이를 참고하여 쓰시오. (단, 주어진 철자로 시작할 것)

중앙대학교사범대학부속고등학교 1학년 기말고사 응용

From an economic perspective, a short-lived event can become an innovative event if it generates goods and services that can be sold to people, in particular to those from outside the locality. Art exhibitions, cultural festivals, and sports competitions are examples of such events, as they are temporary activities that can attract large numbers of outsiders to a locality and bring in new sources of income. But even here, there is a two-way _____ between the event and the context. The reputation or history of an activity, as well as the infrastructure available for it, may influence the economic success or failure of the event. In other words, events do not take place in a vacuum. They depend on an existing context that has been in the making for a long time. The short-lived event, therefore, would be performed in relation to this long-term context.

the process by which people or things react to each other or influence each other

i_____

---

obedience 복종   elaborate 정교한; *복잡한   retrieve 되찾아오다, 회수하다   combination 조합   novice 초보(자)   command 명령
accompanying 수반하는   flex 굽힘   innovative 혁신적인, 획기적인   locality 장소, 지방   temporary 일시적인, 임시의   income 수입
context 맥락   reputation 평판, 명성   infrastructure 사회 기반 시설   vacuum 진공   existing 기존의

영작

UNIT 07 단어 배열

빈출도 상 **중** 하

| 출제 POINT | 단어 배열 유형은 우리말 해석에 맞게, 혹은 우리말 해석 없이 문맥에 맞게 주어진 단어를 배열하는 유형으로 출제된다. 단어를 어법에 맞게 변형하거나 조건에 맞게 문장을 완성해야 하는 경우도 있다. |

»» 기출 예제

다음 글의 밑줄 친 우리말과 일치하도록 보기 의 단어를 바르게 배열하여 문장을 완성하시오. (단, 필요시 어형을 바꿔 쓸 것) 의정부고등학교 1학년 기말고사 응용

When we get into arguments with others, it's easy to lose our temper. We know we should keep cool, but it's much easier said than done. It's important to remember, however, that the other person might be trying to make you angry. They may be saying things that are intentionally designed to annoy you. They know that if they get you to lose your cool, you'll say something that sounds foolish; you'll simply get angry, and then 여러분이 그 논쟁에서 이기는 것은 불가능할 것이다. So don't fall for it. A remark may be made to cause your anger, but your response should be a cool answer that focuses on the issue raised. This is likely the most effective reaction. Indeed, any attentive listener will admire the fact that you didn't take the bait.

보기 will / you / it / the argument / be / impossible / win / for

»» 풀이 전략

Step 1 우리말 해석을 통한 구문 추측: '그 논쟁에서 이기는 것'의 의미는 to부정사구 또는 동명사구 주어로 나타낼 수 있다.

Step 2 보기 를 통한 구문 확인: 보기 에 주어진 it과 전치사 for를 통해, 의미상 주어를 명시한 가주어-진주어(to부정사) 구문을 써야 함을 알 수 있다.

Step 3 어형을 바꿀 단어 파악: 진주어 역할을 할 수 있도록 win을 to win으로 바꿔 쓴다.

»» 정답 도출

it will be impossible for you to win the argument

---

argument 논쟁   lose one's temper 화를 내다   intentionally 의도적으로   fall for ~에 속아 넘어가다   remark 발언, 말   attentive 주의 깊은, 세심한   take the bait 미끼를 물다

1 다음 글의 밑줄 친 우리말과 일치하도록 보기 의 단어를 바르게 배열하여 문장을 완성하시오. (단, 필요시 어형을 바꿔 쓸 것) 강일여자고등학교 1학년 기말고사 응용

Imagine you are a store owner who is trying to increase the sales of your business. Wouldn't it be nice if you could take your customers by the hand and guide them through your store while pointing out all the great products you would like them to consider buying? 그러나, 대부분의 사람은 특히 낯선 사람이 그들의 손을 잡고 그들을 상점 안 여기저기로 끌고 다니게 하는 것을 즐기지 않을 것이다. Instead, let the store itself do it for you. Have a central path through the store that lets shoppers look at many different departments or product areas. This path guides your customers on the route you want them to take all the way to the checkout.

> 보기 a stranger / enjoy / their hand / have / drag / grab / them / and

Most people, however, would not particularly _____

_____ through a store.

2 다음 글의 밑줄 친 우리말과 일치하도록 보기 의 단어를 조건 에 맞게 배열하시오. 2020년 고1 학력평가 응용

It can be surprising how visual input can inhibit taste and smell. For example, people find it very difficult to correctly identify fruit-flavored drinks if the color is wrong, such as an orange-flavored drink that is colored green. 아마 포도주 맛을 감정하는 사람들의 경험은 훨씬 더 인상적일 것이다. One study revealed that university students of wine and wine making chose tasting notes appropriate for red wines, such as 'prune and chocolate', when they were given white wine colored with a red dye. Experienced New Zealand wine experts were similarly tricked into thinking that a white wine Chardonnay was actually a red wine, when it had been colored with a red dye.

> 보기 even / wine tasters / perhaps / the experience / more striking / of / is

> 조건 1. Perhaps로 시작할 것   2. 보어를 강조하기 위한 도치 구문을 사용할 것

_____

---

department 부문; *매장, 코너   checkout 계산대   input 투입; *입력 정보[데이터]   inhibit 억제[저해]하다   trick into 속여서 ~하게 하다   striking 눈에 띄는, 인상적인

UNIT 08 영작

빈출도 상 중 하

출제 POINT	영작 유형은 주어진 단어를 활용하여 문장을 완성하는 유형으로 출제된다. 우리말 해석이 주어지지 않거나, 조건에 맞게 문장을 완성해야 하는 경우도 있다. 모든 단어가 제시되지 않으므로 일부 단어를 추가해서 쓸 필요가 있다.

》》 기출 예제

다음 글의 밑줄 친 우리말과 일치하도록 보기 의 단어를 활용하여 영작하시오. (단, 총 9단어를 쓸 것)

동탄국제고등학교 1학년 기말고사 응용

The desires of humans and animals are extraordinarily different from each other. Animals tend to eat with their stomachs, and humans with their brains. When animals' stomachs are full, they stop eating, but humans are never sure when to stop. When they have eaten as much as their bellies can take, they still feel an urge for further gratification. This is largely due to the knowledge that a constant supply of food is uncertain. 그러므로, 그들은 그들이 할 수 있는 동안 가능한 한 많이 먹는다. It is also due to the knowledge that pleasure is uncertain in an insecure world. Therefore, the immediate pleasure of eating must be taken advantage of, even if it hinders digestion.

*gratification: 만족감

보기 much, while, eat, possible, can

》》 풀이 전략

Step 1 우리말 해석 확인: '그들은 그들이 할 수 있는 동안 가능한 한 많이 먹는다'가 영작해야 하는 부분에 해당한다.

Step 2 보기 를 통한 구문 확인: '가능한 한 ~한/하게'라는 의미인 「as+형용사/부사의 원급+as possible」 구문을 사용해야 함을 알 수 있다.

Step 3 구문 완성: '가능한 한 많이 먹는다'는 eat as much as possible로, '그들이 할 수 있는 동안'은 접속사 while을 사용하여 while they can으로 쓴다.

》》 정답 도출

Therefore, they eat as much as possible while they can.

---

extraordinarily 비상하게, 엄청나게　　belly 배　　urge (강한) 욕구, 충동　　constant 끊임없는, 지속적인　　insecure 불안정한　　take advantage of ~을 이용하다　　hinder 저해[방해]하다

1 다음 글의 밑줄 친 우리말과 일치하도록 보기 의 단어를 활용하여 영작하시오. (단, 필요시 단어를 추가하고 어형을 바꿔 쓸 것) 2020년 고1 학력평가 응용

Both animals and humans engage in play activities. In animals, play has long been seen as a way of learning and practicing skills and behaviors that are necessary for survival. In children, too, play has important functions during development. From the earliest stages of infancy, children learn about the world and their place in it through play. Children's play serves as a training ground for developing physical abilities like walking, running, and jumping, which are necessary for everyday living. 놀이는 또한 아이들이 사회적 행동을 배우게 해주고, 그들이 성인기에 중요할 가치를 습득하도록 도와준다. For example, they learn how to compete and cooperate with others, how to lead and follow, how to make decisions, and so on.

> 보기 children, learn, allow, values, help, social behaviors, acquire

Play also _____ and _____
that will be important in adulthood.

2 다음 글의 밑줄 친 우리말과 일치하도록 보기 의 단어를 활용하여 조건 에 맞게 영작하시오.
전북제일고등학교 1학년 중간고사 응용

I hope you remember me from the time I spent at your company. I am now scheduling job interviews with other companies, and I need your help. I have tried to contact my former manager, Sophia Johnson, but she is apparently away on a long vacation. When I worked for her, I was responsible for the company newsletter. 저는 그것의 내용을 흥미롭게 만들기 위해서뿐만 아니라 그것을 정기적으로 발송하기 위해서도 열심히 일했습니다. Ms. Johnson always gave me positive evaluations, which she placed in my employee records. Therefore, I was hoping for a recommendation. I know you're busy, but it would be very helpful to me. Please let me know if this is possible.

> 보기 content, send out, interesting, make

> 조건 1. 「not only A but also B」 구문을 사용할 것
> 2. A와 B 자리에 to부정사를 사용할 것
> 3. 필요시 단어를 추가하여 총 13단어를 쓸 것

I worked hard _____ regularly.

---

infancy 유아기   compete 경쟁하다   adulthood 성인(임); *성인기   apparently 듣자[보아]하니   evaluation 평가   recommendation 추천; *추천장[서]

UNIT 09 빈칸 채우기

빈출도 상 중 하

출제 POINT

빈칸 채우기 유형은 빈칸에 들어갈 어구를 본문이나 〈보기〉에서 찾아 쓰거나, 문맥상 빈칸에 들어갈 알맞은 단어를 추론하여 쓰는 유형으로 출제된다. 본문에서 찾은 단어를 어법에 맞게 바꿔 쓰거나, 빈칸에 공통으로 들어갈 말을 써야 하는 경우도 있다.

》》》 기출 예제

다음 글의 빈칸에 들어갈 한 단어를 본문에서 찾아 쓰시오. (단, 주어진 철자로 시작할 것)

대연고등학교 1학년 기말고사 응용

Many studies have shown that ethnic relations can affect people's health and subjective well-being. Members of minority groups in general have poorer health outcomes than those in the majority group. But that difference remains even when obvious factors, such as social class and access to medical services, are controlled. This suggests that dominance relations have their own effect on people's health. How could that be the case? From multiple physiological studies, we know that encounters with members of other ethnic-racial categories, even in the relatively safe environment of laboratories, trigger _____ responses. Minority individuals have many encounters with majority individuals, each of which may trigger such responses. So no matter how minimal these effects may be, their frequency may increase total stress, which would account for part of the health disadvantage of minority individuals.

》》》 풀이 전략

Step 1 중심 내용 파악: 건강이 민족 관계의 영향을 받을 수 있다는 내용으로, 소수 집단의 구성원들이 다수 집단의 구성원들보다 건강이 좋지 않다는 연구 결과에 대해 설명하고 있다.

Step 2 빈칸 앞뒤 문맥 확인: 빈칸 뒤에 소수 집단의 개인이 다수 집단의 개인을 마주칠 때 그러한 반응을 일으킬 수도 있으며, 그 영향이 아무리 작더라도 그 빈번한 발생이 총체적 스트레스를 증가시킬지도 모른다는 내용이 언급되어 있다.

Step 3 문맥을 바탕으로 단어 추론: 비교적 안전한 환경에서조차도 다른 민족-인종적 범주의 구성원들과 마주치는 것이 스트레스 반응을 유발한다는 것을 추측할 수 있다.

》》》 정답 도출

stress

---

ethnic 민족[종족]의   subjective 주관적인   minority 소수   dominance 우세, 우위   physiological 생리학(상)의, 생리학적인   encounter 마주침
laboratory 실험실   frequency 빈도; *빈발, 잦음   account for ~을 설명하다   disadvantage 불리한 점, 약점

1 다음 글의 빈칸에 들어갈 한 단어를 본문에서 찾아 쓰시오. (단, 주어진 철자로 시작하되 필요시 어형을 바꿔 쓸 것)

경기고등학교 1학년 기말고사 응용

Each animal species can detect a different range of odors. However, none of them can detect all the molecules that are present in the environment where they live—there are some things that we cannot smell but that some other animals can, and vice versa. There are also _____ between individuals, relating to the ability to smell an odor, or how pleasant it seems. For example, some people like the taste of coriander, while others find it soapy and unpleasant. This effect has an underlying genetic component due to variances in the genes controlling our sense of smell. Ultimately, the selection of scents detected by a given species, and how that odor is perceived, will depend upon the animal's ecology. Through its unique response profile, the animal will locate particular scents and respond accordingly.

*coriander: 고수(미나리과의 식물)

d_____

2 다음 글의 빈칸에 문맥상 알맞은 말을 한 단어로 쓰시오. (단, 주어진 철자로 시작할 것) 2020년 고1 학력평가 응용

Recent research suggests that evolving humans' relationship with dogs changed the structure of both species' brains. One of the various physical changes caused by domestication is a reduction in the _____ of the brain: 16 percent for horses, 34 percent for pigs, and 10 to 30 percent for dogs. When these animals began to rely on humans for care, they required less brain functions to survive. As a result, such animals no longer needed many of the skills their wild ancestors did, which led to the loss of parts of the brain related to those capacities. A similar process occurred for humans, who seem to have been domesticated by wolves. About 10,000 years ago, when the role of dogs was firmly established in most human societies, the human brain also got about 10 percent smaller.

s_____

---

detect 발견하다, 감지하다   odor 냄새   underlying 근본적인, 근원적인   genetic 유전적인   component 요소   variance 변화, 변동; ˚차이
ecology 생태(계)   profile (얼굴의) 윤곽; ˚도표   domestication 길들이기, 사육 (domesticate 길들이다)   capacity 용량; ˚능력

출제 POINT | 요약문 유형은 주로 본문이나 〈보기〉에서 알맞은 단어를 찾거나, 주어진 단어를 바르게 배열하여 본문을 요약하는 문장을 완성하는 유형으로 출제된다.

≫ 기출 예제

다음 글의 내용을 한 문장으로 요약하고자 한다. 빈칸 (A)와 (B)에 들어갈 알맞은 말을 본문에서 찾아 쓰시오. (단, 필요시 어형을 바꿔 쓸 것) 부산일과학고등학교 1학년 중간고사 응용

Due to globalization, many traditions around the world are being challenged. India is no exception to this trend, but the practice of eating a home-cooked meal for lunch still continues. In Mumbai, delivery men called dabbawalas deliver hot lunch boxes to workers almost every day. The dabbawala organization uses a simple and efficient delivery system that relies on teamwork, low operating costs, and customer satisfaction. It is not surprising, then, that business schools and large corporations around the world learn from the dabbawala system. Today, most people cannot imagine an efficient delivery system operating without the benefit of technology. Dabbawalas, however, don't use any technology, which demonstrates that some of the old ways may still be the best ways.

> The dabbawala organization in India ____(A)____ home-cooked meals to workers by using an efficient distribution system that doesn't rely on ____(B)____ .

≫ 풀이 전략

Step 1 중심 내용 파악: 기술을 사용하지 않고 단순하고 효율적인 배달 체계를 이용하여 점심 도시락을 배달하는 인도의 dabbawala(다바왈라) 체계에 관한 내용이다.

Step 2 요약문 해석: 요약문은 '인도의 dabbawala 조직은 (B)에 의존하지 않는 효율적인 배달 체계를 이용함으로써 집에서 요리한 식사를 근로자들에게 (A)한다'와 같이 해석할 수 있다.

Step 3 알맞은 단어 선택: dabbawala 조직은 기술(technology)에 의존하지 않으며 효율적인 방법으로 점심을 배달한다(deliver)는 내용이 되어야 한다. 요약문의 주어가 단수이므로 동사를 단수형인 delivers로 바꿔 쓴다.

≫ 정답 도출

(A) delivers   (B) technology

---

exception 예외   operating cost 운영비   satisfaction 만족   corporation 기업[회사]   distribution 분배, 배달

1 다음 글의 내용을 한 문장으로 요약하고자 한다. 빈칸 (A)와 (B)에 들어갈 알맞은 말을 보기 에서 골라 쓰시오.

천안고등학교 1학년 기말고사 응용

The mind is essentially a survival machine. Although it is good at attacking and defending against other minds, as well as collecting, storing, and analyzing information, it is not at all creative. All true artists create from a place of no-mind, from inner stillness. Even great scientists have reported that their creative breakthroughs came at a time of mental quietude. In fact, the result of a nationwide inquiry among America's most famous mathematicians shows that thinking "plays only a subordinate part in the brief, decisive phase of the creative act itself." So the reason why the majority of scientists are not creative might not be because they don't know how to think, but because they don't know how to stop thinking.

*quietude: 정적 **subordinate: 부수적인

| 보기 | clever | creative | defense | artistic | thought | information |

To be ____(A)____ , one should resist everything their mind is good at, as even a great scientist must learn how to be free of ____(B)____ to make a breakthrough.

(A) _____   (B) _____

2 보기 의 단어를 바르게 배열하여 다음 글의 요약문을 완성하시오. 인천과학고등학교 1학년 중간고사 응용

People from Western culture tend to be high disclosers, even showing a willingness to disclose information about themselves to strangers. This may explain why Americans seem particularly easy to meet and are good at small talk. On the other hand, Japanese people tend to disclose very little about themselves to others, except to the few people with whom they are very close. In general, Asians are not likely to reach out to strangers. They do, however, show great care for each other, since they view harmony as essential to relationship improvement. They work hard to prevent those they view as outsiders from getting information believed to be unfavorable.

보기 to disclose / affects / for someone / personal information / the tendency / to others

Culture _____.

essentially 근본[본질]적으로   stillness 고요, 정적   breakthrough 돌파구   inquiry 질문; *조사, 연구   decisive 결정적인   phase 단계
discloser 폭로하는[드러내는] 사람 (disclose 밝히다)   unfavorable 비판적인; *불리한

지은이

NE능률 영어교육연구소

NE능률 영어교육연구소는 혁신적이며 효율적인 영어 교재를 개발하고
영어 학습의 질을 한 단계 높이고자 노력하는 NE능률의 연구 조직입니다.

필히 통하는 고등 서술형 〈기본편〉

펴 낸 이　주민홍
펴 낸 곳　서울특별시 마포구 월드컵북로 396(상암동) 누리꿈스퀘어 비즈니스타워 10층
　　　　　㈜ NE능률 (우편번호 03925)
펴 낸 날　2023년 1월 5일 초판 제1쇄 발행
　　　　　2023년 10월 15일 제5쇄
전　　화　02 2014 7114
팩　　스　02 3142 0356
홈 페 이 지　www.neungyule.com
등 록 번 호　제1-68호
I S B N　979-11-253-4070-6 53740
정　　가　17,000원

NE 능률

고객센터

교재 내용 문의 : contact.nebooks.co.kr (별도의 가입 절차 없이 작성 가능)
제품 구매, 교환, 불량, 반품 문의 : 02-2014-7114
☎ 전화문의는 본사 업무시간 중에만 가능합니다.

NE능률 교재 MAP

아래 교재 MAP을 참고하여 본인의 현재 혹은 목표 수준에 따라 교재를 선택하세요.
NE능률 교재들과 함께 영어실력을 쑥쑥~ 올려보세요!
MP3 등 교재 부가 학습 서비스 및 자세한 교재 정보는 www.nebooks.co.kr 에서 확인하세요.

초1-2	초3	초3-4	초4-5	초5-6
	그래머버디 1	그래머버디 2	그래머버디 3	Grammar Bean 3
	초등영어 문법이 된다 Starter 1	초등영어 문법이 된다 Starter 2	Grammar Bean 1	Grammar Bean 4
		초등 Grammar Inside 1	Grammar Bean 2	초등영어 문법이 된다 2
		초등 Grammar Inside 2	초등영어 문법이 된다 1	초등 Grammar Inside 5
			초등 Grammar Inside 3	초등 Grammar Inside 6
			초등 Grammar Inside 4	

초6-예비중	중1	중1-2	중2-3	중3
능률중학영어 예비중	능률중학영어 중1	능률중학영어 중2	Grammar Zone 기초편	능률중학영어 중3
Grammar Inside Starter	Grammar Zone 입문편	1316 Grammar 2	Grammar Zone 워크북 기초편	문제로 마스터하는 중학영문법 3
원리를 더한 영문법 STARTER	Grammar Zone 워크북 입문편	문제로 마스터하는 중학영문법 2	1316 Grammar 3	Grammar Inside 3
	1316 Grammar 1	Grammar Inside 2	고득점 독해를 위한 중학 구문 마스터 2	열중 16강 문법 3
	문제로 마스터하는 중학영문법 1	열중 16강 문법 2	원리를 더한 영문법 2	고득점 독해를 위한 중학 구문 마스터 3
	Grammar Inside 1	고득점 독해를 위한 중학 구문 마스터 1	중학영문법 총정리 모의고사 2	중학영문법 총정리 모의고사 3
	열중 16강 문법 1	원리를 더한 영문법 1	쓰기로 마스터하는 중학서술형 2학년	쓰기로 마스터하는 중학서술형 3학년
	쓰기로 마스터하는 중학서술형 1학년	중학영문법 총정리 모의고사 1	천문장 입문	

예비고–고1	고1	고1-2	고2-3	고3
문제로 마스터하는 고등영문법	Grammar Zone 기본편 1	필히 통하는 고등영문법 실력편	Grammar Zone 종합편	
올클 수능 어법 start	Grammar Zone 워크북 기본편 1	TEPS BY STEP G+R Basic	Grammar Zone 워크북 종합편	
천문장 기본	Grammar Zone 기본편 2	필히 통하는 고등 서술형 실전편	올클 수능 어법 완성	
	Grammar Zone 워크북 기본편 2		천문장 완성	
	필히 통하는 고등영문법 기본			
	필히 통하는 고등 서술형 기본편			

수능 이상/ 토플 80-89 · 텝스 600-699점	수능 이상/ 토플 90-99 · 텝스 700-799점	수능 이상/ 토플 100 · 텝스 800점 이상		
TEPS BY STEP G+R 1	TEPS BY STEP G+R 2	TEPS BY STEP G+R 3		

시험에 꼭 나오는 **서술형 유형**만을 담았습니다!

필히 통하는 고등

서술형

정답 및 해설

기본편

PART 01 | 서술형 빈출 구문

UNIT 01 문장의 형식
Point 01 주어+동사+보어

[구문 개념 잡기]
그 산의 꼭대기는 구름 뒤에 숨겨져 있었다.
걱정은 그 화산의 폭발이 항공편의 지연을 야기할 것이라는 것이다.

Check Up   p.18

1 awful 2 to raise

문제 해설 |
1 주격보어 자리이므로 형용사 awful이 알맞다.
2 주격보어 자리이므로 to부정사 to raise가 알맞다.

문장 완성 *Practice*   p.19

A

1 nice 2 inspired 3 different 4 interested

문장 해석 |
1 Mike의 아이디어는 좋게 들렸지만 현실적인 것 같지 않았다.
2 Jane의 연설은 힘이 있어서 관객들이 영감을 받았다고 느꼈다.
3 그녀의 할머니는 천사를 본 적이 있지만 그들이 그림에 있는 것들과 다르게 보였다고 말했다.
4 그 순간, 모든 얼굴이 그가 말해야 하는 것에 관심이 있는 것처럼 보였다.

문제 해설 |
1 주격보어 자리이므로 부사 nicely를 형용사 nice로 고쳐야 한다.
2 관객들이 영감을 '받았다고' 느낀 것이므로 현재분사 inspiring을 과거분사 inspired로 고쳐야 한다.
3 주격보어 자리이므로 부사 differently를 형용사 different로 고쳐야 한다.
4 모든 얼굴이 관심을 끈 게 아니라 '관심 있는' 것이므로 현재분사 interesting을 과거분사 interested로 고쳐야 한다.

B

1 to get more sleep each night
2 so he stayed frozen
3 that the team will likely miss the playoffs
4 the price of oil has been stable

문제 해설 |
1 주격보어 역할을 하는 to부정사 to get을 쓰고, get의 목적어로 more sleep을 이어서 쓴 다음 부사구 each night를 쓴다.
2 동사 stayed 다음에 주격보어 역할을 하는 과거분사 frozen을 쓴다.
3 동사 is 다음에 주격보어 역할을 하는 that절(that the team ... playoffs)을 쓴다.
4 동사 has been 다음에 주격보어 역할을 하는 형용사 stable을 쓴다.

C

1 was to plan our graduation ceremony
2 The building next to the lake looked abandoned
3 that we didn't bring enough food

문제 해설 |
1 동사 was 다음에 주격보어 역할을 하는 to부정사 to plan을 쓰고 to plan의 목적어 our graduation ceremony를 이어서 쓴다.
2 과거시제이므로 동사 look을 과거형으로 쓰고, 건물이 '버려진' 것이므로 abandon을 과거분사 abandoned로 바꿔 쓴다.
3 동사 is 다음에 주격보어 역할을 하는 that절(that we ... food)을 쓴다.

UNIT 01 문장의 형식
Point 02 주어+동사+간접목적어 +직접목적어

[구문 개념 잡기]
그 새로운 태국 식당은 그들의 모든 손님에게 무료 후식을 주었다.
내 여동생은 지난 주말 내 생일에 내게 아침 식사를 요리해주었다.

Check Up   p.20

1 for 2 children

문제 해설 |
1 동사 buy는 3형식 문장에서 간접목적어 앞에 전치사 for를 쓰므로 for가 알맞다.
2 「주어+동사+간접목적어+직접목적어」 형태의 4형식 문장에서 간접목적어 자리이므로 children이 알맞다.

문장 완성 *Practice*   p.21

A

1 X, the people 2 X, to her class 3 O

1 그 도서관은 이 지역 사회의 사람들에게 일주일에 약 2천 권의 책을 빌려준다.
2 그 교사는 자신의 학급에게 액션 영화를 보여주었다.
3 그 도예 수업의 강사는 내게 화병을 만드는 법을 가르쳐주었다.

문제 해설 |

1 「주어+동사+간접목적어+직접목적어」 형태의 4형식 문장에서 간접목적어 자리이므로 to the people을 the people로 고쳐야 한다.
2 동사 show는 3형식 문장에서 간접목적어 앞에 전치사 to를 쓰므로 her class를 to her class로 고쳐야 한다.
3 「주어+동사+간접목적어+직접목적어」 형태의 4형식 문장에서 간접목적어 자리이므로 me는 알맞다.

B

1 Jessica's parents bought her a new smartphone
2 show shocking truths about the world to their audience
3 made a two-meter-tall statue of a lion for the king
4 the salesman told him the price of the car

문제 해설 |

1 4형식 문장이 되도록 동사 bought 다음에 간접목적어 her와 직접목적어 a new smartphone을 쓴다.
2 3형식 문장이 되도록 동사 show 다음에 직접목적어 shocking truths about the world를 쓰고 전치사 to 뒤에 간접목적어 their audience를 쓴다.
3 3형식 문장이 되도록 동사 made 다음에 직접목적어 a two-meter-tall statue of a lion을 쓰고 전치사 for 뒤에 간접목적어 the king을 쓴다.
4 4형식 문장이 되도록 동사 told 다음에 간접목적어 him을 쓰고 직접목적어 the price of the car를 쓴다.

C

1 some lunch money to
2 promised their full-time workers
3 gives lumps of coal to naughty boys and girls

문장 해석 |

1 나는 내 친구 Jason에게 점심값을 빌려주었다.
2 그 회사의 CEO는 전임 직원들에게 2주간의 추가 유급 휴가를 약속했다.
3 이탈리아의 민간전승에 따르면, 산타클로스는 크리스마스에 버릇없는 남자아이와 여자아이들에게 석탄 덩어리를 준다.

문제 해설 |

1 동사 loan은 3형식 문장에서 간접목적어 앞에 전치사 to를 쓰므로 직접목적어 some lunch money를 쓴 뒤 간접목적어 앞에 to를 쓴다.
2 4형식 문장이 되도록 동사 promised를 쓰고 간접목적어 their full-time workers를 이어서 쓴다.

3 동사 give는 3형식 문장에서 간접목적어 앞에 전치사 to를 쓰므로 gives와 직접목적어 lumps of coal을 쓴 다음 전치사 to와 간접목적어 naughty boys and girls를 이어서 쓴다.

UNIT 01 문장의 형식
Point 03 주어+동사+목적어+목적격보어

[구문 개념 잡기]
Michelle의 시끄러운 음악이 그녀의 이웃들을 화나게 만들었다.
그 학교는 학생들이 마지막 날 집에 일찍 가도록 허락했다.

Check Up   p.22

1 happy   2 do

문제 해설 |

1 keep의 목적격보어 자리이므로 형용사 happy가 알맞다.
2 make의 목적격보어 자리로, 학생들이 그 실험을 다시 '하게' 한 것이므로 동사원형 do가 알맞다.

문장 완성 Practice   p.23

A

1 to feel   2 waiting   3 introduce   4 hidden

문장 해석 |

1 물을 마시는 것은 당신이 배고픔을 덜 느끼게 한다.
2 그 연주자들은 악기를 조율하는 동안 관객들을 계속 기다리게 했다.
3 그 프로그램의 진행자는 그 게스트가 자신의 새 소설을 소개하게 했다.
4 가상 사설 통신망은 당신의 컴퓨터 위치가 숨겨지게 한다.

문제 해설 |

1 동사 cause의 목적격보어 자리이므로 feeling을 to feel로 고쳐야 한다.
2 동사 keep의 목적격보어 자리로, 관객들을 '기다리게' 한 것이므로 to wait를 현재분사 waiting으로 고쳐야 한다.
3 동사 have의 목적격보어 자리로, 게스트가 자신의 소설을 '소개하게' 한 것이므로 to introduce를 동사원형 introduce로 고쳐야 한다.
4 동사 keep의 목적격보어 자리로, 컴퓨터의 위치가 '숨겨지는' 것이므로 to hide를 과거분사 hidden으로 고쳐야 한다.

B

1 the jury found the man guilty
2 tourists can see whales surfacing

3 considered her new movie the best comedy
4 The spy helped the prisoners escape

문제 해설 |

1 동사 found 다음에 목적어 the man을 쓰고 목적격보어 guilty를 쓴다.
2 조동사 can 뒤에 동사원형 see를 쓰고 목적어 whales와 목적격보어 surfacing을 이어서 쓴다.
3 동사 considered 다음에 목적어 her new movie를 쓰고 목적격보어 the best comedy를 쓴다.
4 동사 helped 뒤에 목적어 the prisoners를 쓰고 목적격보어 escape를 쓴다.

C

1 allows you to edit your pictures
2 had her father's last novel published
3 encouraged all interviewees to wear

문제 해설 |

1 동사 allows 뒤에 목적어 you를 쓰고 이어서 목적격보어를 to부정사 to edit로 쓴다.
2 과거시제이므로 동사 have를 과거형으로 쓰고, 목적어 her father's last novel이 '출판되는' 것이므로 목적격보어를 과거분사 published로 쓴다.
3 과거시제이므로 동사 encourage를 과거형으로 쓰고, 목적어 all interviewees 뒤에 목적격보어를 to부정사 to wear로 쓴다.

UNIT 02 수 일치
Point 04 수식어구가 포함된 주어의 수 일치

[구문 개념 잡기]
당신의 차를 수리하는 최선의 방법은 그것을 정비공에게 가져가는 것이다.
저 산을 오르고 있는 남자들은 유명한 암벽 등반가들이다.
교수들에 의해 편집된 논문들은 그런 다음 연구 간행물에 발표된다.
물리학 과목은 보통 수학에 재능이 있는 학생들에 의해 학습된다.

Check Up p.24

1 is 2 have

문제 해설 |

1 talking to the woman은 핵심 주어인 The police officer를 수식하는 현재분사구로, 핵심 주어가 3인칭 단수이므로 단수 동사 is가 알맞다.

---

2 from different countries는 핵심 주어인 Historians를 수식하는 전치사구로, 핵심 주어가 복수이므로 복수 동사 have가 알맞다.

문장 완성 Practice p.25

A

1 are 2 turns 3 break 4 ensures

문장 해석 |

1 이 여행사에 의해 제공되는 여행 패키지들은 보통 할인가에 판매된다.
2 이 산의 정상에 오른 유일한 사람은 오늘 60세가 된다.
3 내 아파트를 관리하는 회사에 의해 수리된 에어컨들은 항상 금세 고장이 난다.
4 더 오래된 발견들 위에 새로운 지식을 쌓아 올리는 행위는 우리가 우리의 실수를 반드시 바로잡게 한다.

문제 해설 |

1 과거분사구 offered by this travel agency가 복수 주어 Travel packages를 수식하는 구조이므로, 동사 자리에 be동사의 복수형인 are를 쓴다.
2 to부정사구 to reach ... mountain이 단수 주어 The only person을 수식하는 구조이므로, 동사 자리에 단수형인 turns를 쓴다.
3 과거분사구 fixed ... apartment가 복수 주어 Air conditioners를 수식하는 구조이므로, 동사 자리에 복수형인 break를 쓴다.
4 전치사구 of ... discoveries가 단수 주어 The act를 수식하는 구조이므로, 동사 자리에 단수형인 ensures를 쓴다.

B

1 Companies with the fastest growth are
2 Jessie's favorite thing to do in her free time is
3 The espresso made by this coffee shop tastes

문제 해설 |

1 복수 주어 Companies를 전치사구 with the fastest growth가 뒤에서 수식하는 형태로 쓴 다음 동사 are를 쓴다.
2 단수 주어 Jessie's favorite thing을 to부정사구 to do in her free time이 뒤에서 수식하는 형태로 쓴 다음 동사 is를 쓴다.
3 단수 주어 The espresso를 과거분사구 made by this coffee shop이 뒤에서 수식하는 형태로 쓴 다음 동사 tastes를 쓴다.

C

1 The main function of food labels is
2 Chimpanzees participating in the study were
3 Many film directors of the 1940s were

문제 해설 |

1 주어는 단수 명사 The main function을 전치사구 of food labels

가 수식하는 형태로 쓰고, 현재시제이며 핵심 주어가 단수이므로 동사는 is로 쓴다.

2 주어는 복수 명사 Chimpanzees를 현재분사구 participating in the study가 수식하는 형태로 쓰고, 과거시제이며 핵심 주어가 복수이므로 동사는 were로 쓴다.

3 복수 명사 Many film directors를 전치사구 of the 1940s가 수식하는 형태로 쓰고, 과거시제이며 핵심 주어가 복수이므로 동사는 were로 쓴다.

UNIT 02 수 일치 — Point 05 구와 절 주어의 수 일치

[구문 개념 잡기]
자신의 사업을 시작하는 것은 많은 시간과 돈이 든다.
사람들이 매일 어떻게 먹는지는 그들의 건강에 장기적인 영향을 미친다.

Check Up   p.26

1 requires   2 was

문제 해설 |

1 to부정사구(To accomplish your goals)가 주어이므로 단수 동사 requires가 알맞다.

2 관계대명사 what절(What Plato did)이 주어이므로 단수 동사 was가 알맞다.

문장 완성 Practice   p.27

A

1 Riding a bicycle without a helmet is
2 That you live in Alaska is really impressive
3 To burp at the dinner table is considered acceptable
4 What my mom didn't understand was

문제 해설 |

1 동명사구(Riding a bicycle without a helmet) 주어는 단수 취급하므로 단수 동사 is를 쓴다.

2 that절(That you live in Alaska) 주어는 단수 취급하므로 단수 동사 is를 쓴다. really impressive는 주격보어로 be동사 뒤에 쓴다.

3 to부정사구(To burp at the dinner table) 주어는 단수 취급하므로 is considered를 쓰고, 보어인 형용사 acceptable을 이어서 쓴다.

4 관계대명사 what절(What my mom didn't understand) 주어는 단수 취급하므로 단수 동사 was를 쓴다.

B

1 Reducing your carbon footprint on earth is
2 is not common knowledge to everyone
3 determines how much work you finish
4 What many people regard as junk is

문제 해설 |

1 동명사구 주어를 쓰고 단수 동사 is를 쓴다.

2 that절이 주어이므로 단수 동사 is를 쓰고, not과 주격보어 common knowledge를 쓴 뒤, 전치사구 to everyone을 이어서 쓴다.

3 의문사절이 주어이므로 단수 동사 determines를 쓰고 목적어로 의문사절을 「의문사+주어+동사」의 어순으로 쓴다.

4 관계대명사 What 뒤에 주어(many people), 동사(regard), 전치사구(as junk)를 차례로 써 관계대명사절 주어를 만든 다음 단수 동사 is를 쓴다.

UNIT 02 수 일치 — Point 06 「___+of+명사」 주어의 수 일치

[구문 개념 잡기]
이 가게에 있는 모든 손목시계는 500달러 이상이다!
호텔 로비에 있는 그 조각상들 각각은 프랑스의 유명한 예술가에 의해 제작되었다.

Check Up   p.28

1 have   2 needs

문제 해설 |

1 The majority of 뒤에 오는 명사가 firefighters로 복수이므로 복수 동사 have가 알맞다.

2 Sixty percent of 뒤에 오는 명사가 this software로 단수이므로 단수 동사 needs가 알맞다.

문장 완성 Practice   p.29

A

1 X, was   2 O   3 X, believe   4 X, seems

문제 해석 |

1 내가 내 가방을 확인했을 때, 내 숙제 중 절반이 없었다.

2 이 동물원의 동물들 중 대부분이 희귀하고 이국적이다.

3 많은 사람들이 여전히 돈과 권력이 그들의 성공을 보장해줄 것이라고 믿는다.

4 Jack의 치료사에 의해 주어진 조언 중 일부는 쓸모없는 것 같다.

문제 해설 |

1 Half of 뒤에 오는 명사가 my homework로 단수이므로 were를 단수 동사 was로 고쳐야 한다.
2 Most of 뒤에 오는 명사가 the animals로 복수이므로 복수 동사 are는 적절하다.
3 「a number of+복수 명사」는 복수 취급하므로 believes는 복수 동사 believe로 고쳐야 한다.
4 Some of 뒤에 오는 명사가 the advice로 단수이므로 seem을 단수 동사 seems로 고쳐야 한다.

B

1 The number of tourists who visited this city was
2 one-fourth of the books on this shelf are
3 All of the best bands play
4 Half of the cars in this lot are owned

문제 해설 |

1 '관광객의 수'는 The number of tourists로 나타내고, 뒤에 관계대명사 who가 이끄는 절을 쓴 뒤 단수 동사 was를 쓴다.
2 '책들 중 4분의 1'은 one-fourth of the books로 나타내고, 뒤에 전치사구 on this shelf를 쓴 뒤 복수 동사 are를 쓴다.
3 '모든 최고의 밴드'는 All of the best bands로 나타내고, 복수 동사 play를 이어서 쓴다.
4 '차량의 절반'은 Half of the cars로 나타내고, 뒤에 전치사구 in this lot을 쓴 뒤 are owned를 이어서 쓴다.

C

1 One of the problems with tanning is
2 two-thirds of the produce in our grocery store is
3 a quarter of the students drop

문제 해설 |

1 '~ 중 하나'는 「one of+복수 명사」로 나타내며, 이는 단수 취급하므로 단수 동사 is를 쓴다.
2 '~ 중 3분의 2'는 two-thirds of로 나타내며, 동사의 수는 of 뒤의 명사 the produce (in our grocery store)에 일치시켜 단수 동사 is (imported)를 쓴다.
3 '~ 중 4분의 1'은 a quarter of로 나타내며, 동사의 수는 of 뒤의 명사 the students에 일치시켜 복수 동사 drop을 쓴다.

UNIT 02 수 일치
Point 07 관계사 선행사의 수 일치

[구문 개념 잡기]
아침 일찍 운동을 하는 사람들은 보통 낮 동안 기분이 더 좋다고 말한다.
남편과 내가 결혼한 날은 내 인생에서 최고의 날이었다.

---

1 is   2 support

문제 해설 |

1 관계대명사절 that I wore yesterday의 수식을 받는 단수 명사 The face mask가 핵심 주어이므로 단수 동사 is가 알맞다.
2 관계대명사절 who are ... race의 수식을 받는 All of the candidates가 핵심 주어이며, 「all of+복수 명사」는 복수 취급하므로 복수 동사 support가 알맞다.

문장 완성 *Practice*   p.31

A

1 X, seems   2 O   3 X, are   4 X, make

문장 해석 |

1 오트밀은 내가 보통 매일 아침에 먹는데 소화에 아주 좋은 것 같다.
2 사람들이 야영할 수 있는 숲은 가족들에게 인기 있는 휴가 장소이다.
3 이제 모든 것이 온라인으로 내려받아질 수 있기 때문에 사람들이 CD를 사던 시절은 지났다.
4 자신의 성과를 과도하게 자랑하는 사람들은 다른 사람들을 짜증 나게 만든다.

문제 해설 |

1 Oatmeal이 핵심 주어이므로 seem은 단수 동사 seems로 고쳐야 한다. which ... morning은 Oatmeal을 부연 설명하는 계속적 용법의 관계대명사절이다.
2 Forests가 핵심 주어이므로 복수 동사 are는 적절하다. where people can camp는 Forests를 수식하는 관계부사절이다.
3 The days가 핵심 주어이므로 복수 동사 are로 고쳐야 한다. when people bought CDs는 The days를 수식하는 관계부사절이다.
4 People이 핵심 주어이므로 makes는 복수 동사 make로 고쳐야 한다. who ... much는 People을 수식하는 관계대명사절이다.

B

1 Some reasons why people raise pets are
2 that watched TV shows in black and white sometimes have
3 The shirt that I bought yesterday is

문제 해설 |

1 복수 명사 Some reasons를 관계부사절 why people raise pets가 수식하도록 차례대로 쓰고 복수 동사 are를 쓴다.
2 복수 명사 Older generations를 수식하는 관계대명사절 that watched TV shows in black and white를 쓰고 복수 동사 have를 쓴다.
3 단수 명사 The shirt를 수식하는 관계대명사절 that I bought yesterday를 쓰고 단수 동사 is를 쓴다.

1 why I chose to become a doctor was
2 where I like to eat lunch serves
3 that was affected by the flood was

문제 해설 |

1 관계부사 why를 이용하여 단수 명사 The reason을 수식하는 관계부사절을 구성한다. 동사는 The reason에 일치시켜 was로 쓴다.

2 관계부사 where를 이용하여 단수 명사 The restaurant를 수식하는 관계부사절을 쓴다. 동사는 The restaurant에 일치시켜 serves로 쓴다.

3 관계대명사 that을 이용하여 The town을 수식하는 관계대명사절을 쓴다. 동사는 The town에 일치시켜 was로 쓴다.

UNIT 02 수 일치
Point 08 도치 구문의 수 일치

[구문 개념 잡기]
Amy의 주머니에는 몇 개의 동전과, 신용카드가 있었다.
그렇게 큰 지진이 나의 고향에서 발생한 적은 한 번도 없었다.

Check Up   p.32

1 is   2 do

문제 해설 |

1 보어가 문두에 나와 주어와 동사가 도치된 문장으로, 주어인 the man에 동사의 수를 일치시켜야 하므로 is가 알맞다.

2 부정어 Rarely가 문두에 나와 주어와 조동사가 도치된 문장으로, 주어인 students에 조동사의 수를 일치시켜야 하므로 do가 알맞다.

문장 완성 Practice   p.33

1 was   2 is   3 does   4 are

문장 해석 |

1 나의 여행이 얼마나 좋았는지를 내 친구에게 말한 후 그녀는 부러워했다.

2 이곳은 사람들이 수업 후에 공부하기 좋아하는 장소이다.

3 Jack은 신앙심이 깊지 않고 신을 믿지도 않는다.

4 시계가 자정을 알리고 나서야 우리는 산 정상에서 별을 보기 위한 우리의 여행을 시작할 수 있다.

문제 해설 |

1 보어가 문두에 나와 주어와 동사가 도치된 문장이므로, 주어인 my friend에 동사의 수를 일치시켜야 한다. 따라서, were를 was로 고

쳐야 한다.

2 '이곳이 ~이다, 여기 ~가 있다'의 의미를 나타낼 때는 「Here+be동사+주어」 형태의 구문을 쓴다. 이때, 주어인 the place에 동사의 수를 일치시켜야 하므로 are를 is로 고쳐야 한다.

3 앞에 나온 부정문에 대해 '~도 또한 아니다'의 의미를 나타낼 때는 「nor+(조)동사+주어」 형태의 구문을 쓴다. 이때, 주어인 he에 조동사의 수를 일치시켜야 하므로 do를 does로 고쳐야 한다.

4 부정어구 Not until ~이 문두에 나와 주어와 동사가 도치된 문장이므로, 주어인 we에 동사의 수를 일치시켜야 한다. 따라서, is를 are로 고쳐야 한다.

1 is the person that believes he can blame all his problems on others
2 Little does Nancy know about her great grandfather who fought in World War I.
3 Rarely do temperatures fall below zero in this city during winter.

문장 해석 |

1 자신의 모든 문제를 다른 사람들 탓으로 돌릴 수 있다고 믿는 사람은 어리석다.

2 Nancy는 제1차 세계 대전에서 싸웠던 그녀의 증조부에 관해 거의 알지 못한다.

3 겨울철에 이 도시에서는 기온이 좀처럼 영하로 떨어지지 않는다.

문제 해설 |

1 보어인 Foolish가 문두에 왔으므로, 뒤에 「동사(is)+주어(the person ~)」의 순서로 쓴다.

2 주어가 단수 명사인 Nancy이므로, 부정어 Little을 문두에 쓴 뒤 「조동사(does)+주어(Nancy)+동사원형(know) ~」의 순서로 쓴다.

3 주어가 복수 명사인 temperatures이므로, 부정어 Rarely를 문두에 쓴 뒤 「조동사(do)+주어(temperatures)+동사원형(fall) ~」의 순서로 쓴다.

1 do I clean the icons
2 were many people from different countries
3 are over 3,000 Christmas lights
4 was a map of Asia hanging on the wall

문제 해설 |

1 부정어 Seldom이 문두에 나와 주어와 조동사가 도치된 형태로, 뒤에 「조동사(do)+주어(I)+동사원형(clean) ~」의 순서로 쓴다.

2 '~가 있다'의 의미는 「There+be동사(were)+주어(many people ... countries)」의 어순으로 나타낸다.

3 부사구 From the top to the bottom of this tree가 문두에 나와 주어와 동사가 도치된 형태로, 뒤에 「동사(are)+주어(over 3,000 Christmas lights)」의 순서로 쓴다.

4 '~가 있다'의 의미는 「There+be동사(was)+주어(a map of

Asia)」의 어순으로 쓰며, 뒤에 a map of Asia를 수식하는 분사구 hanging on the wall을 쓴다.

UNIT 03 시제
Point 09 현재완료시제 vs. 과거시제

[구문 개념 잡기]
이 코미디 시리즈는 5년이 넘는 동안 텔레비전에 방영되어 왔다.
알베르트 아인슈타인은 1900년에 취리히에서 교직 과정을 졸업했다.

Check Up   p.34

1 met   2 have taught

문장 해석 |
1 Jason은 어제 그가 아주 좋아하는 야구 선수를 만났다.
2 나는 지난 3년 동안 아이들에게 피아노 치는 것을 가르쳐 왔다.

문제 해설 |
1 과거의 특정 시점을 나타내는 부사 yesterday가 쓰였으므로 met이 알맞다.
2 과거부터 현재까지 계속된 일을 나타내므로 have taught가 알맞다.

문장 완성 Practice   p.35

A

1 has been   2 has just released   3 has decided

문제 해설 |
1 과거부터 현재까지의 경험을 나타내므로 현재완료시제 has been을 쓴다.
2 '막[방금] ~했다'라는 의미로, 과거에 시작된 일이 현재 완료되었음을 나타내므로 현재완료시제 has just released를 쓴다.
3 과거의 결정이 현재까지 영향을 미치고 있음을 나타내므로 현재완료시제 has decided를 쓴다.

B

1 has left the key to her car
2 has studied geology
3 has worked at an IT company

문장 해석 |
1 Brenda는 그녀의 차 열쇠를 집에 두고 왔다. 그녀는 현재 그것을 가지고 있지 않다.
   → Brenda는 차 열쇠를 집에 두고 왔다.

2 Adam은 거의 20년 전에 지질학을 공부하기 시작했다. 그는 아직도 그것을 공부한다.
   → Adam은 거의 20년 동안 지질학을 공부해 오고 있다.
3 Martin은 2010년에 IT 회사에서 일하기 시작했다. 그는 아직도 거기서 일한다.
   → Martin은 2010년 이후로 IT 회사에서 일해 오고 있다.

문제 해설 |
1 과거에 열쇠를 잃어버린 결과가 현재에도 영향을 미치고 있으므로 현재완료시제 has left를 쓴다.
2 20년 전에 지질학 공부를 시작한 것이 현재에도 계속되고 있으므로 현재완료시제 has studied를 쓴다.
3 2010년에 IT 회사에서 일하기 시작하여 현재까지 계속 일하고 있으므로 현재완료시제 has worked를 쓴다.

C

1 has sold more than one million copies
2 have waited at the bus stop, the bus still hasn't arrived
3 The baseball team has played well

문제 해설 |
1 과거부터 현재까지 책이 판매되어 온 것이므로 현재완료시제인 has sold를 쓰고, 뒤에 목적어인 more than ... copies를 쓴다.
2 지난 20분 동안 버스를 기다려 온 것이므로 현재완료시제인 have waited를 쓰고, 뒤에 전치사구인 at the bus stop을 쓴다. 버스가 아직 도착하지 않은 것은 현재까지 완료되지 않은 일에 해당하므로 현재완료시제인 hasn't arrived를 쓴다. 부사 still은 주로 haven't [hasn't] 바로 앞에 쓴다.
3 '이번 시즌'이라는 과거부터 현재까지 이르는 기간에 계속된 일을 나타내므로 현재완료시제 has played를 쓴다.

UNIT 03 시제
Point 10 과거완료시제

[구문 개념 잡기]
Greg는 자신이 시험을 위해 열심히 공부했었다고 말했다.
Glen은 그 산의 정상에 이르기 위해 거의 5시간 동안 등반했다.
내가 집에 도착했을 때, 나의 가족은 이미 저녁을 먹은 상태였다.

Check Up   p.36

1 had seen   2 had

문장 해석 |
1 Cathy는 자신이 그 영화를 이전에 본 적이 있었다는 것을 깨달았다.
2 Paul이 오븐에서 쿠키들을 꺼냈을 때 그것들은 이미 탄 상태였다.

문제 해설 |

1 영화를 본 것은 그 사실을 알아차린 과거 시점 이전의 일이므로 과거 완료시제 had seen이 알맞다.
2 쿠키가 탄 것은 그것을 오븐에서 꺼낸 과거 시점 이전의 일이므로 과거완료시제 had (already been burnt)가 알맞다.

문장 완성 *Practice*   p.37

A

1 The miners had been trapped
2 had moved to another city
3 had already started
4 had solved the crime

문장 해석 |

1 그 광부들은 탄광에 갇혔다. 그들은 3일 후에 구조되었다.
 → 그 광부들은 구조되기 전에 3일 동안 탄광에 갇혀 있었다.
2 Susan의 가장 친한 친구가 다른 도시로 이사 갔다. 그녀는 그 후 외로움을 느꼈다.
 → 자신의 가장 친한 친구가 다른 도시로 이사 간 후에, Susan은 외로움을 느꼈다.
3 우리는 서 있을 자리를 찾았다. 퍼레이드는 이미 시작되었다.
 → 우리가 서 있을 자리를 찾았을 때, 퍼레이드는 이미 시작되었었다.
4 그 형사는 그 범죄를 해결했다. 그는 기자들에게 그것을 말했다.
 → 그 형사는 기자들에게 자신이 범죄를 해결했다고 말했다.

문제 해설 |

1 광부들이 구조된 과거 시점 이전부터 구조된 시점까지 계속된 상태를 나타내므로 과거완료시제 had been trapped를 쓴다.
2 친구가 이사를 간 것은 Susan이 외로움을 느낀 과거 시점 이전의 일이므로 과거완료시제인 had moved to another city를 쓴다.
3 퍼레이드가 시작된 것은 우리가 서 있을 자리를 찾은 과거 시점 이전의 일이므로 과거완료시제인 had already started를 쓴다.
4 그 형사가 범죄를 해결한 것은 그가 기자들에게 말한 과거 시점 이전의 일이므로 과거완료시제인 had solved the crime을 쓴다.

B

1 she had done something wrong
2 he had discovered a new planet
3 had worked for the company for more than twenty years
4 had won two swimming championships
5 had never been on an airplane

문제 해설 |

1 Hannah가 잘못을 한 것은 그녀의 표정이 암시한 그 이전의 일이므로 과거완료시제 had done을 쓴다. something은 형용사가 뒤에서 수식한다.
2 그 과학자가 행성을 발견한 것은 그가 주장하기 이전의 일이므로 과거완료시제 had discovered를 쓰고, 뒤에 목적어 a new planet을 쓴다.

3 은퇴한 과거의 특정 시점까지 계속된 일을 나타내므로 과거완료시제 had worked를 쓴다.
4 '19세가 될 무렵'이라는 과거의 특정 시점까지의 경험을 나타내므로 과거완료시제 had won을 쓴다.
5 멕시코로 여행을 간 과거의 특정 시점까지의 경험을 나타내므로 과거완료시제인 had never been을 쓴다.

UNIT 03	시제 Point 11 완료진행시제

[구문 개념 잡기]
Mark는 오늘 아침 일찍부터 골프를 치는 중이다.
Michelle은 마침내 그녀의 전화기를 찾기 전까지 몇 시간 동안 그것을 찾고 있었다.

Check Up   p.38

1 has been   2 had

문장 해석 |

1 지금 6시간 넘게 눈이 오는 중이다.
2 Wendy는 오전 내내 정원을 가꾸고 있었기 때문에 그녀의 옷은 흙투성이였다.

문제 해설 |

1 과거부터 현재까지 진행 중인 일을 나타내므로 현재완료진행시제인 has been (snowing)이 알맞다.
2 옷이 흙투성이가 된 과거의 특정 시점까지 계속해서 진행 중이었던 일을 나타내므로 과거완료진행시제인 had (been gardening)가 알맞다.

문장 완성 *Practice*   p.39

A

1 has been studying
2 had been arguing
3 have been searching for a cure

문장 해석 |

1 Carol은 3시간 전에 그녀의 방에서 공부하기 시작했다. 그녀는 아직도 공부하는 중이다.
 → Carol은 그녀의 방에서 3시간 동안 공부하는 중이다.
2 그 학생들은 언쟁을 하고 있었다. 그때 그 교사가 교실에 들어왔다.
 → 그 교사가 교실에 들어왔을 때 그 학생들은 언쟁을 하고 있었다.
3 과학자들은 수년 전에 암의 치료법을 찾기 시작했다. 그들은 아직도 그것을 찾고 있다.
 → 과학자들은 수년 동안 암의 치료법을 찾고 있다.

1 3시간 전부터 현재까지 계속 공부를 하는 중이므로 현재완료진행시제 has been studying을 쓴다.
2 교사가 교실에 들어온 과거의 특정 시점까지 계속해서 진행 중이었던 일을 나타내므로 과거완료진행시제인 had been arguing을 쓴다.
3 수년 전부터 현재까지 계속해서 진행 중인 일을 나타내므로 현재완료진행시제 have been searching을 쓴다.

B

1 had been erupting for six months
2 The novelist has been writing books
3 has been teaching high school students

문제 해설 |

1 이전부터 화산이 분화를 멈춘 과거의 특정 시점까지 계속해서 진행 중이었던 일을 나타내므로 과거완료진행시제 had been erupting을 쓴다.
2 여섯 살 때부터 현재까지 계속해서 진행 중인 일을 나타내므로 현재완료진행시제 has been writing을 쓴다.
3 과거부터 현재까지 그의 경력 기간 동안 진행되어 온 일을 나타내므로 현재완료진행시제 has been teaching을 쓴다.

C

1 had you been staying
2 We had been waiting for
3 has been orbiting

문제 해설 |

1 이전부터 런던에 간 과거의 특정 시점까지 진행 중이었던 일을 나타내므로 과거완료진행시제를 쓴다. 의문문이므로 「의문사+(조)동사+주어」의 어순으로 쓴다.
2 종업원이 음식을 가져온 과거의 특정 시점까지 계속해서 기다리던 중이었다는 의미이므로 과거완료진행시제를 쓴다.
3 과거부터 20년 넘게 계속해서 진행 중인 일을 나타내므로 현재완료진행시제를 쓴다.

p.40

UNIT 01~03 서술형 빈출 구문 REVIEW TEST

A

1 to explain 2 are 3 to 4 makes
5 is 6 live 7 studying 8 had

문장 해석 |

1 그 책의 목적은 진정한 사랑이 무엇인지 설명하는 것이다.
2 전쟁 기간 동안 도난당한 공예품들이 아직도 박물관에 전시되어 있다.
3 한 고객이 금요일에 그 가게에 격한 말로 표현된 항의 글을 써 보냈다.

4 자신이 틀렸을 때 기꺼이 인정하려는 Janet의 마음은 그녀를 훌륭한 친구로 만들어준다.
5 준비 없이 면접에 가는 것은 매우 어리석은 행동이다.
6 야생 동물 보호 구역은 부상당한 동물들이 편안한 삶을 살도록 돕는다.
7 Alison은 그녀의 남동생이 10분보다 길게 공부하고 있는 것을 한 번도 본 적이 없다.
8 내가 콘서트장에 도착했을 때쯤에는 그 공연이 이미 끝나 있었다.

문제 해설 |

1 주어를 보충 설명하는 주격보어로 to부정사 to explain이 알맞다.
2 핵심 주어가 과거분사구의 수식을 받는 Artifacts이므로 복수 동사 are가 알맞다.
3 동사 write는 3형식 문장에서 「주어+동사(write)+직접목적어+to+간접목적어」의 어순으로 쓰인다. 따라서, 전치사 to가 알맞다.
4 핵심 주어가 to부정사구의 수식을 받는 Janet's willingness이므로 단수 동사 makes가 알맞다.
5 to부정사구가 주어로 쓰인 경우 단수 취급하므로 단수 동사 is가 알맞다.
6 동사 help는 목적격보어로 동사원형 또는 to부정사를 취하므로 live가 알맞다.
7 지각동사 see는 목적어와 목적격보어의 관계가 능동일 때 목적격보어로 동사원형 또는 현재분사를 취하므로, studying이 알맞다.
8 공연이 끝난 것은 콘서트장에 도착한 과거 시점 이전의 일이므로 과거완료시제 had (already ended)가 알맞다.

B

1 locking → locked	2 nicely → nice
3 help → helps	4 is → are
5 is → are	6 improve → improves
7 do → does	8 have → has

문장 해석 |

1 형사들은 그 용의자의 방문이 잠긴 것을 발견했다.
2 저 소녀는 친절해 보일지도 모르지만, 그녀는 내가 아는 가장 심술궂은 사람이다.
3 특정한 냄새를 추적하는 개의 능력은 사냥꾼들이 사냥감을 뒤쫓는 것을 도와준다.
4 그 차 뒤에서 두 사람이 자전거를 타고 있다.
5 이 섬에 살았던 모든 동물의 70퍼센트가 이제 멸종되었다.
6 오전에 아침 식사를 하는 것은 신체적, 정신적 건강을 증진시킨다.
7 Rebecca는 우리에게 그녀의 생일을 위한 계획이 이미 있다는 것을 거의 모르고 있다.
8 재활용될 수 있는 플라스틱 쓰레기는 먼저 세척되어야 한다.

문제 해설 |

1 목적어(the door to the suspect's room)와 목적격보어의 관계가 수동이므로 locking을 locked로 고쳐야 한다.
2 부사는 주격보어로 쓸 수 없으므로 nicely를 형용사 nice로 고쳐야 한다.
3 핵심 주어가 to부정사의 수식을 받는 The dog's ability이므로 help를 단수 동사 helps로 고쳐야 한다.

4 부사구가 문두에 나와 주어와 be동사가 도치된 문장으로, 주어가 two people이므로 is를 복수 동사 are로 고쳐야 한다.

5 주어가 「부분사+of+명사」인 경우, of 뒤의 명사에 동사의 수를 일치시켜야 하므로 is를 복수 동사 are로 고쳐야 한다.

6 동명사구가 주어로 쓰였으므로 improve를 단수 동사 improves로 고쳐야 한다.

7 부정어가 문두에 나와 주어와 조동사가 도치된 문장으로, 주어가 Rebecca이므로 do를 단수 동사 does로 고쳐야 한다.

8 핵심 주어가 관계대명사절의 수식을 받는 Plastic waste이므로 have를 단수 동사 has로 고쳐야 한다.

C

1 noticed a strange spaceship flying
2 What the scientists discovered was
3 The treasure had been kept in the attic
4 My ankle looks swollen
5 Kate had been crying when

문제 해설 |

1 「지각동사(noticed)+목적어(a strange spaceship)+목적격보어(flying)」의 어순으로 쓴다.

2 선행사를 포함한 관계대명사 What이 문장의 주어 역할을 하도록 쓰며, 이 경우 주어를 단수 취급하므로 동사 was를 쓴다.

3 과거의 특정 시점을 기준으로 그 이전부터 기준 시점까지 계속된 일을 가리키므로 과거완료시제 had been kept를 쓴다.

4 주어를 보충 설명하는 주격보어로 과거분사 swollen을 쓴다.

5 과거의 특정 시점까지 진행 중이던 일을 나타내므로 과거완료진행시제 had been crying을 쓴다.

D

1 asked the witness to recall the event
2 The author has written over 200 short stories
3 do raccoons come out of their dens
4 shows her physical and mental struggles

문제 해설 |

1 동사 ask는 목적격보어로 to부정사를 취하므로, 「asked+목적어(the witness)+목적격보어(to recall the event)」의 어순으로 쓴다.

2 과거부터 현재까지 계속 해온 일을 나타내므로 현재완료시제인 has written을 쓴다.

3 부정어(Rarely)가 강조되어 문두에 오는 경우, 동사가 일반동사이면 「부정어+do[does/did]+주어+동사원형」의 어순으로 쓰는데, 현재시제이며 주어가 raccoons로 복수이므로 복수 동사 do를 쓴다.

4 「Each of+명사」 형태의 주어는 단수 취급하므로 단수 동사 shows를 쓴다.

UNIT **04** 조동사
Point 12 여러 가지 조동사 표현

Check Up   p.42

1 may well   2 discuss

문장 해석 |

1 그녀가 경주에 충분히 준비되어 있기 때문에, 그녀는 아마 자신이 이길 것이라고 생각할 것이다.

2 나는 전화로 이러한 민감한 문제들을 의논하지 않는 것이 낫겠다.

문제 해설 |

1 문맥상 '아마 ~일 것이다'라는 의미의 may well이 알맞다.

2 would rather 뒤에는 동사원형이 오므로 discuss가 알맞다.

문장 완성 *Practice*   p.43

A

1 would → used to   2 had not better → had better not   3 stayed → stay

문장 해석 |

1 훌륭한 변호사였던 내 사촌은 지금은 아주 유명한 예술가이다.

2 너는 난로 근처에 네 책들을 두지 않는 것이 좋겠다.

3 해야 할 일이 아주 많았기 때문에, 나는 어젯밤에 늦게까지 깨어 있지 않을 수 없었다.

문제 해설 |

1 과거의 반복된 행동은 used to나 would로 나타낼 수 있지만 과거의 상태는 used to로만 나타내므로 would를 used to로 고쳐야 한다.

2 조동사 had better의 부정형은 had better not으로 나타내므로, had not better를 had better not으로 고쳐야 한다.

3 '~하지 않을 수 없다'의 의미를 나타내는 cannot[can't] (help) but 뒤에는 동사원형이 와야 하므로, stayed를 stay로 고쳐야 한다.

B

1 would rather receive less pay than work
2 would like to participate in an exchange program
3 may as well buy the latest model

문제 해설 |

1 'B하느니 A하는 게 낫다'의 의미는 「would rather A than B」로 나타내며, A와 B 자리에는 동사원형을 쓴다.

2 '~하고 싶다'의 의미는 「would like to-v」로 나타내며, to 뒤에 participate in을 쓴다.

3 '~하는 것이 낫다'의 의미는 「may as well+동사원형」으로 나타내므

로 may as well buy를 쓴다.

C

1 cannot be too careful
2 had better clean the house
3 used to send out catalogs

문제 해설 |

1 '아무리 ~해도 지나치지 않다'의 의미는 「cannot+동사원형+too+형용사/부사」로 나타낸다.
2 '~하는 것이 좋겠다'의 의미는 조동사 had better로 나타내며, 뒤에 동사원형 clean을 쓴다.
3 '~하곤 했다'의 의미는 used to로 나타내며, 뒤에 동사원형 send out을 쓴다.

UNIT **04** 조동사 **Point 13 조동사 중요 구문**

[구문 개념 잡기]
그녀는 내가 그랬듯이 그 영화의 결말에서 울었음이 틀림없다.
Blair는 내가 나만의 피자 가게를 열어야 한다고 제안했다.

Check Up   p.44

1 may   2 turn off

문장 해석 |

1 누군가가 내 좌석에 앉아 있다. 그가 잘못된 좌석에 앉았을지도 모르는 것 같다.
2 Sue의 어머니는 Sue가 숙제를 할 때는 TV를 꺼야 한다고 주장했다.

문제 해설 |

1 '~했을지도 모른다'라는 의미로, 과거에 대한 불확실한 추측을 나타내는 「may have p.p.」가 알맞다.
2 insisted의 목적어인 that절이 '~해야 한다'는 당위성을 나타내므로, 「(should+)동사원형」 형태의 turn off가 알맞다.

문장 완성 Practice   p.45

A

1 (should) be   2 have been   3 can't[cannot]

문장 해석 |

1 그 직원들은 그 생산 체계가 자주 작동을 멈췄기 때문에 그것이 교체되어야 한다고 주장했다.
2 그 사진은 로마에서 촬영되었음이 틀림없다. 나는 그것에서 콜로세움을 볼 수 있다.

3 그녀는 내가 아는 가장 정직한 사람이다. 그녀가 내게 거짓말을 했을 리가 없다.

문제 해설 |

1 insisted의 목적어인 that절이 '~해야 한다'는 당위성을 나타내므로 is를 (should) be로 고쳐야 한다.
2 사진이 로마에서 촬영되었음이 틀림없다는 과거에 대한 강한 추측을 나타내므로 be를 have been으로 고쳐야 한다.
3 문맥상 '~했을 리가 없다'라는 의미가 적절하므로 must를 can't [cannot]로 고쳐야 한다.

B

1 should have introduced you
2 might have enjoyed her ice cream
3 proposed that I apply for the student visa

문제 해설 |

1 '~했어야 했다'라는 과거에 대한 후회는 「should have p.p.」로 나타낸다.
2 '~했을지도 모른다'라는 과거에 대한 불확실한 추측은 「might have p.p.」로 나타낸다.
3 proposed의 목적어인 that절이 '~해야 한다'는 당위성을 나타내므로 that절의 동사는 「(should+)동사원형」의 형태로 쓴다.

C

1 can't[cannot] have seen all the answers
2 must have forgotten to pack
3 asked that all visitors (should) wear a face mask

문제 해설 |

1 '~했을 리가 없다'라는 의미의 과거에 대한 강한 부정적 추측은 「can't[cannot] have p.p.」로 나타낸다.
2 '~했음이 틀림없다'라는 의미의 과거에 대한 강한 추측은 「must have p.p.」로 나타낸다. '~할 것을 잊다'는 「forget to-v」로 나타낸다.
3 asked의 목적어인 that절이 '~해야 한다'는 당위성을 나타내므로 that절의 동사는 「(should+)동사원형」의 형태로 쓴다.

UNIT **05** 수동태 **Point 14 조동사가 있는 수동태**

[구문 개념 잡기]
그 회의는 추후 통지가 있을 때까지 연기되어야 한다.
이 콘서트는 모든 연령의 관객에 의해 참석될 수 있다.

Check Up   p.46

1 be delivered   2 be

문장 해석 |

1 이 소포들은 오늘이 지나기 전에 배송되어야 한다.
2 이 회관은 사적인 행사를 위해 예약이 될 수 있습니까?

문제 해설 |

1 소포가 '배송되어야' 하는 것이므로 수동태 be delivered가 알맞다.
2 「조동사+be p.p.」의 의문문 형태이므로 be가 알맞다.

문장 완성 *Practice*   p.47

A

1 be scanned   2 be performed   3 park

문장 해석 |

1 모든 기내 휴대용 수하물은 기내에 (반입이) 허용되기 전에 보안 검색을 받아야 한다.
2 그 결과들의 정확성을 입증하기 위해 실험들이 여러 번 행해져야 한다.
3 이 건물에서 일하지 않는 사람들은 이곳에 무료로 주차할 수 없다.

문제 해설 |

1 수하물이 '검색을 받는' 것이므로 수동태로 써야 하며, 조동사 뒤이므로 be scanned로 쓴다.
2 실험이 '행해지는' 것이므로 수동태로 써야 하며, 조동사 뒤이므로 be performed로 쓴다.
3 사람들이 '주차를 하는' 능동의 의미이고 조동사 뒤이므로 동사원형 park를 그대로 쓴다.

B

1 may not be released in time
2 it can be completed at a later date
3 your computer may be infected by a virus
4 Extreme diets should be avoided

문제 해설 |

1 '~하지 않을지도 모른다'의 의미는 may not으로 나타내며, 스마트워치가 '출시되는' 것이므로 수동태로 쓴다. '때맞춰'는 in time으로 나타낸다.
2 허용을 나타내는 조동사 can을 쓰고, '완료되다'라는 의미의 수동태 be completed를 이어서 쓴다.
3 '~할지도 모른다'의 의미는 조동사 may로 나타내며, '감염되다'라는 의미의 수동태 be infected를 이어서 쓰고 감염시키는 행위자는 by a virus로 나타낸다.
4 '~해야 한다'의 의미는 조동사 should로 나타내며, 극심한 다이어트는 피해야 하는 대상이므로 수동태 be avoided로 나타낸다.

C

1 cannot be charged for the same crime twice

2 must be made to reserve your spot at the summer camp
3 may be asked to perform a variety of simple tasks

문장 해석 |

1 법에 따르면, 우리는 한 사람을 같은 죄로 두 번 기소할 수 없다.
   → 법에 따르면, 한 사람은 같은 죄로 두 번 기소될 수 없다.
2 여름 캠프에 당신의 자리를 예약하려면 당신은 보증금을 지불해야 한다.
   → 여름 캠프에 당신의 자리를 예약하려면 보증금이 지불되어야 한다.
3 그들은 그 연구의 참가자들에게 여러 가지 간단한 과업들을 수행하도록 요청할지도 모른다.
   → 그 연구의 참가자들은 여러 가지 간단한 과업들을 수행하도록 요청받을지도 모른다.

문제 해설 |

1 조동사 cannot과 수동태를 함께 써야 하므로 「cannot be p.p.」의 형태로 쓴다.
2 조동사 must와 수동태를 함께 써야 하므로 「must be p.p.」의 형태로 쓴다.
3 조동사 may와 수동태를 함께 써야 하므로 「may be p.p.」의 형태로 쓴 뒤, 능동태 문장의 목적격보어였던 to부정사구를 이어서 쓴다.

UNIT 05 수동태
Point 15 진행형과 완료형 수동태

[구문 개념 잡기]
그 오래된 소방서가 도서관으로 바뀌고 있다.
그 두 대표들 사이에서 회의가 주선되었다.

Check Up   p.48

1 was   2 been injured

문장 해석 |

1 그 가게는 지난주에 보수 중이었지만 지금은 열려 있다.
2 세 명의 운전자가 13번 고속도로에서 사고로 부상을 입었다.

문제 해설 |

1 과거의 특정한 시점을 나타내는 부사구 last week가 있으므로 was가 알맞다. 과거진행형 수동태는 「was[were] being p.p.」의 형태로 쓴다.
2 운전자들이 '부상을 입은' 것이므로 been injured가 알맞다. 현재완료 수동태는 「have[has] been p.p.」의 형태로 쓴다.

문장 완성 *Practice* — p.49

A

1 are being studied by NASA scientists
2 have been harmed during the film's production
3 The construction of the apartment complex had been completed
4 My room at the hotel was being cleaned

문제 해설 |

1 소행성의 돌들이 현재 '연구되고 있는' 대상이므로 현재진행형 수동태 are being studied를 쓴다. 연구의 주체는 「by+행위자」의 형태로 나타낸다.
2 동물들이 '해를 입지' 않은 대상이므로 수동태로 쓰되, 과거의 결과가 현재에도 영향을 미치고 있으므로 현재완료 수동태 have been harmed를 쓴다.
3 건설이 '완료된' 대상이므로 수동태로 쓰되, 출장에서 돌아온 과거의 특정 시점에 이미 완료된 것이므로 과거완료 수동태 had been completed를 쓴다.
4 방이 과거 시점에 '청소되고 있던' 대상이므로 과거진행형 수동태 was being cleaned를 쓴다.

B

1 had not been noticed until the fire alarm went off
2 to relocate the company to another city are being discussed
3 were being held without fans because of the pandemic
4 have been gathered in the gym for an important announcement

문장 해석 |

1 화재경보기가 울릴 때까지 아무도 화재를 인지하지 못했다.
→ 화재경보기가 울릴 때까지 화재가 인지되지 못했다.
2 우리는 그 회사를 다른 도시로 이전할 계획을 논의하는 중이다.
→ 그 회사를 다른 도시로 이전할 계획이 논의되는 중이다.
3 전 세계적인 유행병 때문에 국가들이 팬들 없이 많은 스포츠 행사를 주최하고 있었다.
→ 전 세계적인 유행병 때문에 많은 스포츠 행사가 팬 없이 주최되고 있었다.
4 그 교사들은 중요한 발표를 위해 그 학생들을 체육관에 모았다.
→ 그 학생들이 중요한 발표를 위해 체육관에 모이게 되었다.

문제 해설 |

1 화재가 '인지되지 못한' 대상이며 화재경보기가 울린 과거 시점에 아직 인지되지 못한 것이므로 과거완료 수동태 「had been p.p.」로 나타낸다.
2 계획이 현재 '논의되고 있는' 대상이므로 현재진행형 수동태를 쓰며, 복수 주어(Plans)이므로 「are being p.p.」로 나타낸다.
3 많은 스포츠 행사가 과거에 '주최되고 있었던' 것이므로 과거진행형

수동태를 쓰며, 복수 주어(Many sporting events)이므로 「were being p.p.」로 나타낸다.
4 학생들이 '모이게 된' 대상이므로 현재완료 수동태 「have been p.p.」로 나타낸다.

UNIT 05 수동태
Point 16 to부정사와 동명사의 수동태

[구문 개념 잡기]
당신이 그 나라에 입국할 수 있기 전에 이 양식들이 작성될 필요가 있다.
Jane은 그녀가 휴대전화 게임을 하고 있을 때 방해받는 것을 싫어한다.

Check Up — p.50

1 to be scratched   2 being asked

문제 해설 |

1 개들이 턱 아래쪽을 긁어주는 것을 당하는 대상이므로 to부정사의 수동태인 to be scratched가 알맞다.
2 Sylvia가 신부 들러리 역할을 하도록 부탁받는 대상이므로 동명사의 수동태인 being asked가 알맞다.

문장 완성 *Practice* — p.51

A

1 X, being photographed[to be photographed]   2 O
3 X, to adopt   4 X, be informed   5 O   6 X, replaced

문장 해석 |

1 일부 유명인들은 그들의 팬들에게 사진 찍히는 것을 좋아하지 않는다.
2 이사회는 2시에 대회의실에서 열릴 예정이다.
3 많은 기업들이 이 기술 회사에 의해 개발된 새 소프트웨어를 채택하고 싶어 한다.
4 학생들은 다가오는 학교 행사들에 관해 알림을 받을 필요가 있다.
5 Dylan은 그의 신속함 덕분에 전체 피구 경기 동안 공에 맞는 것을 피했다.
6 노동 인구 중 많은 사람들이 로봇이나 기계에 의해 대체되는 것을 두려워한다.

문제 해설 |

1 유명인들이 사진 찍히는 대상이며, 동사 like는 목적어로 동명사와 to부정사를 모두 취할 수 있으므로 photographing을 being photographed나 to be photographed로 고쳐야 한다.
2 이사회가 열리는 대상이므로 to부정사의 수동태 to be held는 알맞다.

3 기업들이 새 소프트웨어를 채택하고 싶어 하는 주체이므로 to be adopted를 to부정사의 능동태 to adopt로 고쳐야 한다.

4 학생들이 알림을 받는 대상이므로 inform을 수동태 be informed 로 고쳐야 한다.

5 Dylan이 공에 맞는 대상이며 동사 avoid는 목적어로 동명사를 취하 므로 동명사의 수동태 being hit는 알맞다.

6 사람들이 로봇이나 기계에 의해 대체되는 대상이므로 replace를 replaced로 고쳐야 한다.

B

1 being asked about their work
2 to be preferred by most brown bears
3 Being distracted by phones
4 being involved with any criminal activities
5 to be displayed in the school library

문제 해설 |

1 예술가들이 질문을 받는 대상이며, 동사 appreciate는 동명사를 목 적어로 취하므로 동명사의 수동태 being asked를 쓴다.

2 '~하는 것으로 알려져 있다'의 의미는 「be known to-v」로 나타내 며, 식물과 열매로 된 식사가 선호되는 대상이므로 to부정사의 수동 태 to be preferred를 쓴다.

3 운전자들이 주의가 흐트러지는 대상이므로 동명사의 수동태 Being distracted를 쓴다.

4 그 죄수가 범죄 행위와 관련되어 있는 대상이며, 동사 deny는 동명 사를 목적어로 취하므로 동명사의 수동태 being involved with를 쓴다.

5 chose의 목적격보어 자리이므로 to부정사가 적절하며, 그림이 전시 되는 대상이므로 to부정사의 수동태 to be displayed를 쓴다.

UNIT 05 **수동태**
Point 17 4형식과 5형식 문장의 수동태

[구문 개념 잡기]

트로이 시는 그리스인들에 의해 말 조각상을 받았다.
말 조각상이 그리스인들에 의해 트로이 시에 보내졌다.
그 고대의 성은 그 왕의 가족을 위해 만들어졌다.
나는 내 이력서를 안내 데스크에 놓고 가라는 말을 들었다.
내 이웃이 밤늦게 첼로를 연습하는 것이 자주 들렸다.

Check Up   p.52

1 given to   2 to leave

문장 해석 |

1 올림픽의 팀 스포츠에서는, 메달이 우승팀의 각 구성원에게 주어진 다.

2 그 팬들은 보안 요원들에 의해서 무대를 떠나게 되었다.

문제 해설 |

1 동사 give는 직접목적어를 주어로 하는 수동태를 만들 때 간접목적 어 앞에 전치사 to를 쓰므로 given to가 알맞다.

2 사역동사 make가 수동태가 되면 능동태 문장의 목적격보어로 쓰였 던 동사원형은 to부정사로 바뀌므로 to leave가 알맞다.

문장 완성 *Practice*   p.53

A

1 to   2 to step   3 to complain[complaining]   4 for

문장 해석 |

1 회의 초대장이 모든 교수에게 보내졌다.
2 그 운전자는 차에서 내려 손을 머리 위에 올리라는 지시를 받았다.
3 그 학생들이 그 시험에 나온 문제들에 관해 불평하는 것이 들렸다.
4 한국의 역사에 관한 책자가 관광객들을 위해 제작되었다.

문제 해설 |

1 동사 send는 직접목적어를 주어로 하는 수동태를 만들 때 간접목적 어 앞에 전치사 to를 쓰므로 for를 to로 고쳐야 한다.

2 목적격보어가 to부정사인 문장이 수동태가 되면 목적격보어로 쓰였 던 to부정사는 그대로 써야 하므로 step을 to step으로 고쳐야 한 다.

3 지각동사가 수동태가 되면 목적격보어로 쓰였던 동사원형을 to부 정사로 바꾸거나, 현재분사를 그대로 써야 하므로 complain을 to complain 또는 complaining으로 고쳐야 한다.

4 동사 make는 직접목적어를 주어로 하는 수동태를 만들 때 간접목적 어 앞에 전치사 for를 쓰므로 to를 for로 고쳐야 한다.

B

1 were made to apologize to their neighbors
2 Citizens were offered a reward
3 Passengers are not allowed to have scissors

문제 해설 |

1 아이들이 사과하게 된 대상이므로 수동태로 쓰며, 사역동사 make가 수동태가 되면 능동태 문장의 목적격보어였던 동사원형은 to부정사 로 바뀌므로 were made to apologize로 쓴다.

2 시민들이 보상을 제안받은 대상이므로 수동태로 쓰며, 4형식 동사 의 간접목적어가 수동태 문장의 주어가 되면 「주어(간접목적어)+be p.p.+직접목적어」의 형태가 되어야 하므로 were offered a reward로 쓴다.

3 승객들이 허용되지 않는 대상이므로 수동태로 쓰며, 목적격보어가 to 부정사인 문장이 수동태가 되면 목적격보어로 쓰였던 to부정사는 그 대로 써야 하므로 are not allowed to have scissors로 쓴다.

C

1 was made to stay late after class because of his rude behavior
2 were encouraged to volunteer with local charities
3 were seen to enter the building just before the fire started

문장 해석 |

1 Brown 선생님은 Chris의 무례한 행동 때문에 그가 방과 후에 늦게까지 남아 있게 했다.
  → Chris는 그의 무례한 행동 때문에 방과 후에 늦게까지 남아 있게 되었다.
2 우리 부모님은 우리가 지역의 자선 단체들과 자원봉사를 할 것을 권장하셨다.
  → 우리는 지역의 자선 단체들과 자원봉사를 할 것을 권장받았다.
3 한 사람이 화재가 시작되기 직전에 네 명의 십 대가 그 건물에 들어가는 것을 목격했다.
  → 네 명의 십 대가 화재가 시작되기 직전에 그 건물에 들어가는 것이 목격되었다.

문제 해설 |

1 사역동사 make가 수동태가 되면 목적격보어로 쓰였던 동사원형은 to부정사로 바뀌므로 was made to stay late로 쓴다.
2 목적격보어가 to부정사인 문장이 수동태가 되면 목적격보어로 쓰였던 to부정사는 그대로 써야 하므로 were encouraged to volunteer로 쓴다.
3 지각동사가 수동태가 되면 목적격보어로 쓰였던 동사원형은 to부정사로 바뀌므로 were seen to enter로 쓴다.

UNIT 06 가정법
Point 18 가정법 과거와 과거완료

[구문 개념 잡기]

만약 내가 충분한 돈이 있다면, 나는 이번 여름에 유럽으로 여행을 갈 텐데.
만약 네가 토마토 소스를 다 써버리지 않았더라면, 우리는 저녁으로 파스타를 만들 수 있었을 텐데.

Check Up   p.54

1 weren't, be   2 had known, have bought

문제 해설 |

1 현재 사실에 반대되는 일을 가정하는 가정법 과거로, if절의 동사로는 과거형인 weren't, 주절의 동사로는 「조동사의 과거형+동사원형」의 형태인 (would) be가 알맞다.
2 과거 사실에 반대되는 일을 가정하는 가정법 과거완료로, if절의 동사로는 had known, 주절의 동사로는 「조동사의 과거형+have p.p.」의 형태인 (would) have bought가 알맞다.

A

1 wouldn't be   2 hadn't invaded   3 had told

문장 해석 |

1 만약 네가 도와주러 이곳에 있지 않다면, 나는 이 모든 일을 끝낼 수 없을 텐데.
2 만약 페르시아 제국이 그리스를 침략하지 않았더라면, 그곳은 훨씬 오래 지속되었을 수도 있을 텐데.
3 만약 네가 온다는 것을 내게 말해주었더라면, 나는 버스 정류장에 너를 태우러 갔을 텐데.

문제 해설 |

1 현재 사실에 반대되는 일을 가정하는 가정법 과거로, 주절의 동사는 「조동사의 과거형+동사원형」의 형태로 쓴다. 따라서, wouldn't have been을 wouldn't be로 고쳐야 한다.
2 과거 사실에 반대되는 일을 가정하는 가정법 과거완료로, if절의 동사는 「had p.p.」로 쓴다. 따라서, didn't invade를 hadn't invaded로 고쳐야 한다.
3 과거 사실에 반대되는 일을 가정하는 가정법 과거완료로, if절의 동사는 「had p.p.」로 쓴다. 따라서 have told를 had told로 고쳐야 한다.

B

1 the car factory closed down, would move away
2 Susan had been more careful, would not have been infected
3 the lines at the amusement park weren't, we would go there

문제 해설 |

1 현재 사실에 반대되는 일을 가정하므로 if절의 동사로 동사의 과거형 closed down을 쓰고, 주절의 동사로는 「조동사의 과거형+동사원형」 형태의 would move away를 쓴다.
2 과거 사실에 반대되는 일을 가정하므로 if절의 동사로는 「had p.p.」 형태의 had been을 쓴다. 주절의 동사로는 「조동사의 과거형+have p.p.」의 형태인 would not have been infected를 쓴다.
3 현재 사실에 반대되는 일을 가정하므로 if절의 동사로 동사의 과거형 weren't를 쓰고, 주절의 동사로는 「조동사의 과거형+동사원형」 형태의 would go를 쓴다.

C

1 had answered his phone, would have known
2 had fixed the bugs, would have been more popular
3 had more patience, could get better grades

문제 해설 |

1 과거 사실에 반대되는 일을 가정하므로 if절의 동사로 「had p.p.」 형

태의 had answered를 쓰고, 주절의 동사로는 「조동사의 과거형
+have p.p.」 형태의 would have known을 쓴다.

2 과거 사실에 반대되는 일을 가정하므로 if절의 동사로 「had p.p.」 형
태의 had fixed를 쓰고, 주절의 동사로 「조동사의 과거형+have
p.p.」 형태의 would have been을 쓴다.

3 현재 사실에 반대되는 일을 가정하므로 if절의 동사로 동사의 과거형
had를 쓴다. 주절의 동사로는 「조동사의 과거형+동사원형」의 형태
인 could get을 쓴다.

UNIT 06 가정법 Point 19 혼합가정법

[구문 개념 잡기]
만약 내가 지갑을 잃어버리지 않았더라면, 내가 오늘 점심값을
낼 텐데.

Check Up   p.56

1 hadn't been   2 be

문제 해설 |

1 과거의 일이 일어나지 않았을 경우 현재의 상황을 가정하는 혼합가
정법 구문으로, if절의 동사로는 「had p.p.」 형태의 hadn't been
(stolen)이 알맞다.

2 과거에 실현되지 못한 일을 현재와 관련지어 나타내는 혼합가정법
구문으로, 주절의 동사로는 「조동사의 과거형+동사원형」 형태의
(would) be가 알맞다.

문장 완성 Practice   p.57

A

1 had gone to medical school, he would be a doctor
2 the water pipes had been replaced, the basement
  would not be flooded
3 the forest fire hadn't been controlled, these trees
  would not be here
4 you hadn't invested in risky stocks, you would still
  have most of your savings

문제 해설 |

1 과거에 실현되지 못한 일을 현재와 관련지어 나타내는 혼합가정법 구
문으로, if절의 동사로는 had gone을 쓰고 주절의 동사로는 would
be를 쓴다.

2 과거에 실현되지 못한 일을 현재와 관련지어 나타내는 혼합가정법 구
문으로, if절의 동사로는 had been replaced를 쓰고 주절의 동사
로는 would not be flooded를 쓴다.

3 과거의 일이 일어나지 않았을 경우 현재의 상황을 가정하는 혼합가정
법 구문으로, if절의 동사로는 hadn't been controlled를 쓰고 주

절의 동사로는 would not be를 쓴다.

4 과거의 일이 일어나지 않았을 경우 현재의 상황을 가정하는 혼합가정
법 구문으로, if절의 동사로는 hadn't invested를 쓰고, 주절의 동
사로는 would (still) have를 쓴다.

B

1 hadn't been destroyed, could easily cross the river
2 had arrived earlier, would not feel so rushed and
  unprepared
3 had applied for a patent on her invention, could
  claim it as hers

문장 해석 |

1 다리가 무너졌기 때문에, 적군이 쉽게 강을 건너지 못한다.
  → 만약 다리가 무너지지 않았더라면, 적군이 쉽게 강을 건널 수 있을
  텐데.

2 그가 더 일찍 도착하지 않았기 때문에, 그는 매우 급하고 준비되지 않
  은 기분이 든다.
  → 만약 그가 더 일찍 도착했더라면, 그는 매우 급하고 준비되지 않은
  기분이 들지 않을 텐데.

3 Mindy가 그녀의 발명품에 대해 특허권을 신청하지 않았기 때문에,
  그녀는 그것을 그녀의 것으로 주장할 수 없다.
  → 만약 Mindy가 그녀의 발명품에 대해 특허권을 신청했더라면, 그
  녀는 그것을 그녀의 것으로 주장할 수 있을 텐데.

문제 해설 |

1 과거의 일이 일어나지 않았을 경우 현재의 상황을 가정하고 있으
  므로 혼합가정법 구문을 사용하여 if절의 동사로는 hadn't been
  destroyed을, 주절의 동사로는 could (easily) cross를 쓴다.

2 과거에 실현되지 못한 일을 현재와 관련지어 나타내는 혼합가정법
  구문을 사용하여 if절의 동사로는 had arrived를, 주절의 동사로는
  would not feel을 쓴다.

3 과거에 실현되지 못한 일을 현재와 관련지어 나타내는 혼합가정법 구
  문을 사용하여 if절의 동사로는 had applied for를, 주절의 동사로
  는 could claim을 쓴다.

UNIT 06 가정법 Point 20 if절을 대신하는 표현

[구문 개념 잡기]
오존층이 없다면, 우리는 너무 많은 자외선에 노출될 텐데.
Cameron의 영리함이 없었더라면, 우리는 그 수수께끼를 결코
풀지 못했을 텐데.

Check Up   p.58

1 be   2 had not been

문장 해석 |

1 웃음이 없다면, 세계는 우울한 곳일 텐데.
2 셰익스피어가 없었다면, 많은 영어 단어들이 만들어지지 않았을 텐데.

문제 해설 |

1 현재 상황과 반대되는 가정이 되어야 하므로 주절의 동사로는 (would) be가 알맞다.
2 과거 사실과 반대되는 상황을 가정해야 하므로 '~이 없었다면'이라는 의미의 (If it) had not been (for)이 알맞다.

문장 완성 Practice
p.59

A

1 it were not for your support
2 it had not been for your donations
3 it were not for calculators
4 it had not been for your sense of direction
5 it had not been for this treatment

문장 해석 |

1 너의 지원이 없다면, 이 자선 프로젝트는 가능하지 않을 텐데.
2 당신의 기부금이 없었더라면, 그 지역 문화 회관은 어린이 도서관을 재건할 수 없었을 텐데.
3 계산기가 없다면, 수학 문제는 풀기에 훨씬 더 오래 걸릴 텐데.
4 너의 방향 감각이 없었더라면, 우리는 그 숲에서 완전히 길을 잃었을 텐데.
5 이 치료법이 없었더라면, 나는 결코 그렇게 빨리 병에서 회복하지 못했을 텐데.

문제 해설 |

1 주절이 가정법 과거이므로 Without은 If it were not for로 바꿔 쓸 수 있다.
2 주절이 가정법 과거완료이므로 Without은 If it had not been for로 바꿔 쓸 수 있다.
3 주절이 가정법 과거이므로 Without은 If it were not for로 바꿔 쓸 수 있다.
4 주절이 가정법 과거완료이므로 Without은 If it had not been for로 바꿔 쓸 수 있다.
5 주절이 가정법 과거완료이므로 Without은 If it had not been for로 바꿔 쓸 수 있다.

B

1 Without fossil fuels
2 If it were not for this evidence
3 But for your inspiration
4 If it had not been for his help

문제 해설 |

1 '~이 없었더라면'의 의미는 if절 대신 「Without+명사」로 나타낼 수 있다.
2 '~이 없다면'의 의미는 「If it were not for+명사」로 나타낼 수 있다.
3 '~이 없었더라면'의 의미는 if절 대신 「But for+명사」로 나타낼 수 있다.
4 '~이 없었더라면'의 의미는 「If it had not been for+명사」로 나타낼 수 있다.

UNIT 06 | 가정법
Point 21 I wish/as if[though] 가정법

Check Up
p.60

1 had taken   2 were

문장 해석 |

1 내가 작년 봄 축제에서 더 많은 사진을 찍었더라면 좋을 텐데.
2 그 마술사는 마치 그가 정말로 날고 있는 것처럼 공중에 떠올랐다.

문제 해설 |

1 과거에 사진을 많이 찍지 않은 것에 대한 아쉬움을 나타내므로 「I wish+주어+had p.p.」 형태의 가정법 과거완료를 쓴다. 따라서 had taken이 알맞다.
2 주절(과거)과 일치하는 시점의 일을 반대로 가정하고 있으므로, 「as if+주어+동사의 과거형」 형태의 가정법 과거를 쓴다. 따라서 were가 알맞다.

문장 완성 Practice
p.61

A

1 had saved   2 were   3 had slept   4 had

문장 해석 |

1 내가 지난달에 오락과 정크푸드에 내 돈의 대부분을 쓰는 대신 그것을 저축했더라면 좋을 텐데.
2 Darren과 그의 단짝은 마치 그들이 전혀 모르는 사람인 것처럼 서로를 무시한다.
3 Sara가 영화관에서 집으로 돌아왔을 때, 그녀는 마치 영화의 대부분 동안 계속 잠을 잤던 것처럼 보였다.
4 가보고 싶은 나라들이 아주 많아서, 내가 더 많이 여행하기에 충분한 시간과 돈이 있다면 좋을 텐데.

문제 해설 |

1 과거에 돈을 써버린 것에 대한 아쉬움을 나타내므로 「I wish+주어+had p.p.」 형태의 가정법 과거완료를 쓴다.
2 주절(현재)과 일치하는 시점의 일을 반대로 가정하고 있으므로 「as if+주어+동사의 과거형」 형태의 가정법 과거를 쓴다.

3 주절보다 이전 시점의 일을 반대로 가정하고 있으므로 「as if+주어
  +had p.p.」 형태의 가정법 과거완료를 쓴다.
4 현재 더 많이 여행하기에 시간과 돈이 충분하지 않은 것에 대한 아쉬
  움을 나타내므로 「I wish+주어+동사의 과거형」 형태의 가정법 과거
  를 쓴다.

B

1 I had the talent to be a professional musician
2 I had visited the Louvre Museum while I was in
  Paris last year
3 it had been built hundreds of years ago

문장 해석 |

1 나는 전문적인 음악가가 될 재능이 없어서 슬프다.
  → 내가 전문적인 음악가가 될 재능이 있다면 좋을 텐데.
2 나는 내가 작년에 파리에 있는 동안 루브르 박물관을 방문하지 않은
  것을 후회한다.
  → 내가 작년에 파리에 있는 동안 루브르 박물관을 방문했더라면 좋
  을 텐데.
3 사실, 그 건물은 수백 년 전에 지어지지 않았다.
  → 그 건물은 마치 수백 년 전에 지어졌던 것처럼 보인다.

문제 해설 |

1 현재 재능이 없는 것에 대한 아쉬움을 나타내므로 「I wish+주어+동
  사의 과거형」 형태의 가정법 과거를 쓴다.
2 과거에 루브르 박물관을 방문하지 않았던 것에 대한 아쉬움을 나타내
  므로 「I wish+주어+had p.p.」 형태의 가정법 과거완료를 쓴다.
3 주절보다 이전 시점의 일을 반대로 가정하고 있으므로 「as if+주어
  +had p.p.」 형태의 가정법 과거완료를 쓴다.

C

1 as if[though] they were real people
2 I wish I knew how to cook
3 as if[though] he had grown up

문제 해설 |

1 주절(현재)과 일치하는 시점의 일을 반대로 가정하고 있으므로 「as if
  [though]+주어+동사의 과거형」 형태의 가정법 과거를 쓴다.
2 현재 요리하는 방법을 모르는 것에 대한 아쉬움을 나타내므로 「I
  wish+주어+동사의 과거형」 형태의 가정법 과거를 쓴다.
3 주절보다 이전 시점의 일을 반대로 가정하고 있으므로 「as if
  [though]+주어+had p.p.」 형태의 가정법 과거완료를 쓴다.

[구문 개념 잡기]
내 아픈 무릎만 아니라면, 나는 오늘 육상 경기 대회에 참가할 텐
데.
네가 그 식당에 더 일찍 전화했더라면, 너는 예약을 할 수 있었을
텐데.

Check Up   p.62

1 would have left   2 Were

문장 해석 |

1 이 쿠키가 마지막 하나라는 걸 내가 알았다면, 나는 너를 위해 그것을
  남겼을 텐데.
2 Becky가 여기 있다면, 그녀는 에어컨을 고치는 방법을 알 텐데.

문제 해설 |

1 과거 사실과 반대되는 일을 가정하는 가정법 과거완료 문장이므로
  would have left가 알맞다.
2 현재 사실과 반대되는 일을 가정하는 가정법 과거 문장이며, if가 생략
  되어 주어와 동사가 도치된 형태이므로 Were가 알맞다.

문장 완성 *Practice*   p.63

A

1 Were   2 Had Carrie known[If Carrie had known]
3 Had   4 Were it[If it were]

문장 해석 |

1 그 식당이 더 늦게까지 연다면, 훨씬 더 많은 손님이 있을 텐데.
2 Dawn이 이곳에 있을 거라는 것을 Carrie가 알았더라면, 그녀는 절
  대로 오겠다고 하지 않았을 텐데.
3 그가 안전 정보를 읽었더라면, 그는 그 기차를 더 일찍 떠났을 텐데.
4 비가 오지 않는다면, 나는 놀이공원에 갈 텐데.

문제 해설 |

1 주어 the restaurant가 동사와 도치된 가정법 과거 문장이므로 If
  were를 Were로 고쳐야 한다.
2 과거 사실과 반대되는 일을 가정하는 가정법 과거완료 문장이므로 if
  를 생략하고 주어와 조동사를 도치시키거나 「If+주어+had p.p.」
  형태로 써야 한다. 따라서, Carrie had known을 Had Carrie
  known 또는 If Carrie had known으로 고쳐야 한다.
3 과거 사실과 반대되는 일을 가정하는 가정법 과거완료 문장이며, if가
  생략되어 주어와 조동사가 도치된 형태이므로 Were를 Had로 고쳐
  야 한다.
4 현재 사실과 반대되는 일을 가정하는 가정법 과거 문장이므로 if를 생

락하고 주어와 동사를 도치시키거나 「If + 주어 + 동사의 과거형」 형태
로 써야 한다. 따라서, It were를 Were it 또는 If it were로 고쳐야
한다.

B

1 Had I remembered to return these books
2 Should you decide to accept the job offer
3 Were flights less expensive
4 Had it not been for this podcast

문장 해석 |

1 내가 이 책들을 반납할 것을 기억했더라면, 나는 도서관에서 연체료
를 낼 필요가 없었을 텐데.
2 당신이 그 일자리 제의를 수락하기로 결정한다면, 가능한 한 빨리 저
희에게 알려주십시오.
3 항공편이 덜 비싸다면, 나는 여름 방학 동안 집에 갈 텐데.
4 이 팟캐스트가 없었더라면, 나는 심리학에 관해 결코 그렇게 많이 배
우지 못했을 텐데.

문제 해설 |

1 과거 사실과 반대되는 일을 가정하는 가정법 과거완료 문장의 if절에
서 if가 생략되고 주어와 조동사가 도치된 형태이다. 따라서, 「Had +
주어 + p.p.」로 쓴다.
2 실현 가능성이 희박한 일을 가정하는 가정법 과거 문장의 if절에서
if가 생략되고 주어와 조동사 should가 도치된 형태이다. 따라서,
「Should + 주어 + 동사원형」으로 쓴다.
3 현재 사실과 반대되는 일을 가정하는 가정법 과거 문장의 if절에서 if
가 생략되고 주어와 동사가 도치된 형태이다. 따라서, 「Were + 주어
~」로 쓴다.
4 '~이 없었더라면'이라는 의미로 과거 사실과 반대되는 일을 가정하는
가정법 과거완료 문장 If it had not been for ~에서 if가 생략되고
주어와 조동사가 도치된 형태이다. 따라서, Had it not been for로
쓴다.

C

1 the prices were reasonable
2 it had not been for this recipe book
3 you should get to the theater before me

문장 해석 |

1 가격이 더 합리적이라면, 나는 그 매장에서 훨씬 더 많은 옷을 살 텐
데.
2 이 요리책이 없었더라면, 나는 호박 파이를 만드는 법을 알지 못했을
텐데.
3 네가 나보다 먼저 극장에 도착하게 되면, 팝콘을 사고 내 자리를 맡아
줘.

문제 해설 |

1 If가 생략되면서 주어와 동사가 도치된 형태로, 「If + 주어 + 동사의 과
거형」으로 바꿔 쓸 수 있다.

2 If가 생략되면서 주어와 조동사가 도치된 형태로, 「If it had not
been for + 명사」로 바꿔 쓸 수 있다.
3 실현 가능성이 희박한 일을 가정하는 가정법 과거 문장에서 If가 생략
되어 주어와 조동사 should가 도치된 형태로, 「If + 주어 + should +
동사원형」으로 바꿔 쓸 수 있다.

p.64

UNIT 04~06 서술형 빈출 구문 REVIEW TEST

A

1 be resolved 2 can't 3 had 4 to take
5 used 6 had not been 7 are being 8 were

문장 해석 |

1 이 갈등은 신속히 해결될 필요가 있다.
2 Kelly가 그렇게 좋은 제안을 거절했을 리가 없다.
3 내가 시간을 되돌려 놓는 능력이 있다면 좋을 텐데.
4 방문객들은 미술관 내에서 사진을 촬영하는 것이 허락되지 않는다.
5 Sam은 어렸을 때 아무런 일도 하지 않으면서 빈둥거리곤 했다.
6 만약 방해하는 것들이 없었더라면, 그것은 지금쯤 끝날 수 있을 텐데.
7 더 많은 백신들이 개발되고, 승인되고, 생산되고 있다.
8 만약 나의 어머니가 살아 계시다면, 그녀는 내 딸이 성장하는 것을 보
실 텐데.

문제 해설 |

1 갈등이 '해결되는' 대상이므로 to부정사의 수동태인 (to) be
resolved가 알맞다.
2 '~했을 리가 없다'의 의미는 「can't have p.p.」의 형태로 나타내므
로 can't가 알맞다.
3 현재 이루기 힘든 소망에 대한 아쉬움을 나타내므로 「I wish + 주어 +
동사의 과거형」 형태의 가정법 과거를 쓴다. 따라서 had가 알맞다.
4 목적격보어가 to부정사인 문장이 수동태가 되면 목적격보어로 쓰였
던 to부정사는 그대로 써야 하므로 to take가 알맞다.
5 '~하곤 했다'라는 과거의 습관은 「used to-v」로 나타내므로 used가
알맞다.
6 과거의 일이 일어나지 않았을 경우 현재의 상황을 가정하는 혼합가정
법 구문으로, if절의 동사로는 「had p.p.」 형태의 had not been이
알맞다.
7 '~되고 있다'의 의미인 진행형 수동태는 「be being p.p.」의 형태로
쓰므로 are being이 알맞다.
8 현재 사실과 반대되는 일을 가정하는 가정법 과거는 「If + 주어 + 동사
의 과거형 ~, 주어 + 조동사의 과거형 + 동사원형 ....」의 형태로 쓰므로
were가 알맞다.

B

1 abandoned → (should) abandon
2 charge → be charged

3 arrive → have arrived
4 have held → have been held
5 drop → have dropped
6 heard → had heard
7 stay → to stay
8 is awarded to → is awarded

문장 해석 |

1 우리는 그들이 새 관습을 위해 그들의 오래된 관습을 버려야 한다고 요구했다.
2 이 서비스는 고객에게 추가 요금이 부과됩니다.
3 그들은 그녀가 어제 오후까지 런던에 도착했어야 했기 때문에 걱정한다.
4 1896년 이래로, 올림픽 경기는 4년마다 개최되어 왔다.
5 나는 집에 온 이후로 내 우산을 찾을 수가 없다. 내가 집에 오는 길에 지하철에 그것을 떨어뜨린 것이 틀림없다.
6 만약 내가 그 콘서트에 관해 더 일찍 들었더라면 표를 구할 수 있었을 텐데.
7 그 개는 사진을 위해 가만히 있게 되었다.
8 매년 아이들을 위한 그림책 한 권에 Caldecott 메달이 수여된다.

문제 해설 |

1 demanded의 목적어로 쓰인 that절이 '~해야 한다'는 당위성을 나타내므로 that절의 동사인 abandoned를 (should) abandon으로 고쳐야 한다.
2 고객들은 추가 요금을 '부과받는' 대상이므로 charge를 수동태 be charged로 고쳐야 한다.
3 '~했어야 했다'라는 의미는 「should have p.p.」로 나타내므로 arrive를 have arrived로 고쳐야 한다.
4 올림픽은 과거부터 현재까지 개최되어 오는 대상이므로, have held를 완료형 수동태 have been held로 고쳐야 한다.
5 '~했음이 틀림없다'라는 의미의 과거에 대한 강한 추측은 「must have p.p.」로 나타내므로 drop을 have dropped로 고쳐야 한다.
6 과거 사실과 반대되는 일을 가정하는 가정법 과거완료 문장으로, if절의 동사를 「had p.p.」의 형태로 써야 하므로 heard를 had heard로 고쳐야 한다.
7 사역동사 make가 수동태가 되면 능동태 문장의 목적격보어로 쓰였던 동사원형은 to부정사로 바뀌므로 stay를 to stay로 고쳐야 한다.
8 수여동사의 간접목적어가 주어로 쓰인 수동태 문장에서는 직접목적어 앞에 전치사를 쓰지 않으므로 is awarded to를 is awarded로 고쳐야 한다.

C

1 You had better not believe the bad rumors
2 was seen to enter the building
3 as if she had seen a ghost
4 The company is expected to benefit
5 Had it not been for their support

문제 해설 |

1 조동사 had better의 부정형은 「had better not+동사원형」의 어순으로 쓴다.
2 능동태 문장에서 지각동사의 목적격보어로 쓰였던 동사원형은 수동태에서 to부정사로 바뀐다.
3 '마치 ~했던 것처럼'의 의미는 「as if+주어+had p.p.」의 형태로 쓴다.
4 목적격보어가 to부정사인 문장이 수동태가 되면 목적격보어로 쓰였던 to부정사는 그대로 둔다.
5 '~가 없었다면 …할 텐데'의 의미인 혼합가정법 문장의 if절에서 if가 생략되고 주어와 조동사가 도치된 형태로 쓴다.

D

1 may as well postpone its graduation ceremony
2 If it were not for my glasses
3 would rather stay at a hotel than camp
4 he could have avoided the accident

문제 해설 |

1 '~하는 것이 낫다'의 의미는 「may as well+동사원형」으로 나타낸다.
2 '~이 없다면'의 의미는 「If it were not for+명사」로 쓴다.
3 'B하느니 A하는 게 낫다'는 「would rather A than B」로 나타낸다.
4 과거 사실과 반대되는 일을 가정하는 가정법 과거완료 문장으로, 주절의 동사는 「조동사의 과거형(could)+have p.p.」의 형태로 쓴다.

UNIT
07 to부정사
Point 23 가주어-진주어

[구문 개념 잡기]
내가 내 전화에 있는 내비게이션 시스템을 이용했기 때문에 너의 집을 찾는 것은 쉬웠다.
Connor가 수업 중에 그렇게 형편없이 행동한 것은 드문 일이었다.
Pete가 그 프로젝트에 대해 모든 공을 차지한 것은 이기적이었다.

Check Up   p.66

1 It 2 for

문장 해석 |

1 가능한 선택권이 너무 많기 때문에 어느 스마트폰을 살지 고르는 것이 더 어려워지고 있다.
2 네가 단지 한 곳에 지원하는 것보다 많은 대학교에 지원하는 것이 더 낫다.

문제 해설 |

1 뒤에 오는 to부정사구가 진주어이므로, 문두에는 진주어를 대신할 수
  있는 가주어 It이 알맞다.
2 to부정사의 의미상 주어는 보통 「for+목적격」으로 나타내므로 for가
  알맞다.

문장 완성 Practice   p.67

A

1 animals → for animals   2 for → of   3 take → to
take

문장 해석 |

1 동물들이 우리에 갇혀 있는 것은 자연스럽지 않아서 많은 운동가들이
  동물원에 항의한다.
2 네가 생일에 받았던 지갑을 잃어버린 것은 부주의했다.
3 만약 네가 장거리를 이동해야 한다면 보통 버스를 타는 것보다 기차
  를 타는 것이 더 빠르다.

문제 해설 |

1 to부정사의 의미상 주어는 보통 「for+목적격」의 형태로 나타내므로
  animals를 for animals로 고쳐야 한다.
2 형용사 careless는 사람에 대한 주관적 평가를 나타내므로 「of+목
  적격」으로 to부정사의 의미상 주어를 나타내야 한다. 따라서 for를
  of로 고쳐야 한다.
3 가주어 It이 문두에 쓰였으므로 진주어 역할을 하는 to부정사가 문장
  뒤쪽에 와야 한다. 따라서, take를 to take로 고쳐야 한다.

B

1 It was rude of Kendra to spread rumors
2 It is easy to catch a cold
3 It is reasonable for you to want your own room

문제 해설 |

1 주어 자리에 가주어 It을 쓰고 진주어인 to부정사구는 문장 뒤쪽으로
  보낸다. 형용사 rude는 사람에 대한 주관적 평가를 나타내므로 「of+
  목적격」으로 의미상 주어를 나타낸다.
2 주어 자리에 가주어 It을 쓰고 진주어인 to부정사구는 문장 뒤쪽으로
  보낸다.
3 주어 자리에 가주어 It을 쓰고 진주어인 to부정사구는 문장 뒤쪽으로
  보낸 뒤, 「for+목적격」으로 의미상 주어를 나타낸다.

C

1 It was kind of the author to take pictures
2 It is better to forgive the people
3 it is important for us to set career goals

문제 해설 |

1 주어 자리에 가주어 It을 쓰고 진주어인 to부정사구는 문장 뒤쪽으로
  보낸다. 형용사 kind는 사람에 대한 주관적 평가를 나타내므로 「of+
  목적격」으로 의미상 주어를 나타낸다.
2 주어 자리에 가주어 It을 쓰고 진주어인 to부정사구는 문장 뒤쪽으로
  보낸다.
3 주어 자리에 가주어 it을 쓰고 진주어인 to부정사구는 문장 뒤쪽으로
  보낸 뒤, 「for+목적격」으로 의미상 주어를 나타낸다.

UNIT 07 to부정사
Point 24 보어 역할을 하는 to부정사

Check Up   p.68

1 to have   2 to study

문장 해석 |

1 그 관리자의 계획은 봄까지 매장 보수가 완료되게 하는 것이었다.
2 Carlson 교수는 더 많은 학생들이 고전 문학을 공부하도록 권장했
  다.

문제 해설 |

1 주어(The manager's plan)를 보충 설명하는 주격보어 자리에 to
  have가 알맞다.
2 동사 encourage는 목적격보어로 to부정사를 취하므로 to study
  가 알맞다.

문장 완성 Practice   p.69

A

1 The goal of this meeting is to discuss
2 proved to be much more difficult
3 The documentary about hunting dolphins led
  Kevin to become
4 The defendant wanted the jury to hear her
  statement

문제 해설 |

1 주어(The goal of this meeting)를 보충 설명하는 주격보어 자리
  에 to discuss를 쓴다.
2 동사로 proved를 쓴 뒤, 주어(This game)를 보충 설명하는 주격보
  어 자리에 to부정사구를 쓴다.
3 동사 lead는 목적격보어로 to부정사를 취하므로 그 자리에 to
  become을 쓴다.
4 동사 want는 목적격보어로 to부정사를 취하므로 그 자리에 to hear
  를 쓴다.

1 happened to sign up
2 you remind me to call
3 enabled companies to cut down
4 seemed to stare back

문제 해설 |

1 '우연히' ~하다'의 의미는 「happen to-v」로 나타내며, 이때 to부정사가 주어(Judy and I)를 보충 설명하는 주격보어 역할을 하므로 happened to sign up으로 쓴다.
2 동사 remind는 목적격보어로 to부정사를 취하므로 to call을 쓴다.
3 동사 enable은 목적격보어로 to부정사를 취하므로 to cut down을 쓴다.
4 '~인 것 같다'의 의미는 「seem to-v」로 나타내며, 이때 to부정사가 주어(The eyes ...)를 보충 설명하는 주격보어 역할을 하므로 seemed to stare back으로 쓴다.

UNIT 07 to부정사
Point 25 가목적어–진목적어

[구문 개념 잡기]
그 승객들은 붐비는 열차 안에서 움직이는 것이 거의 불가능하다고 생각했다.

Check Up   p.70

1 it   2 simple

문제 해설 |

1 진목적어인 to부정사구를 대신하는 가목적어 it이 알맞다.
2 동사 make의 목적격보어 자리이므로 형용사 simple이 알맞다.

문장 완성 Practice   p.71

A

1 it   2 to remember   3 it necessary

문장 해석 |

1 Todd는 가능한 한 많은 다양한 장소를 여행하는 것을 우선 사항으로 만들었다.
2 대부분의 사람들은 자신의 유아기에 관한 많은 사소한 일들을 기억하는 것을 어렵다고 생각한다.
3 토네이도 경보가 그 축구 경기를 후일로 연기하는 것을 불가피하게 만들었다.

문제 해설 |

1 진목적어인 to부정사구를 대신하는 가목적어 자리이므로, it is를 it으로 고쳐야 한다.
2 가목적어 it에 대한 진목적어 역할을 하는 to부정사가 알맞다. 따라서, remember를 to remember로 고쳐야 한다.
3 가목적어–진목적어 구문으로 「동사+가목적어 it+목적격보어+진목적어 to-v」의 어순이 되어야 한다. 따라서, necessary it을 it necessary로 고쳐야 한다.

B

1 considered it a burden to have
2 made it easier to treat bacterial infections
3 companies find it simple to hire skilled workers

문제 해설 |

1 동사 considered 뒤에 가목적어 it을 쓰고, 진목적어 to have는 목적격보어(a burden) 뒤로 보낸다.
2 동사 made 뒤에 가목적어 it을 쓰고, 진목적어 to treat 이하는 목적격보어(easier) 뒤로 보낸다.
3 동사 find 뒤에 가목적어 it을 쓰고, 진목적어 to hire 이하는 목적격보어(simple) 뒤로 보낸다.

C

1 Marcy finds it exhausting to shop
2 thought it necessary to warn her students
3 made it his responsibility to take care of

문제 해설 |

1 「find+가목적어 it+목적격보어(exhausting)+진목적어 to-v」의 형태로 쓴다.
2 「think+가목적어 it+목적격보어(necessary)+진목적어 to-v」의 형태로 쓴다.
3 「make+가목적어 it+목적격보어(his responsibility)+진목적어 to-v」의 형태로 쓴다.

UNIT 07 to부정사
Point 26 의문사+to부정사

[구문 개념 잡기]
당신의 개를 어떻게 기를지는 당신이 결정하기에 달려 있다.

Check Up   p.72

1 to contact   2 what

문제 해설 |

1 '누구에게 ~할지'는 「who to-v」로 나타낼 수 있으므로 to contact가 알맞다.

가 전치사의 목적어이므로 '~을 지향하다'의 의미인 work toward 가 알맞다.

문장 완성 *Practice*   p.73

A

1 how to surprise Paula
2 What to use in your main dish
3 how to make different kinds of paper airplanes
4 where to place the billboards

문제 해설 |

1 '~하는 방법, 어떻게 ~할지'는 「how to-v」로 나타낸다.
2 '무엇을 ~할지'는 「what to-v」로 나타낸다.
3 '~하는 방법, 어떻게 ~할지'는 「how to-v」로 나타낸다.
4 '어디에 ~할지'는 「where to-v」로 나타낸다.

B

1 where to use these screws
2 What to eat for breakfast
3 how to get to the cheese
4 who(m) to give the first prize
5 when to enter the stage

문제 해설 |

1 '어디에 ~할지'는 「where to-v」로 나타낸다.
2 '무엇을 ~할지'는 「what to-v」로 나타낸다.
3 '~하는 방법, 어떻게 ~할지'는 「how to-v」로 나타낸다.
4 '누구에게 ~할지'는 「who(m) to-v」로 나타낸다.
5 '언제 ~할지'는 「when to-v」로 나타낸다.

UNIT 07 to부정사
Point 27 to부정사의 명사 수식

[구문 개념 잡기]
Martin은 온라인으로 그의 친구들과 함께 할 새로운 게임을 찾는 중이다.
어려운 시기 동안에는 의지할 사람이 있는 것이 중요하다.

Check Up   p.74

1 to decide   2 work toward

문제 해설 |

1 '결정할 더 많은 시간'의 의미로, 명사구 more time을 수식하는 to부정사 to decide가 알맞다.
2 명사구 a specific goal을 수식하는 to부정사로, 수식 받는 명사구

문장 완성 *Practice*   p.75

A

1 to live → to live with   2 O   3 save → to save

문장 해석 |

1 Ben은 함께 살 새 룸메이트를 찾고 있다.
2 Sam은 어울려 지내고 싶은 욕구 때문에 항상 사람들을 웃게 만들려고 노력한다.
3 돈을 저축하는 한 가지 좋은 방법은 당신 자신을 위한 목표를 세우고 당신이 소비하는 것을 기록하는 것이다.

문제 해설 |

1 '함께 살 새 룸메이트'의 의미가 되도록 a new roommate를 수식하는 to live를 to live with로 고쳐야 한다.
2 fit in은 '(~와) 어울려 지내다'의 의미로 명사구 his need를 to부정사의 형태로 수식하므로, 해당 문장은 적절하다.
3 문장 전체의 동사는 is이므로, save를 명사구 A good way를 수식하는 to부정사 to save로 고쳐야 한다.

B

1 a few more details to look into
2 the ability to speak more than one language
3 An easy way to eat less food
4 she didn't have enough time to practice

문제 해설 |

1 명사구 a few more details를 수식하도록 to부정사구 to look into를 뒤에 쓴다. look into는 '~을 조사하다'의 의미이다.
2 명사구 the ability를 수식하도록 to부정사구 to speak ... one language를 뒤에 쓴다.
3 명사구 An easy way를 수식하도록 to부정사구 to eat less food를 뒤에 쓴다.
4 have의 목적어로 enough time을 쓰고, to부정사 to practice가 enough time을 수식하도록 뒤에 쓴다.

C

1 people to take care of abandoned animals
2 a lot of dangers to watch out for
3 the opportunity to show off their skills

문제 해설 |

1 '돌봐줄 사람들'의 의미가 되도록 명사 people을 수식하는 to부정사구 to take care of 이하를 뒤에 쓴다.
2 '조심해야 할 많은 위험 요소들'의 의미가 되도록 명사구 a lot of dangers를 수식하는 to부정사구 to watch out for를 뒤에 쓴다.

3 '뽐낼 기회'의 의미가 되도록 명사구 the opportunity를 수식하는
to부정사구 to show off 이하를 뒤에 쓴다.

to부정사
Point 28 to부정사의 부사적 용법

[구문 개념 잡기]
그 서점은 Jordan에게 그의 주문품이 도착했다는 것을 알려주
기 위해 이메일을 보냈다.
그 변호사는 법원 건물을 나와서 기자들이 그녀를 기다리고 있
는 것을 발견했다.
Sam은 서둘러서 탑승구로 갔으나 결국 그것이 이미 닫힌 것을
발견하고 말았다.
많은 시민들은 정부가 세율을 올리려고 한다는 것을 들어서 화
가 났다.
그녀는 그 원피스들이 입기에 불편해서 그것들을 좋아하지 않는
다.

Check Up   p.76

1 to realize   2 so as not

문제 해설 |

1 '결국 ~하고 말다'라는 의미의 결과를 나타내는 부사적 용법의 to부정
사로 (only) to realize가 알맞다.

2 목적의 뜻을 분명히 하고자 할 경우에 「in order to-v」나 「so as
to-v」로 나타낼 수 있으며, 부정어 not은 to부정사 바로 앞에 쓰므로
so as not이 알맞다.

문장 완성 Practice   p.77

A

1 Fans were disappointed to learn
2 Some dogs can be difficult to train
3 only to see it crash to the ground
4 was proud to show her parents the medal
5 In order for students to log into the school server

문제 해설 |

1 '~해서'라는 의미로 감정의 원인을 나타내는 부사적 용법의 to부정사
를 이용하여 disappointed to learn을 쓴다.

2 '~하기에'라는 한정의 의미를 나타내는 부사적 용법의 to부정사를 이
용하여 difficult 뒤에 to train을 쓴다.

3 '결국 ~하고 말다'의 의미는 「only to-v」의 형태로 나타낼 수 있다.
to see의 목적어로 it을, 목적격보어로 동사원형 crash를 쓴다.

4 '~해서'라는 의미로 감정의 원인을 나타내는 부사적 용법의 to부정사
를 이용하여 proud to show를 쓴다.

5 '~하기 위해서'라는 의미의 부사적 용법의 to부정사는 「in order

to-v」로 쓸 수 있으며, to부정사 앞에 「for+목적격」을 써서 의미상
주어를 나타낸다.

B

1 Comedy movies can be fun to watch
2 important for countries to invest in
3 Brianne was annoyed to find
4 In order for the company to meet

문제 해설 |

1 '~하기에'라는 한정의 의미를 나타내도록 watch를 to watch로 바
꿔 fun 뒤에 쓴다.

2 '~하기에'라는 한정의 의미를 나타내도록 invest in을 to invest in
으로 바꿔 쓴다. 또한, to부정사 앞에 「for+목적격」을 써서 의미상 주
어를 나타낸다.

3 '~해서'라는 의미로 감정의 원인을 나타내는 부사적 용법의 to부정사
to find를 쓴다.

4 '~하기 위해서'라는 의미의 부사적 용법의 to부정사는 「in order
to-v」로 쓸 수 있으며, to부정사 앞에 「for+목적격」을 써서 의미상
주어를 나타낸다.

동명사
Point 29 주어로 쓰이는 동명사

[구문 개념 잡기]
밤늦게 간식을 먹는 것은 건강에 좋지 않다.
아동 병원에서 아이들과 공예품을 만든 것은 귀중한 경험이었
다.

Check Up   p.78

1 Using   2 is

문제 해설 |

1 doesn't replace가 문장 전체의 동사이므로 주어 역할을 할 수 있
는 동명사 Using이 알맞다.

2 동명사구 주어는 단수 취급하므로 단수 동사 is가 알맞다.

문장 완성 Practice   p.79

A

1 Deciding on a major to study in university is
2 Finding a coin on the ground is
3 Purchasing goods from unfamiliar websites
4 Listening to calm music before bedtime helps
5 Paying attention to what others say means

문제 해설 |

1 '전공을 정하는 것'은 동명사구 Deciding on a major로 나타내고 a major를 수식하는 to부정사를 쓴 뒤, 단수 동사 is를 쓴다.
2 '동전을 발견하는 것'은 동명사구 Finding a coin으로 나타내고 on the ground를 이어서 쓴 뒤, 단수 동사 is를 쓴다.
3 can be가 문장 전체의 동사이므로 동명사구를 주어로 쓴다.
4 '차분한 음악을 듣는 것'은 동명사구 Listening to calm music으로 나타내고 before bedtime을 이어서 쓴 뒤, 단수 동사 helps를 쓴다.
5 '~에 주의를 기울이는 것'은 동명사구 Paying attention to로 나타내고 '다른 사람들이 말하는 것'은 관계대명사절 what others say로 나타낸다. 동명사구가 주어이므로 단수 동사 means를 쓴다.

B

1 Watching the sunset on the beach was
2 Preparing enough food for hundreds of people was
3 Looking for a place to live
4 acquiring appropriate playing techniques

문제 해설 |

1 '해변에서 일몰을 보는 것'에 맞게 watch를 주어 역할을 하는 동명사 형태의 Watching으로 바꿔 쓴다. 과거시제이며 동명사구 주어는 단수 취급하므로 단수 동사 was를 쓴다.
2 '충분한 음식을 준비하는 것'에 맞게 prepare를 주어 역할을 하는 동명사 형태로 바꿔 Preparing enough food로 쓴다. 과거시제이며 동명사구 주어는 단수 취급하므로 단수 동사 was를 쓴다.
3 can be가 문장 전체의 동사이므로 look for를 주어 역할을 하는 동명사 형태의 Looking for로 바꿔 쓴다. 명사 a place 뒤에는 그것을 수식하는 to부정사 to live를 쓴다.
4 becomes가 주절의 동사이므로 acquire를 주어 역할을 하는 동명사 형태의 acquiring으로 바꿔 쓴다.

UNIT 08	동명사 Point 30 목적어로 쓰이는 동명사와 to부정사

[구문 개념 잡기]
빵 반죽 섞는 것을 끝내면 굽기 위해 그것을 오븐에 넣어라.
그 회사는 올해 수익을 10% 늘릴 것으로 기대한다.
4월에, 알래스카에서는 보통 오전 6시 30분쯤에 해가 뜨기 시작한다.
내가 너의 휴대전화의 화면을 깬 것을 네게 말하게 되어 유감이다.

Check Up
p.80

1 playing   2 to return

문제 해설 |

1 동사 practice는 목적어로 동명사를 취하므로 playing이 알맞다.
2 동사 promise는 목적어로 to부정사를 취하므로 to return이 알맞다.

문장 완성 Practice
p.81

A

1 cheating   2 to play   3 barking[to bark]
4 shopping   5 to buy

문장 해석 |

1 Lance는 그 시험에서 부정행위를 한 것을 부인하지만, 다른 학생들이 그가 부정행위를 하는 것을 보았다.
2 주머니쥐는 그들의 포식자들이 그들을 내버려 두도록 죽은 척을 한다.
3 그 경비견은 누군가가 건물에 가까이 올 때마다 짖기 시작한다.
4 Barry는 온라인으로 옷을 구매하는 것을 싫어하는데, 왜냐하면 그는 옷을 사기 전에 입어보는 것을 좋아하기 때문이다.
5 Johnson 가족은 캠핑 트레일러를 살 여유가 없어서 가족 휴가를 위해 한 대를 대여했다.

문제 해설 |

1 동사 deny는 목적어로 동명사를 취하므로 cheating으로 쓴다.
2 동사 pretend는 목적어로 to부정사를 취하므로 to play로 쓴다.
3 동사 start는 목적어로 동명사와 to부정사 모두 취할 수 있으므로 barking 또는 to bark로 쓴다.
4 동사 dislike는 목적어로 동명사를 취하므로 shopping으로 쓴다.
5 동사 afford는 목적어로 to부정사를 취하므로 to buy로 쓴다.

B

1 wanted to discover the cause
2 Jeremy remembered closing the window
3 Candace forgot meeting me
4 he refuses to wear glasses
5 consider hiring more employees
6 The people on the street stopped walking
7 Many people tend to believe the information

문제 해설 |

1 '하고 싶어 하다'라는 의미의 동사 want는 목적어로 to부정사를 취하므로 to discover를 쓴다.
2 '(과거에) ~한 것을 기억하다'의 의미는 「remember v-ing」로 쓴다.
3 '(과거에) ~한 것을 잊다'의 의미는 「forget v-ing」로 쓴다.
4 '거부하다'라는 의미의 동사 refuse는 목적어로 to부정사를 취하므로 to wear를 쓴다.
5 '고려하다'라는 의미의 동사 consider는 목적어로 동명사를 취하므로 hiring을 쓴다.
6 '멈추다'라는 의미의 동사 stop은 목적어로 동명사를 취하므로

walking을 쓴다.

7 '(~하는) 경향이 있다'라는 의미의 동사 tend는 목적어로 to부정사를 취하므로 to believe를 쓴다.

UNIT 08 동명사
Point 31 전치사의 목적어로 쓰이는 동명사

[구문 개념 잡기]
이 도표는 학급에 태양계를 설명하는 데 필요하다.
Marshall 박사는 환자들이 긴장을 풀게 도와주고 그들이 편안하게 느끼게 하는 데 능하다.
우리는 신입 회원들을 모집하는 것에 관한 회의를 하고 포스터를 디자인하기 시작했다.

Check Up   p.82

1 expanding   2 having

문제 해설 |

1 전치사 against의 목적어 자리이고 뒤에 목적어(the building's parking lot)가 있으므로 동명사 형태인 expanding이 알맞다.

2 전치사 Despite의 목적어 자리이므로 동명사 형태인 having이 알맞다.

문장 완성 *Practice*   p.83

A

1 say → saying   2 to change → changing   3 O
4 cover → covering

문장 해석 |

1 Stella는 작별 인사를 하지 않고 파티장을 떠난 것에 대해 사과했다.

2 그 정치인은 그 오래된 법을 바꾸는 데 반대하는 사람들을 설득하려고 애썼다.

3 그 서퍼는 그의 차에서 모래를 제거하기 위해 휴대용 진공청소기를 구입했다.

4 그 제빵사는 그 부부의 기념일 케이크를 생크림과 과일 조각들로 덮어 장식했다.

문제 해설 |

1 전치사 without의 목적어 자리이므로 say를 동명사 saying으로 고쳐야 한다.

2 전치사 against의 목적어 자리이므로 to change를 동명사 changing으로 고쳐야 한다.

3 전치사 for의 목적어 자리에 동명사 removing이 쓰였으므로 적절하다.

4 전치사 by의 목적어 자리이므로 cover를 동명사 covering으로 고쳐야 한다.

B

1 was exhausted from playing
2 tales of sailing across the ocean
3 in spending long periods of time
4 Companies target specific consumers by creating advertisements
5 The problem with following strict diets

문제 해설 |

1 '~하느라 지치다'의 의미는 「be exhausted from」으로 나타내며, 전치사 from의 목적어 자리에 동명사 playing을 쓴다.

2 명사 tales를 전치사구가 뒤에서 수식하는 형태로 쓰며, 전치사 of의 목적어 자리에 동명사 sailing을 쓴다.

3 전치사 in의 목적어 자리에 동명사 spending을 쓴다.

4 '~함으로써'의 의미는 「by v-ing」의 형태로 나타내므로, 전치사 by의 목적어 자리에 동명사 creating을 쓴다.

5 명사 The problem을 전치사구가 뒤에서 수식하는 형태로 쓰며, 전치사 with의 목적어 자리에 동명사 following을 쓴다.

UNIT 08 동명사
Point 32 동명사의 관용 표현

Check Up   p.84

1 denying   2 show

문제 해설 |

1 '~하는 것은 불가능하다, ~할 수 없다'의 의미는 「there is no v-ing」로 나타내므로 동명사의 형태인 denying이 알맞다.

2 '~하는 데 사용되다'의 의미는 부사적 용법의 to부정사를 이용해 「be used to-v」로 나타내므로 show가 알맞다.

문장 완성 *Practice*   p.85

A

1 reading   2 giving up   3 paying   4 staring
5 eating

문장 해석 |

1 Grace는 대부분의 자유 시간을 탐정 소설을 읽는 데 보낸다.

2 내가 마침내 그 수학 방정식을 풀었을 때, 나는 막 포기하려고 했다.

3 서비스가 형편없으면 많은 사람들이 식당에서 팁을 지불하는 데 반대한다.

4 관객들은 곡예사가 줄을 가로질러 걸어갈 때 그를 빤히 쳐다보지 않

을 수 없었다.

5 당신이 간식을 먹고 싶으면 과일이나 다른 자연 식품을 먹는 것이 당신의 건강에 더 좋다.

문제 해설 |

1 '~하는 데 시간을 보내다'의 의미는 「spend+시간+v-ing」의 형태로 쓴다.

2 '막 ~하려고 하다'의 의미는 「be on the point of v-ing」의 형태로 쓴다.

3 '~하는 데 반대하다'의 의미는 「be opposed to v-ing」의 형태로 쓴다.

4 '~하지 않을 수 없다'의 의미는 「can't help v-ing」의 형태로 쓴다.

5 '~하고 싶다'의 의미는 「feel like v-ing」의 형태로 쓴다.

B

1 ended up defeating
2 busy watching a movie
3 objected to working
4 look forward to meeting you
5 keep himself from crying
6 was used to sleeping in

문제 해설 |

1 '결국 ~하게 되다'의 의미는 「end up v-ing」로 쓴다.

2 '~하느라 바쁘다'의 의미는 「be busy v-ing」로 쓴다.

3 '~하는 데 반대하다'의 의미는 「object to v-ing」로 쓴다.

4 '~하기를 기대하다'의 의미는 「look forward to v-ing」로 쓴다.

5 'A가 ~하는 것을 막다[~하지 못하게 하다]'의 의미는 「keep A from v-ing」로 쓸 수 있으며, 주어와 목적어가 동일한 대상인 Alex를 가리키므로 keep의 목적어로 재귀대명사 himself를 쓴다.

6 '~하는 데 익숙하다'의 의미는 「be used to v-ing」로 쓴다.

UNIT 08 동명사
Point 33 동명사의 의미상 주어·시제

[구문 개념 잡기]
내 친구들은 우리가 만날 때마다 내가 늦는 것을 좋아하지 않는다.
나의 가족은 산에서 동굴을 탐험하는 것을 즐긴다.
그 회사는 그것의 경쟁 상대의 상품들을 베낀 것으로 비난받았다.

Check Up
p.86

1 having 2 my

문제 해설 |

1 노트를 빌린 것은 그 사실을 인정한 것보다 이전에 일어난 일이므로 완료형 동명사 「having p.p.」를 쓴다. 따라서 having이 알맞다.

2 동명사의 의미상 주어는 동명사 앞에 소유격이나 목적격을 써서 나타내므로 my가 알맞다.

문장 완성 Practice
p.87

A

1 Judy('s) taking
2 his classmate('s) having made fun of
3 my[me] staying up late at night
4 having been too busy

문장 해석 |

1 나는 Judy가 묻지도 않고 내 책을 가져가서 기분이 좋지 않았다.

2 Tony는 그의 반 친구가 먼저 자신을 놀렸었다고 주장했다.

3 나의 부모님은 내가 밤늦게까지 자지 않고 있는 것을 걱정하신다.

4 Cora는 방학 동안 너무 바빠 자신의 사촌들과 많은 시간을 보내지 못했던 것을 후회했다.

문제 해설 |

1 전치사 about의 목적어로 동명사 taking을 쓰며, 동명사의 의미상 주어를 동명사 앞에 소유격이나 목적격으로 쓴다.

2 전치사 on의 목적어로 동명사를 쓰되, Tony가 주장한 것보다 그의 반 친구가 놀린 것이 더 이전에 일어난 일이므로 완료형 동명사를 쓴다. 동명사의 의미상 주어를 동명사 앞에 소유격이나 목적격으로 쓴다.

3 전치사 about의 목적어로 동명사 staying을 쓰며, 동명사의 의미상 주어를 동명사 앞에 소유격이나 목적격으로 쓴다.

4 regretted의 목적어로 동명사를 쓰되, Cora가 바빴던 것이 그녀가 후회한 것보다 더 이전에 일어난 일이므로 완료형 동명사를 쓴다.

B

1 reported having captured a wild bear
2 Troy's leaving early was a good decision
3 Despite having lost the game
4 remembers having met her old friend
5 their arriving at the conference hall was

문제 해설 |

1 포획했다고 보고한 것보다 포획한 것이 더 이전에 일어난 일이므로 reported의 목적어로 완료형 동명사 having captured를 쓴다.

2 동명사구 leaving early를 문장의 주어로 쓰되, 동명사구 앞에 의미상 주어 Troy's를 쓴다. 동명사구 주어이므로 단수 동사 was를 쓴다.

3 전치사 Despite의 목적어로 동명사를 쓰되, 경기를 잘한 것 같다고 느낀 것보다 경기에 진 것이 더 이전에 일어난 일이므로 완료형 동명사 having lost를 쓴다.

4 '(과거에) ~한 것을 기억하다'는 「remember v-ing」로 나타내며, 만났던 것을 기억한 것보다 친구를 만난 것이 더 이전에 일어난 일이므로 완료형 동명사 having met을 쓴다.

5 동명사구 arriving ... hall을 주어로 쓰되, 앞에 동명사의 의미상 주

어 their를 쓴다.

p.88

UNIT 07~08 서술형 빈출 구문 REVIEW TEST

A

1 to fill 2 working 3 for 4 dozing 5 his
6 being 7 delivering 8 having stolen

문장 해석 |

1 연료 부족 경고는 내가 즉시 나의 차에 기름을 가득 채울 것을 상기시켰다.
2 우리의 뇌는 심지어 우리가 밤에 잘 때도 결코 작동하는 것을 멈추지 않는다.
3 사람이 아플 때 불안함을 느끼는 것은 당연하다.
4 나는 그 지루한 영화 중에 졸지 않을 수 없었다.
5 우리 모두 그가 중년기에 네 번째로 선수권 대회에서 우승한 것에 놀랐다.
6 저 슈퍼스타는 그녀가 가는 곳마다 주목을 받는 것에 익숙하다.
7 당신의 의견을 전달함에 있어, 생각을 논리적인 순서대로 정리하는 것이 중요하다.
8 그 용의자는 그 귀금속점에서 무언가를 훔친 것을 부인했다.

문제 해설 |

1 동사 remind는 목적격보어로 to부정사를 취하므로 to fill이 알맞다.
2 동사 stop은 목적어로 동명사를 취하여 '~하는 것을 멈추다'의 의미를 나타내므로 working이 알맞다.
3 to부정사의 의미상 주어는 보통 to부정사 앞에 「for+목적격」의 형태로 나타내므로 for가 알맞다.
4 '~하지 않을 수 없다'의 의미는 「can't help v-ing」로 나타낼 수 있으므로 dozing이 알맞다.
5 문장의 주어(We)와 동명사의 의미상 주어(he)가 다르므로 동명사 앞에 대명사의 소유격 또는 목적격으로 의미상 주어를 나타낸다. 따라서 his가 알맞다.
6 '~하는 데 익숙하다'의 의미는 「be accustomed to v-ing」로 나타낼 수 있으므로 being이 알맞다.
7 전치사 In의 목적어 역할을 하는 동시에 뒤의 명사구 your opinion을 목적어로 취해야 하므로, 동명사 delivering이 알맞다.
8 동사 deny는 목적어로 동명사를 취하며, 동명사가 나타내는 때가 문장의 동사 시제(denied)보다 앞서므로 완료형 동명사 having stolen이 알맞다.

B

1 improve → to improve
2 changing → to change
3 to go → going
4 cooperating → to cooperate
5 to cost → costing
6 to collect → collecting
7 Innovation → Innovating
8 getting → to get

문장 해석 |

1 이 과정은 당신의 리더십 기술을 향상시킬 기회를 제공할 것이다.
2 나는 Jason이 그의 마음을 바꾸도록 설득하는 것이 불가능하다는 것을 깨달았다.
3 나는 그 책을 간단히 훑어보는 것을 마치고 나서 처음으로 돌아갈 것이다.
4 양측은 환경 문제를 해결하는 데 협력하는 것에 동의했다.
5 그 전쟁은 결국 수백만 명의 목숨을 희생시키게 되었다.
6 그 프로젝트는 다양한 식물종의 견본을 수집하는 것과 그것들의 특성을 비교하는 것으로 구성된다.
7 당신이 일하는 방식을 혁신하는 것은 쉽지 않지만 중요하다.
8 Anne은 어떤 도움도 받기를 거부했고 그것을 혼자 해냈다.

문제 해설 |

1 앞의 명사 opportunities를 수식하도록 improve를 to improve로 고쳐야 한다.
2 동사 persuade는 목적격보어로 to부정사를 취하므로 changing을 to change로 고쳐야 한다.
3 동사 finish는 목적어로 동명사를 취하므로 to go를 going으로 고쳐야 한다.
4 동사 agree는 목적어로 to부정사를 취하므로 cooperating을 to cooperate로 고쳐야 한다.
5 '결국 ~하게 되다'의 의미는 「end up v-ing」로 나타내므로 to cost를 costing으로 고쳐야 한다.
6 전치사 of의 목적어 역할을 할 수 있어야 하므로 to collect를 동명사 collecting으로 고쳐야 한다.
7 문장의 주어 역할을 하면서 뒤의 명사구를 목적어로 취할 수 있도록 명사 Innovation을 동명사 Innovating으로 고쳐야 한다.
8 동사 refuse는 목적어로 to부정사를 취하므로 getting을 to get으로 고쳐야 한다.

C

1 vague to understand its meaning
2 felt embarrassed to commit
3 Some people consider it safer to sit
4 fails to show where to go
5 The aim of this organization is to provide support

문제 해설 |

1 '~하기에'의 의미로 한정을 나타내는 부사적 용법의 to부정사가 형용사 vague를 뒤에서 수식하도록 쓴다.
2 '~해서'라는 의미로 감정의 원인을 나타내는 부사적 용법의 to부정사를 쓴다.
3 동사 consider 뒤에 가목적어 it을 쓰고, 진목적어 to sit은 목적격보어(safer) 뒤에 쓴다.

4 동사 fail의 목적어로 to부정사를 쓰며, '어디로 ~할지'의 의미는 「where to-v」로 나타낸다.

5 주어를 보충 설명하는 주격보어로 to부정사구를 쓴다.

D

1 I forgot to notify him
2 His new approach seemed to be
3 wait in line in order to enter
4 When it comes to making the right decisions

문제 해설 |

1 '~할 것을 잊다'의 의미일 때는 동사 forget이 목적어로 to부정사를 취하므로 forgot to notify로 쓴다.

2 동사로 seemed를 쓴 뒤, 주어(His new approach)를 보충 설명하는 주격보어로 to부정사를 쓴다.

3 order가 주어졌으므로 목적을 나타내는 부사적 용법의 to부정사를 이용하여 in order to enter를 쓴다.

4 '~하는 것에 관해서라면'의 의미는 「When it comes to v-ing」로 나타낼 수 있으며, 전치사 to의 목적어로 동명사구 making the right decisions를 쓴다.

UNIT 09 분사와 분사구문
Point 34 현재분사와 과거분사

[구문 개념 잡기]

그 학생들은 그들의 교수가 책을 출간했다는 것을 듣게 되어 신이 났다.

새로운 언어와 문화를 배우는 것은 신나는 경험일 수 있다.

나는 모든 나라가 자국만의 숨겨진 보물을 가지고 있다고 생각한다.

폭풍으로 깨진 그 교회의 창문들은 아직 수리되지 않았다.

Check Up p.90

1 annoying 2 painted

문제 해설 |

1 냉장고가 내는 소음이 성가시게 하는 주체이므로 현재분사 annoying이 알맞다.

2 집이 칠해진 대상이므로 과거분사 painted가 알맞다.

문장 완성 Practice p.91

A

1 elected 2 pleased 3 interesting 4 eating, frightened, running

문장 해석 |

1 대통령으로 선출된 그 여자는 20년이 넘게 변호사로 일했었다.

2 그 선원들은 그 작은 섬에서 담수와 코코넛을 발견해서 기뻤다.

3 그 역사책은 흥미로워 보였지만 Shaun이 구입하기에 너무 비쌌다.

4 아이스크림을 먹고 있던 몇몇 아이들이 목줄 없이 뛰어다니던 큰 개에 겁을 먹었다.

문제 해설 |

1 여자가 선출된 대상이므로 과거분사 elected를 쓴다.

2 선원들이 기쁜 감정을 느낀 대상이므로 과거분사 pleased를 쓴다.

3 역사책이 흥미로운 감정을 일으키는 주체이므로 현재분사 interesting을 쓴다.

4 아이들이 아이스크림을 먹는 주체이므로 현재분사 eating을, 아이들이 겁을 먹은 감정을 느낀 대상이므로 과거분사 frightened를, 개가 뛰어다니는 주체이므로 현재분사 running을 각각 쓴다.

B

1 some pelicans flying across the ocean
2 It was frustrating to find out
3 a doll thrown in the trash

문제 해설 |

1 현재분사 flying이 이끄는 분사구가 some pelicans를 뒤에서 수식하는 형태로 쓴다.

2 주어 자리에 가주어 It을 쓰고 진주어 to find out은 뒤쪽에 쓴다. 축제가 취소된 것을 알게 된 것이 좌절감을 준 주체이므로 보어 자리에 현재분사 frustrating을 쓴다.

3 과거분사 thrown이 이끄는 분사구가 a doll을 뒤에서 수식하는 형태로 쓴다.

C

1 reading a book on the subway
2 people were terrified of predators
3 boiling on the stove
4 The local citizens were embarrassed by

문제 해설 |

1 남자가 책을 읽던 주체이므로 현재분사 reading이 이끄는 분사구가 The man을 뒤에서 수식하는 형태로 쓴다.

2 사람들이 무서움을 느낀 대상이므로 보어 자리에 과거분사 terrified를 쓴다.

3 닭고기 수프가 끓고 있는 주체이므로 현재분사 boiling이 이끄는 분사구가 The chicken soup를 뒤에서 수식하는 형태로 쓴다.

4 지역 주민들이 당황한 감정을 느낀 대상이므로 보어 자리에 과거분사 embarrassed를 쓴다.

[구문 개념 잡기]
개방된 공간을 즐기기 때문에, Todd는 자주 인근의 사막으로 긴 도보 여행을 간다.
거칠게 다뤄지면, 그 깨지기 쉬운 꽃병은 수백 개의 작은 조각들로 산산조각이 날 것이다.

Check Up   p.92

1 Kept   2 Finding

문제 해설 |

1 분사구문의 의미상 주어 a bag of flour가 보관되는 대상이므로 과거분사 Kept가 알맞다.
2 분사구문의 의미상 주어 the exhausted man이 냉장고가 비어 있다는 것을 알게 된 주체이므로 현재분사 Finding이 알맞다.

문장 완성 Practice   p.93

A

1 (Being) Lost in the forest
2 Pressing this button on your desk phone
3 (Being) Trapped in a spider's web

문장 해석 |

1 숲에서 길을 잃은 동안, 그 도보 여행자들은 그들의 휴대전화를 사용하여 구조를 요청했다.
2 탁상 전화기에 있는 이 버튼을 누르면, 당신은 즉시 접수 담당자에게 연결될 것이다.
3 거미줄에 걸려서, 그 파리는 몸을 빼내기 위해 필사적으로 몸부림쳤다.

문제 해설 |

1 접속사 While을 생략하고, 부사절의 주어와 주절의 주어가 같으므로 부사절의 주어 they를 생략한 뒤, 부사절의 동사를 (Being) Lost로 바꿔 쓴다.
2 접속사 If를 생략하고, 부사절의 주어와 주절의 주어가 같으므로 부사절의 주어 you를 생략한 뒤, 부사절의 동사를 Pressing으로 바꿔 쓴다.
3 접속사 Since를 생략하고, 부사절의 주어와 주절의 주어가 같으므로 부사절의 주어 it을 생략한 뒤, 부사절의 동사를 (Being) Trapped로 바꿔 쓴다.

B

1 Because it was sold
2 While he searched for

3 After they opened the door

문장 해석 |

1 높은 가격에 판매되었기 때문에, 그 제품은 잘 팔릴 수 없었다.
2 인도로 가는 더 짧은 경로를 찾는 동안, 크리스토퍼 콜럼버스는 결국 카리브해에 도착하게 되었다.
3 문을 연 후에, 그 젊은 부부는 그들의 아파트가 털린 것을 보았다.

문제 해설 |

1 이유를 나타내는 수동형 분사구문이므로 접속사 Because를 쓰고, 동사를 was sold로 쓴다.
2 '~하는 동안'이라는 의미의 때를 나타내는 분사구문이므로 접속사 While을 쓰고, 동사는 주절의 시제와 일치시켜 searched로 쓴다.
3 '~후에'라는 의미의 때를 나타내는 분사구문이므로 접속사 After를 쓰고, 동사는 주절의 시제와 일치시켜 opened로 쓴다.

C

1 Working on the farm
2 (Being) Mixed with honey
3 Not knowing the way

문제 해설 |

1 분사구문의 의미상 주어 Olivia가 농장에서 일하는 주체이므로 현재분사 Working이 이끄는 분사구문을 쓴다.
2 분사구문의 의미상 주어 the granola가 꿀과 섞이는 대상이므로 수동형 분사구문인 (Being) Mixed ~로 쓴다.
3 분사구문의 의미상 주어 Mindy가 길을 모르는 주체이므로 현재분사로 시작하되, 분사구문의 부정이므로 Not knowing ~으로 쓴다.

[구문 개념 잡기]
분실된 스마트폰을 발견한 뒤, Miguel은 그것의 주인을 찾으려고 노력했다.
그 사고로 부상을 입어서, Janet은 어제 회의에 참석하지 못했다.

Check Up   p.94

1 having   2 Raised

문제 해설 |

1 주절의 시제보다 이전의 일을 나타내며, 분사구문의 의미상 주어인 I가 그 셔츠를 세탁한 적이 없는 주체이므로 having (washed)이 알맞다.
2 주절의 시제보다 이전의 일을 나타내며, 분사구문의 의미상 주어인 Jimin이 키워진 대상이므로 Having been을 생략한 형태의

Raised가 알맞다.

문장 완성 *Practice*　　　　　　　　p.95

A

1 Not (having been) properly prepared
2 Having finished the test early
3 (Having been) Forgotten by its owner
4 Having observed a bright light in the sky
5 Having gotten sick earlier in the week

문장 해석 |

1 제대로 준비되지 않았기 때문에, 그녀는 마라톤을 완주하지 못했다.
2 시험을 일찍 마쳐서 Jacob은 손을 들고 퇴실 허가를 요청했다.
3 주인에게 잊혀졌기 때문에, 그 빨간 우산은 버스 좌석 위에 놓여져 있었다.
4 하늘에서 밝은 빛을 관측한 후, 갈릴레오는 그의 망원경으로 그것을 더 자세히 조사했다.
5 그 주 초에 아팠기 때문에, Charlotte은 자신의 주말 계획을 취소했다.

문제 해설 |

1 그녀가 제대로 준비되어 있지 않은 대상이고, 준비되지 않은 것은 마라톤 완주 실패보다 더 이전의 일이므로 「(having been) p.p.」 형태를 쓴다. 분사구문의 부정은 분사 앞에 Not을 붙여 나타낸다.
2 Jacob이 시험을 마친 주체이고, 시험을 마친 것은 허가를 요청한 것보다 더 이전의 일이므로 「having p.p.」 형태의 완료형 분사구문을 쓴다.
3 우산이 잊혀진 대상이고, 잊혀진 것은 좌석 위에 놓여 있는 것보다 더 이전의 일이므로 「(having been) p.p.」 형태를 쓴다.
4 Galileo가 관측한 주체이고, 관측한 것은 망원경으로 조사한 것보다 더 이전의 일이므로 「having p.p.」 형태의 완료형 분사구문을 쓴다.
5 Charlotte이 아프게 된 주체이고, 아팠던 것은 계획을 취소한 것보다 더 이전의 일이므로 「having p.p.」 형태의 완료형 분사구문을 쓴다.

B

1 Never having lost a battle
2 Having eaten only 30 minutes earlier
3 Having fallen into the sea
4 Hired by the prestigious company
5 Praised by his teacher

문제 해설 |

1 장군이 전투에서 진 적이 없는 주체이고, 전투에서 진 적이 없는 것은 존경을 받은 것보다 더 이전의 일이므로 완료형 분사구문을 쓴다. 부정어 Never는 분사 앞에 쓴다.
2 여행객들이 식사한 주체이고, 식사를 한 것은 빵을 거절한 것보다 더 이전의 일이므로 완료형 분사구문을 쓴다.
3 선원이 바다에 빠진 주체이고, 바다에 빠진 것은 수영하기 시작한 것

보다 더 이전의 일이므로 완료형 분사구문을 쓴다.
4 Zoe가 고용된 대상이고, 고용된 것이 축하한 것보다 더 이전의 일이므로 「(having been) p.p.」 형태를 쓴다.
5 남자아이가 칭찬을 받은 대상이고, 칭찬받은 것은 미소 지은 것보다 더 이전의 일이므로 「(having been) p.p.」 형태를 쓴다.

UNIT 09 분사와 분사구문
Point 37 주어나 접속사가 있는 분사구문

[구문 개념 잡기]

그의 다리가 더 힘차고 빠르게 차면서, Chris는 정신없이 나아갔다.
파티 전에 남은 시간이 거의 없어서, 그 가족은 서둘러 준비했다.
세탁되기 전에, 그 청바지는 짙고 어두운 색조의 청색일 것이다.

Check Up　　　　　　　　p.96

1 opened　2 needing

문장 해석 |

1 일단 개봉되면, 마요네즈 병은 냉장 보관되어야 한다.
2 그 아이들은 밥을 먹일 필요가 있어서 우리는 빠르게 쌀과 콩으로 된 식사를 조리했다.

문제 해설 |

1 접속사를 생략하지 않은 분사구문으로, 분사구문의 의미상 주어인 the jar of mayonnaise가 개봉되는 대상이므로 opened가 알맞다.
2 부사절의 주어(The children)가 주절의 주어(we)와 달라 부사절의 주어를 분사 앞에 남겨둔 분사구문으로, 그 아이들이 밥을 먹일 필요가 있는 주체이므로 needing이 알맞다.

문장 완성 *Practice*　　　　　　　　p.97

A

1 Driving to work
2 Everything being wet from the rain
3 All of the flowers having died
4 Running for several minutes

문장 해석 |

1 차로 출근하는 동안, 나는 한 차가 다른 차와 충돌하는 것을 보았다.
2 모든 것이 비에 젖어서, 우리가 앉을 곳이 아무 데도 없었다.
3 꽃들이 모두 죽었기 때문에, 그 여자의 정원은 갈색이고 텅 비어 있었다.
4 몇 분 동안 달린 후에, 당신은 아마 심장 박동이 급격히 증가하는 것을 알게 될 것이다.

문제 해설 |

1 접속사 While을 생략하고, 부사절의 주어와 주절의 주어가 같으므로 부사절의 주어 I를 생략한 뒤, 동사를 Driving으로 바꿔 쓴다.
2 부사절의 주어와 주절의 주어가 다르므로, 부사절의 주어를 생략하지 않고 접속사 As만 생략한 후 동사를 being으로 바꿔 쓴다.
3 부사절의 주어와 주절의 주어가 다르므로, 부사절의 주어를 생략하지 않고 접속사 Because만 생략한 후 동사를 having died로 바꿔 쓴다.
4 접속사 After을 생략하고, 부사절의 주어와 주절의 주어가 같으므로 부사절의 주어 you를 생략한 뒤, 동사를 Running으로 바꿔 쓴다.

B

1 There being no empty tables
2 When hiking in the mountains
3 If locked alone in a cage

문제 해설 |

1 「접속사+there+be」절을 분사구문으로 전환할 때는 there를 생략하지 않고 being 앞에 남겨두므로, There being no empty tables로 쓴다.
2 주어가 생략된 분사구문을 쓰되, 앞에 접속사 When을 쓴다.
3 야생 동물이 우리 안에 갇힌 대상이므로 주어가 생략된 「(being) p.p.」 형태의 수동형 분사구문을 쓰되, 앞에 접속사 If를 쓴다.

C

1 The hotel room being small and uncomfortable
2 There being no supermarkets
3 While swimming in the pool

문제 해설 |

1 분사구문의 의미상 주어(The hotel room)와 주절의 주어(Julie)가 다른 분사구문으로, 의미상 주어 The hotel room을 분사 앞에 쓴다.
2 「접속사+there+be」절을 분사구문으로 전환할 때는 there를 생략하지 않고 being 앞에 남겨두므로, There being no supermarkets로 쓴다.
3 부사절의 주어와 주절의 주어가 같으므로 부사절의 주어가 생략된 분사구문을 쓰되, 앞에 접속사 While을 쓴다.

UNIT 09 분사와 분사구문
Point 38 with 분사구문

[구문 개념 잡기]
그 자매는 다른 한 명이 에세이를 쓰는 동안 한 명은 조사를 하면서 함께 잘 작업했다.
두 팔이 뻗어진 채로, 그 아이는 비행기인 척하면서 방을 뛰어다녔다.

---

1 held   2 following

문장 해석 |

1 그녀의 신발이 한 손에 들린 채로, 그녀는 맨발로 해변을 따라 걸었다.
2 그녀의 개가 뒤에 바싹 따라오는 채로, Wanda는 시냇가를 따라 하이킹했다.

문제 해설 |

1 「with+(대)명사+분사」 구문으로, 그녀의 신발은 손에 '들려 있는' 대상이므로 과거분사 held가 알맞다.
2 「with+(대)명사+분사」 구문으로, 개가 '따라가는' 주체이므로 현재분사 following이 알맞다.

문장 완성 *Practice*   p.99

A

1 running   2 closed   3 blowing   4 completed

문장 해석 |

1 그 빈 차는 엔진이 여전히 돌아가는 채로 길가에 주차되어 있었다.
2 나의 아버지는 어둠 속에서 눈을 감은 채로 클래식 음악을 듣는 것을 즐기신다.
3 머리카락이 바람에 휘날리는 채로, 그 배의 선장은 승무원들에게 큰 소리로 명령했다.
4 그의 일과가 끝나서, Tom은 남동생과 놀기 위해 공원에 가는 것을 허락받았다.

문제 해설 |

1 「with+(대)명사+분사」 구문으로, 엔진이 '돌아가는' 주체이므로 현재분사 running으로 쓴다.
2 「with+(대)명사+분사」 구문으로, 눈은 '감기는' 대상이므로 과거분사 closed로 쓴다.
3 「with+(대)명사+분사」 구문으로, 그의 머리가 '휘날리는' 주체이므로 현재분사 blowing으로 쓴다.
4 「with+(대)명사+분사」 구문으로, 일과는 '완료되는' 대상이므로 과거분사 completed로 쓴다.

B

1 with hundreds of fans watching
2 With my scarf tied tightly around my neck
3 With its feathers shining in the sunlight

문제 해설 |

1 「with+(대)명사+분사」 구문을 이용하며, 팬들이 '지켜보는' 주체이므로 현재분사 watching을 쓴다.
2 「with+(대)명사+분사」 구문을 이용하며, 스카프가 '매여진' 대상이

므로 과거분사 tied를 쓴다.

3 「with+(대)명사+분사」 구문을 이용하며, 깃털이 '빛나는' 주체이므로 현재분사 shining을 쓴다.

C

1 With his beard shaved off
2 With his friends encouraging him
3 with her legs crossed
4 With the rain pouring down

문제 해설 |

1 「with+(대)명사+분사」 구문을 이용하며, 그의 수염이 '면도된' 대상이므로 과거분사 shaved를 쓴다.

2 「with+(대)명사+분사」 구문을 이용하며, 그의 친구들이 '격려하는' 주체이므로 현재분사 encouraging을 쓴다.

3 「with+(대)명사+분사」 구문을 이용하며, 그녀의 다리가 '꼬여 있는' 대상이므로 과거분사 crossed를 쓴다.

4 「With+(대)명사+분사」 구문을 이용하며, 비가 '퍼붓는' 주체이므로 현재분사 pouring을 쓴다.

UNIT 10 형용사와 부사
Point 39 수량을 나타내는 수식어

[구문 개념 잡기]
전 세계의 많은 산호초들이 수온의 변화 때문에 죽어가고 있다. Holly는 그만두거나 포기하기를 거부하는 사람들에게 큰 존경심을 갖는다.

Check Up p.100

1 a little   2 number

문장 해석 |

1 만약 현재 당신이 약간의 돈을 현명하게 투자한다면, 당신은 미래에 부유해질 수 있을 것이다.

2 다수의 여행객들이 초봄에 벚꽃을 즐기기 위해 아시아로 여행한다.

문제 해설 |

1 셀 수 없는 명사(money) 앞이므로 a little이 알맞다.

2 셀 수 있는 명사(tourists) 앞이므로 number가 알맞다.

문장 완성 Practice p.101

A

1 few → a few[several/some]   2 O   3 a little → little
4 O   5 Little → Few

문제 해설 |

1 셀 수 있는 명사(books) 앞에서 '약간의, 몇'이라는 긍정의 의미를 나타내야 하므로 few를 a few, several, 또는 some으로 고쳐야 한다.

2 셀 수 없는 명사(time) 앞에 '다량의, 많은'이라는 의미의 수식어 a great deal of가 쓰였으므로 적절하다.

3 셀 수 없는 명사(rain) 앞에서 '거의 없는'이라는 부정의 의미를 나타내야 하므로 a little을 little로 고쳐야 한다.

4 any는 셀 수 있는 명사와 셀 수 없는 명사를 모두 수식할 수 있으므로 적절하다.

5 셀 수 있는 명사(sounds) 앞에서 '거의 없는'이라는 부정의 의미를 나타내야 하므로 Little을 Few로 고쳐야 한다.

B

1 had many complaints
2 puts some cream and sugar
3 There wasn't much water
4 A little salt
5 Do you have a lot of friends

문제 해설 |

1 '많은'이라는 의미로 셀 수 있는 명사(complaints)를 수식할 수 있는 한 단어는 many이므로 had many complaints로 쓴다.

2 some은 '약간의'라는 의미로, 셀 수 있는 명사와 셀 수 없는 명사(cream, sugar)를 모두 수식할 수 있으므로 puts some cream and sugar로 쓴다.

3 '많은'이라는 의미로 셀 수 없는 명사(water)를 수식할 수 있는 한 단어는 much이며 셀 수 없는 명사는 단수 취급하므로, There wasn't much water로 쓴다.

4 '약간의'라는 의미로 셀 수 없는 명사(salt)를 수식할 수 있는 두 단어는 a little이므로, A little salt로 쓴다.

5 '많은'이라는 의미로 셀 수 있는 명사(friends)를 수식할 수 있는 세 단어는 a lot of이며, 의문문이므로 Do you have a lot of friends로 쓴다.

UNIT 10 형용사와 부사
Point 40 형용사 vs. 부사

Check Up p.102

1 happy   2 nearly

문제 해설 |

1 목적격보어 자리이므로 형용사 happy가 알맞다.

2 형용사 ten을 수식하는 부사 자리로, '거의'라는 의미의 부사 nearly가 알맞다.

A

1 O   2 X, safe   3 X, concisely   4 O
5 X, gradually   6 X, strange

문장 해석 |

1 내가 듣고 있는 음악은 보통 그런 것만큼 시끄럽지 않다.
2 침대 위의 이 그물망은 네가 자는 동안 너를 모기로부터 안전하게 지켜줄 것이다.
3 전문적인 이메일을 보낼 때는 반드시 가능한 한 간결하게 써라.
4 콘서트가 취소되었다고 발표되자 군중은 화가 났다.
5 문화는 시간이 지나면서 점진적으로 변하지만, 어떤 전통은 변함없이 남아 있다.
6 수돗물에서 약간 이상한 맛이 났지만, 그 호텔 직원은 그것이 마시기에 안전하다고 우리에게 장담했다.

문제 해설 |

1 주격보어 자리에 쓰인 원급 비교 구문에 형용사가 쓰였으므로 loud는 적절하다.
2 동사 keep의 목적격보어 자리이므로 형용사가 적절하다. 따라서 safely를 safe로 고쳐야 한다.
3 동사 write를 수식하는 부사 자리이므로 concise를 concisely로 고쳐야 한다.
4 주격보어 자리에 형용사가 쓰였으므로 angry는 적절하다.
5 동사 change를 수식하는 부사 자리이므로 gradual을 gradually로 고쳐야 한다.
6 주격보어 자리에 형용사가 와야 하므로 strangely를 strange로 고쳐야 한다.

B

1 It is highly recommended
2 The food was unexpectedly spicy
3 Because Marissa felt dizzy
4 tried as hard as possible
5 Some people consider camping exciting
6 In extremely hot climates

문제 해설 |

1 가주어 It을 문장 앞에 쓰고 '매우'의 의미는 부사 highly로 나타내어 recommended 앞에 쓴다.
2 '예상외로'라는 의미의 부사 unexpectedly가 형용사 spicy를 수식하도록 그 앞에 쓴다.
3 동사 felt 뒤에 주격보어로 형용사 dizzy를 그대로 쓴다.
4 hard는 '열심히'라는 의미의 부사로도 쓰여 동사 tried를 수식할 수 있으므로 그대로 쓴다. '가능한 한 ~하게'는 「as+원급+as possible」로 나타낸다.
5 「consider+목적어+목적격보어」의 형태로 쓰되, 목적격보어 자리에 형용사 exciting을 그대로 쓴다.
6 '극도로'라는 의미의 부사 extremely가 형용사 hot을 수식하도록

그 앞에 쓴다.

[구문 개념 잡기]
대왕고래의 혀는 코끼리 한 마리 전체만큼 무겁다고 한다.
나는 쉴 수 있도록 숙제를 가능한 한 빨리 끝내고 싶다.

Check Up   p.104

1 as   2 strong

문장 해석 |

1 그 눈보라의 바람은 태풍의 바람만큼 강력했다.
2 그 과학자는 강철보다 10배만큼 강한 신소재를 만들어 내기를 원한다.

문제 해설 |

1 '~만큼 …한/하게'라는 의미의 「as+원급+as ~」 구문이므로 as가 알맞다.
2 '~보다 몇 배만큼 …한/하게'라는 의미의 「배수사+as+원급+as ~」 구문이므로 형용사의 원급 형태인 strong이 알맞다.

A

1 not so much a snack as a full meal
2 twice as big as that one
3 run as fast as possible
4 as loud as an airplane taking off
5 not as easy as last week's was

문제 해설 |

1 'A라기보다는 (차라리) B'의 의미는 「not so much A as B」의 형태로 쓴다.
2 '~보다 몇 배만큼 …한/하게'의 의미는 「배수사+as+원급+as ~」의 형태로 쓴다.
3 '가능한 한 ~한/하게'의 의미는 「as+원급+as possible」의 형태로 쓴다.
4 '~만큼 …한/하게'의 의미는 「as+원급+as ~」의 형태로 쓴다.
5 '~만큼 …하지 않은/않게'의 의미는 「not as+원급+as ~」의 형태로 쓴다.

B

1 three times as old as
2 not so much a pet as

3 is not as[so] tall as
4 worked as hard as she could
5 twice as expensive as a bus ticket

문제 해설 |

1 '~보다 몇 배만큼 …한/하게'의 의미는 「배수사+as+원급+as ~」의 형태로 나타낸다.
2 'A라기보다는 (차라리) B'는 「not so much A as B」의 형태로 쓴다.
3 '~만큼 …하지 않은/않게'의 의미는 「not as[so]+원급+as ~」의 형태로 나타낸다.
4 '~가 할 수 있는 한 …한/하게'의 의미는 「as+원급+as+주어+can」의 형태로 쓴다.
5 '~보다 몇 배만큼 …한/하게'의 의미는 「배수사+as+원급+as ~」의 형태로 나타낸다.

Point 42 비교급 비교

[구문 개념 잡기]

적도에 가까운 나라들은 북쪽이나 남쪽으로 더 멀리 있는 나라들보다 더 덥다.
그 기술 회사의 최고 경영자는 그녀가 2015년에 그랬던 것보다 현재 다섯 배 더 부유하다.

Check Up   p.106

1 much   2 louder

문장 해석 |

1 하룻밤 푹 잔 후, 당신은 지금 그러한 것보다 훨씬 더 기분이 좋아질 것이다.
2 음악을 낮춰 주십시오. 그래야 하는 것보다 소리가 다섯 배 더 큽니다.

문제 해설 |

1 비교급을 강조할 수 있는 부사인 much가 알맞다.
2 「배수사+비교급+than ~」 구문이므로 than 앞에는 비교급 louder가 알맞다.

문장 완성 Practice   p.107

A

1 better than not running
2 people were shorter than they are
3 more helpful than reading silently
4 three times longer than it usually is
5 less difficult than you might think

문제 해설 |

1 '~보다 더 …한/하게'의 의미는 「비교급+than ~」의 형태로 쓴다.
2 「비교급+than ~」을 사용하며, 비교 대상이 오늘날이므로 than 뒤의 동사 자리에 현재형 are를 쓴다.
3 「비교급+than ~」을 사용하되, -ful, -ous, -ing, -ive 등으로 끝나는 2음절 단어의 비교급은 앞에 more가 오므로 more helpful로 쓴다.
4 '~보다 몇 배 더 …한/하게'의 의미는 「배수사+비교급+than ~」의 형태로 쓴다.
5 '~보다 덜 …한/하게'의 의미는 「less+원급+than ~」의 형태로 쓴다.

B

1 four times bigger than his old one
2 less comfortable than unfashionable ones
3 more interesting than watching
4 a lot more influential than

문제 해설 |

1 '~보다 몇 배 더 …한/하게'의 의미는 「배수사+비교급+than ~」의 형태로 쓴다.
2 '~보다 덜 …한/하게'의 의미는 「less+원급+than ~」의 형태로 쓴다.
3 「비교급+than ~」을 사용하며, 3음절 이상인 단어의 비교급은 앞에 more가 오므로 more interesting을 쓴다.
4 「비교급+than ~」을 사용하되, 3음절 이상인 단어의 비교급은 앞에 more가 오므로 more influential로 쓴다. 비교급 앞에는 비교급을 강조하는 a lot을 쓴다.

Point 43 the+비교급, the+비교급

[구문 개념 잡기]

나는 당신이 운동을 많이 할수록, 밤에 잠을 더 잘 자게 될 것이라고 생각한다.
우리가 호흡하는 공기가 깨끗할수록, 우리의 폐는 더 건강해질 것이다.

Check Up   p.108

1 more painful   2 questions you ask

문장 해석 |

1 그녀는 자신이 빨리 걸을수록 무릎이 더 아프게 느껴질까 봐 걱정했다.
2 당신이 적은 수의 질문을 물어볼수록 당신은 더 적은 수의 답변을 받을 것이다.

문제 해설 |

1 「the+비교급, the+비교급」 구문이므로 more painful이 알맞다.

2 「the+비교급+명사+주어+동사, the+비교급+명사+주어+동사」
구문이므로 questions you ask가 알맞다.

문장 완성 *Practice*　　　　　　　　　　　p.109

A

1 The louder the child cried, the angrier his father became.
2 The more books you read, the more things you will learn.
3 The less you think about your problems, the better you will feel.

문장 해석 |

1 그 아이가 크게 울수록, 그의 아버지는 더 화가 났다.
2 네가 많은 책을 읽을수록, 너는 더 많은 것을 배울 것이다.
3 네가 네 문제에 관해 적게 생각할수록, 너는 기분이 더 나아질 것이다.

문제 해설 |

1 「the+비교급+주어+동사, the+비교급+주어+동사」의 형태로 바꿔 쓴다.
2 「the+비교급+명사+주어+동사, the+비교급+명사+주어+동사」의 형태로 바꿔 쓴다.
3 「the+비교급+주어+동사, the+비교급+주어+동사」의 형태로 바꿔 쓴다.

B

1 the redder her face became
2 The bigger the house you live in
3 the more time it will take

문제 해설 |

1 '~할수록 더 …하다'의 의미는 「the+비교급, the+비교급」으로 나타내며, 「the+비교급+주어+동사」의 어순으로 쓴다.
2 '~할수록 더 …하다'의 의미는 「the+비교급, the+비교급」으로 나타내며, be동사는 흔히 생략한다.
3 '~할수록 더 …하다'의 의미는 「the+비교급, the+비교급」으로 나타내며, '더 많은 시간'이라는 의미가 되어야 하므로 「the+비교급+명사+주어+동사」의 어순으로 쓴다.

C

1 The faster she drove
2 The harder the hiker struggled
3 the sooner we can go home
4 the more they want to have

문제 해설 |

1 '~할수록 더 …하다'의 의미는 「the+비교급, the+비교급」으로 나타

내며, 과거시제이므로 동사의 과거형 drove를 쓴다.
2 '~할수록 더 …하다'의 의미는 「the+비교급, the+비교급」으로 나타내며, 과거시제이므로 동사의 과거형 struggled를 쓴다.
3 '~할수록 더 …하다'의 의미는 「the+비교급, the+비교급」으로 나타낸다.
4 '~할수록 더 …하다'의 의미는 「the+비교급, the+비교급」으로 나타내며, 동사 want는 to부정사를 목적어로 취하므로 '갖고 싶어 한다'의 의미는 want to have로 쓴다.

UNIT 11 비교급과 최상급
Point 44 여러 가지 최상급 표현

Check Up　　　　　　　　　　　p.110

1 wars　2 student

문장 해석 |

1 제2차 세계 대전은 세계 역사상 가장 파괴적인 전쟁들 중의 하나였다.
2 내 친구 Kathleen은 우리 학교에 있는 다른 어떤 학생보다도 더 재미있다.

문제 해설 |

1 '가장 ~한 … 중의 하나'라는 의미로 「one of the+최상급+복수 명사」를 쓰므로 wars가 알맞다.
2 '다른 어떤 ~보다도 더 …한'이라는 의미로 「비교급+than any other+단수 명사」를 쓰므로 student가 알맞다.

문장 완성 *Practice*　　　　　　　　　　　p.111

A

1 larger than all the other planets
2 the most interesting country that we have ever visited
3 one of the hottest months
4 Nothing is more shocking than
5 the longest bridge that had ever been built

문제 해설 |

1 '다른 모든 ~보다도 더 …한'이라는 의미로 「비교급+than all the other+복수 명사」를 쓴다.
2 '(주어)가 지금까지 ~한 것 중 가장 …한'이라는 의미로 「the+최상급(+that)+주어+have ever p.p.」를 쓴다.
3 '가장 ~한 … 중의 하나'라는 의미로 「one of the+최상급+복수 명사」를 쓴다.
4 '아무것도 ~보다 더 …하지 않은'이라는 의미로 「nothing …+비교급+than ~」을 쓴다.
5 '(주어)가 지금까지 ~한 것 중 가장 …한'이라는 의미로는 「the+최상급(+that)+주어+have ever p.p.」를 쓰되, 문장의 기준 시점이 과

거인 19세기이므로 동사를 「had ever p.p.」의 형태로 쓴다.

1 bigger than any other country
2 dirtier than all the other shoes
3 the longest hair that I have ever seen
4 Nothing is as[so] relaxing as listening to
5 one of the most expensive dishes

문제 해설 |

1 '다른 어떤 ~보다도 더 …한'이라는 의미로 「비교급+than any other+단수 명사」를 쓴다.

2 '다른 모든 ~보다도 더 …한'이라는 의미로 「비교급+than all the other+복수 명사」를 쓴다.

3 '(주어)가 지금까지 ~한 것 중 가장 …한'이라는 의미로 「the+최상급(+that)+주어+have ever p.p.」를 쓴다.

4 '아무것도 ~만큼 …하지 않은'이라는 의미로 「nothing …+as[so]+원급+as ~」를 쓴다.

5 '가장 ~한 … 중의 하나'라는 의미로 「one of the+최상급+복수 명사」를 쓴다. expensive가 3음절 이상의 단어이므로 최상급을 the most expensive로 나타낸다.

p.112

UNIT 09~11 서술형 빈출 구문 REVIEW TEST

A

1 hardly 2 little 3 amount 4 families
5 highly 6 far 7 frustrating 8 well

문장 해석 |

1 나는 매우 혼란스러워서 더 이상 옳고 그름을 거의 구별하지 못했다.
2 업무 경험이 거의 없는 많은 대학 졸업자들이 그 자리에 지원했다.
3 이 웹사이트의 많은 양의 정보가 믿을 만하지 않다.
4 Edward는 영국의 가장 명망 있는 가문들 중 하나에서 태어났다.
5 우리는 매우 논란이 많은 어떤 문제들이든 평화로운 방식으로 논의할 수 없었다.
6 그들은 자율주행차가 인간 운전자보다 훨씬 더 안전할 것임을 입증하려고 노력했다.
7 그 운동선수는 자신의 부상이 자신이 시합에 참가하지 못하게 한 것이 좌절감을 준다고 생각했다.
8 그 실험은 인공 지능이 숙련된 노동자만큼 잘 수행하는지를 시험할 것이다.

문제 해설 |

1 '거의 ~ 않다'의 의미이므로 hardly가 알맞다. 부사로 쓰인 hard의 주요 의미는 '열심히'이다.

2 뒤에 셀 수 없는 명사 work experience가 왔으므로 little이 알맞다.

---

3 뒤에 셀 수 없는 명사 information이 왔으므로 amount가 알맞다.

4 '가장 ~한 … 중의 하나'의 의미는 「one of the+최상급+복수 명사」로 나타내므로 families가 알맞다.

5 '매우'의 의미를 나타내는 부사로 highly가 알맞다. 부사로 쓰인 high는 '높이, 높게'라는 뜻이다.

6 비교급을 강조할 때는 비교급 앞에 much, a lot, far, even 등을 쓰므로 far가 알맞다.

7 「주어+동사+가목적어 it+목적격보어+진목적어(that절)」 구문의 목적격보어 자리로, 그의 부상이 그를 시합에 참가하지 못하게 한 것이 '좌절감을 준' 주체이므로 현재분사 frustrating이 알맞다.

8 「as+원급+as ~」의 형태로, 동사(performs)를 수식하므로 부사 well이 알맞다.

B

1 quick → quickly
2 connected → connecting
3 anxiously → anxious
4 methods → method
5 submitting → submitted
6 lately → late
7 crowded → the more crowded
8 beat → beating

문장 해석 |

1 Sue는 정비공에게 그녀의 차를 가능한 한 빨리 고칠 것을 요청했다.
2 두 마을을 연결하는 다리가 곧 재건될 것이다.
3 Ethan은 침착함을 유지하려고 노력했지만 불안해 보였다.
4 이 새로운 아이디어는 사용된 다른 어떤 방법보다도 더 유망해 보인다.
5 일단 제출되면, 지원서는 변경되거나 반환될 수 없다.
6 이 새들은 늦겨울과 초봄에 미국 남동부로 이동한다.
7 그 도시가 유명해질수록 그곳은 관광객들로 더 붐비게 되었다.
8 심장이 빠르게 뛰는 가운데, Bill은 무대 위로 걸어갔다.

문제 해설 |

1 「as+원급+as possible」 구문으로 동사 repair를 수식하므로 quick을 부사 quickly로 고쳐야 한다.

2 The bridge를 수식하는 분사로, 다리가 두 마을을 연결하는 주체이므로 connected를 connecting으로 고쳐야 한다.

3 주격보어 자리에 형용사가 와야 하므로 부사 anxiously를 형용사 anxious로 고쳐야 한다.

4 '다른 어떤 ~보다도 더 …한'의 의미는 「비교급+than any other+단수 명사」로 나타내므로 methods를 method로 고쳐야 한다.

5 접속사가 있는 분사구문으로, 분사구문의 의미상 주어인 the application form이 제출되는 대상이므로 submitting을 과거분사 submitted로 고쳐야 한다.

6 명사 winter를 수식하므로 부사 lately를 '늦은'이라는 의미의 형용사 late로 고쳐야 한다.

7 「the+비교급+주어+동사, the+비교급+주어+동사」 구문이므로 crowded를 the more crowded로 고쳐야 한다.

8 「with+(대)명사+분사」 구문으로, 심장이 뛰는 주체이므로 beat를

현재분사 beating으로 고쳐야 한다.

C

1 encouraging words made the players confident
2 not so much an end as a new start
3 it took twice as long as usual
4 When threatened, skunks spray liquid containing smelly chemicals
5 The temperature having dropped so low

문제 해설 |

1 분사 encouraging은 명사 words를 앞에서 수식하는 형태로 쓰며, 「make+목적어+목적격보어」의 형태로 쓴다.
2 'A라기보다는 (차라리) B'의 의미는 「not so much A as B」의 형태로 쓴다.
3 '~보다 몇 배만큼 …한/하게'의 의미는 「배수사+as+원급+as ~」의 어순으로 쓴다.
4 when이 주어졌으므로 접속사가 있는 분사구문으로 쓰며, 액체가 냄새나는 화학 물질을 함유하는 주체이므로 현재분사구 containing smelly chemicals가 명사 liquid를 뒤에서 수식하는 형태로 쓴다.
5 주절의 주어(some schools in the area)와 부사절의 주어(The temperature)가 다르므로 분사구문 앞에 분사구문의 의미상 주어를 쓰며, 기온이 떨어진 것은 휴교가 결정된 것보다 더 이전의 일이므로 완료형 분사구문을 쓴다.

D

1 the more colorful your life becomes
2 With the headlights turned on
3 nothing is more important than
4 much less fuel efficient than

문제 해설 |

1 '~할수록 더 …하다'의 의미는 「the+비교급, the+비교급」으로 나타낸다.
2 '~가 …한 채로'의 의미는 「with+(대)명사+분사」의 형태로 나타내며, 헤드라이트가 켜진 대상이므로 과거분사 turned를 쓴다.
3 '아무것도 ~보다 더 …하지 않은'이라는 의미로 「nothing …+비교급+than ~」을 쓴다.
4 '~보다 덜 …한/하게'의 의미는 「less+원급+than ~」의 형태로 나타내며, less 앞에 비교급 강조 부사 much를 쓴다.

UNIT 12 전치사와 접속사
Point 45 전치사를 동반하는 동사 표현

Check Up p.114

1 with 2 for

문제 해설 |

1 'A를 B로 대체[교체]하다'라는 의미로 「replace A with B」를 쓰므로 with가 알맞다.
2 'A를 B로 착각하다'라는 의미로 「mistake A for B」를 쓰므로 for가 알맞다.

문장 완성 *Practice* p.115

A

1 X, to 2 X, of 3 X, to 4 O

문장 해석 |

1 그 사업가는 그 이메일을 보내기 전에 그것에 파일을 첨부했다.
2 그 시민 단체는 정부를 인권법을 위반한 것에 대해 비난했다.
3 Christie는 자신이 살아 있는 것을 그녀에게 심장 수술을 해준 의사들의 덕분으로 본다.
4 그 구직자는 면접관에게 스트레스가 많은 상황을 다루는 그녀의 능력을 납득시켰다.

문제 해설 |

1 'A를 B에 첨부하다'라는 의미로 「attach A to B」를 쓰므로 into를 to로 고쳐야 한다.
2 'A를 B에 대해 비난하다'라는 의미로 「accuse A of B」를 쓰므로 with를 of로 고쳐야 한다.
3 'A를 B의 덕분으로 보다'라는 의미로 「owe A to B」를 쓰므로 from을 to로 고쳐야 한다.
4 'A에게 B를 납득시키다'라는 의미로 「convince A of B」를 쓰므로 적절하다.

B

1 regard the professor as an expert
2 helped the exchange student with some paperwork
3 distinguish a poisonous snake from a harmless one

문제 해설 |

1 'A를 B로 여기다'라는 의미로 「regard A as B」를 쓴다.
2 'A가 B하는 것을 돕다'라는 의미로 「help A with B」를 쓴다.
3 'A를 B와 구별하다'라는 의미로 「distinguish A from B」를 쓴다.

C

1 converted their garage into a guest room
2 separated the white clothes from the rest
3 view their cell phones as an essential part
4 transformed the prince into a frog

문제 해설 |

1 'A를 B로 개조하다'라는 의미로 「convert A into B」를 쓴다.

2 'A를 B와 분리하다'라는 의미로 「separate A from B」를 쓴다.

3 'A를 B로 여기다'라는 의미로 「view A as B」를 쓴다.

4 'A를 B로 변하게 하다[변형시키다]'라는 의미로 「transform A into B」를 쓴다.

UNIT 12 전치사와 접속사
Point 46 전치사 vs. 접속사

[구문 개념 잡기]

그 테니스 선수는 무릎 수술 때문에 토너먼트에서 기권했다.

비평가들이 그 영화를 아주 좋아하긴 했지만, 영화관에서 그것을 보기 위해 간 사람은 거의 없었다.

Check Up
p.116

1 During   2 Although

문제 해설 |

1 뒤에 명사구가 나오므로 전치사 During이 알맞다.

2 뒤에 절이 나오므로 접속사 Although가 알맞다.

문장 완성 Practice
p.117

A

1 O   2 X, despite[in spite of]   3 X, because   4 O

문장 해석 |

1 그곳의 혹독한 환경 때문에, 사하라 사막은 항상 횡단하기 어려웠다.

2 Audrey는 서늘하고 구름 낀 날씨에도 불구하고 얼음을 넣은 음료를 마시는 것을 즐겼다.

3 돌고래는 공기를 들이마셔야 하기 때문에 해수면 가까이에서 헤엄치는 경향이 있다.

4 도서관에서 공부하는 동안 Arnold는 몇몇 시끄러운 학생들 때문에 짜증이 났다.

문제 해설 |

1 뒤에 명사구가 나오므로 이유를 나타내는 전치사 Due to를 쓰는 것은 적절하다.

2 뒤에 명사구가 나오므로 접속사 though를 양보를 나타내는 전치사 despite 또는 in spite of로 고쳐야 한다.

3 뒤에 절이 나오므로 전치사 because of를 이유를 나타내는 접속사 because로 고쳐야 한다.

4 뒤에 절이 나오므로 시간을 나타내는 접속사 While을 쓰는 것은 적절하다.

B

1 Though   2 because of   3 During   4 Despite

문장 해석 |

1 동아리 회의에 참석해달라고 요청받긴 했지만 Anthony는 오지 않았다.

2 포식자들은 제왕나비의 쓴맛 때문에 그것을 피한다.

3 그녀가 멕시코에서 보낸 일주일 동안 Sophia는 약간의 스페인어를 말하는 것을 배웠다.

4 그것의 작은 크기에도 불구하고 맨해튼 섬은 150만 명이 넘는 사람들이 사는 곳이다.

문제 해설 |

1 뒤에 절이 나오며 문맥상 '~이긴 하지만'이라는 의미가 적절하므로 양보를 나타내는 접속사 Though를 쓴다.

2 뒤에 명사구가 나오며 문맥상 '~ 때문에'라는 의미가 적절하므로 이유를 나타내는 전치사 because of를 쓴다.

3 뒤에 기간을 나타내는 명사구가 나오며 문맥상 '~ 동안'이라는 의미가 적절하므로 전치사 During을 쓴다.

4 뒤에 명사구가 나오며 문맥상 '~에도 불구하고'라는 의미가 적절하므로 양보를 나타내는 전치사 Despite를 쓴다.

C

1 despite having only one leg

2 because of its low rent and good location

3 While they were playing baseball

4 In spite of his friend's warning

문제 해설 |

1 '~에도 불구하고'라는 뜻의 전치사 despite 뒤에 동명사구를 쓴다.

2 '~ 때문에'라는 뜻의 전치사 because of 뒤에 명사구를 쓴다.

3 '~하는 동안'이라는 뜻의 접속사 While 뒤에 「주어+동사」 형태의 절을 쓴다.

4 '~에도 불구하고'라는 뜻의 전치사 In spite of 뒤에 명사구를 쓴다.

UNIT 13 병렬구조
Point 47 등위접속사의 병렬구조

[구문 개념 잡기]

그 아이들은 방과 후에 아이스크림을 사서 공원에서 먹었다.

Sylvester는 자유 시간에 체육관에서 운동을 하거나 공원에서 조깅하는 것을 즐긴다.

그 아이들의 부모는 선물을 사고 포장해서 크리스마스트리 아래에 두어야 한다.

Check Up
p.118

1 spend   2 helping

문장 해석 |

1 졸업한 후에, 나의 오빠는 지역 대학교에 가거나 외국에서 공부하는 데 1년을 보낼 것이다.

2 만약 당신이 시험에서 부정행위를 하거나 다른 누군가가 부정행위를 하는 것을 도와주는 것이 목격되면, 당신은 자동적으로 F를 받게 될 것이다.

문제 해설 |

1 조동사 will 뒤의 동사원형 go와 등위접속사 or로 병렬 연결된 구조이므로 spend가 알맞다.
2 현재분사 cheating과 등위접속사 or로 병렬 연결된 구조이므로 helping이 알맞다.

문장 완성 *Practice*   p.119

A

1 stapling 2 display 3 (to) run away 4 help

문장 해석 |

1 그 직원은 문서를 출력하고 그것들을 스테이플러로 함께 고정하는 데 하루하루를 보낸다.
2 그 예술가들은 그들의 그림을 미술품 수집가에게 팔거나 지역 미술관들에 전시한다.
3 당황한 그 개는 침입자를 공격해야 할지 그에게서 도망쳐야 할지 알지 못했다.
4 저희 방송반에 가입하여 우리가 우리 학교를 다니기에 재미있는 곳으로 만드는 것을 도와주세요.

문제 해설 |

1 동명사 printing out과 등위접속사 and로 병렬 연결된 구조이므로 staple을 stapling으로 고쳐야 한다.
2 동사 sell과 등위접속사 or로 병렬 연결된 구조이므로 to display를 display로 고쳐야 한다.
3 to attack과 등위접속사 or로 병렬 연결된 구조이므로 ran away를 (to) run away로 고쳐야 한다. to부정사구를 병렬 연결할 때 접속사 뒤의 to는 생략할 수 있다.
4 명령문으로, 동사원형 Join과 등위접속사 and로 병렬 연결된 구조이므로 helping을 help로 고쳐야 한다.

B

1 take this basket of fresh eggs and give it
2 picking some cherries and removing their pits
3 or cause you to be discouraged

문제 해설 |

1 명령문이므로, 동사원형 take와 give가 등위접속사 and로 병렬 연결된 형태로 쓴다.
2 전치사 After 뒤에 두 개의 동명사구가 등위접속사 and로 병렬 연결된 형태로 쓴다.
3 동사원형 make와 cause가 등위접속사 or로 병렬 연결된 형태로 쓴 뒤, cause의 목적어와 목적격보어 to부정사구를 쓴다.

C

1 pick out a blouse and iron it
2 to stop and think about
3 but found no evidence

문제 해설 |

1 asked의 목적격보어인 두 개의 to부정사구가 등위접속사 and로 병렬 연결된 문장으로, to부정사구를 병렬 연결할 때 접속사 뒤의 to는 생략 가능하므로 pick out a blouse and iron it으로 쓴다.
2 told의 목적격보어인 두 개의 to부정사구가 등위접속사 and로 병렬 연결된 문장으로, to부정사구를 병렬 연결할 때 접속사 뒤의 to는 생략 가능하므로 to stop and think about으로 쓴다.
3 동사 searched와 등위접속사 but으로 병렬 연결된 구조이며 과거시제이므로 but 뒤에 found no evidence를 쓴다.

UNIT 13 병렬구조
Point 48 상관접속사의 병렬구조

[구문 개념 잡기]
생존하기 위해서, 동물들은 식량원을 찾아야 할 뿐만 아니라 포식자들을 피하기도 해야 한다.
어떤 사람들은 친구들에게 돈을 빌리지도 빌려주지도 말아야 한다고 말한다.

Check Up   p.120

1 studying 2 makes

문장 해석 |

1 Donovan은 친구들과 노는 것이 아니라 그의 생물학 시험을 위해 공부하는 데 그의 주말을 보냈다.
2 당신의 감정을 표현하는 것은 당신의 정신 건강을 개선할 뿐만 아니라 당신을 의사 전달을 더 잘하는 사람으로 만들어주기도 한다.

문제 해설 |

1 「not A but B」 구문의 A가 동명사구이므로 B도 동명사구가 되어야 한다. 따라서 studying이 알맞다.
2 「not only A but also B」 구문의 A가 단수 동사이므로 B도 단수 동사가 되어야 한다. 따라서 makes가 알맞다.

문장 완성 *Practice*   p.121

A

1 broke 2 to earn 3 eating

문장 해석 |

1 그 도둑은 내 텔레비전을 훔쳤을 뿐만 아니라 내 창문 중 하나를 깨기도 했다.

2 McGregor 씨는 돈을 벌기 위해서가 아니라 그의 문제들을 잊기 위해서 새장을 짓는다.

3 그 부부는 그들이 직접 채소를 재배하는 것과 외식을 덜 하는 것 둘 다를 함으로써 돈을 절약하기로 결심했다.

문제 해설

1 「not only A but also B」 구문에서 A가 동사의 과거형이 이끄는 동사구이므로 B도 동사의 과거형이 이끄는 동사구의 형태로 쓴다.

2 「not A but B」 구문에서 B가 to부정사구이므로 A도 to부정사구의 형태로 쓴다.

3 「both A and B」 구문에서 A가 동명사구이므로 B도 동명사구의 형태로 쓴다.

B

1 not because she was upset but because she was overwhelmed
2 either send you a text message or give you a call
3 decided to change its marketing style as well as to lower

문제 해설

1 「not A but B」 구문을 이용하여 A와 B에 각각 because로 시작하는 절을 쓴다.

2 「either A or B」 구문을 이용하여 A와 B에 각각 동사원형이 이끄는 동사구를 쓴다. A 자리는 「send+간접목적어+직접목적어」의 어순으로 배열한다.

3 동사 decided를 쓴 뒤, 목적어 자리에는 「B as well as A」 구문을 이용하여 두 개의 to부정사구를 쓴다.

C

1 neither attend classes nor practice
2 Both visiting museums and eating at local restaurants
3 either to repeat herself or to explain it

문제 해설

1 'A도 B도 아닌'의 의미는 「neither A nor B」로 나타내며, 조동사 could 뒤이므로 A와 B 자리에 동사원형을 쓴다.

2 'A와 B 둘 다'의 의미는 「both A and B」로 나타내며, 주어 자리이므로 A와 B 자리에 동명사구를 쓴다.

3 'A이거나 B'의 의미는 「either A or B」로 나타내며, ask의 목적격보어 자리이므로 A와 B 자리에 to부정사구를 쓴다.

UNIT 14 명사절 접속사
Point 49 that이 이끄는 명사절

[구문 개념 잡기]
환경 운동가들은 지구를 지키는 것이 인류의 최우선 순위가 되어야 한다고 생각한다.

태양이 지구 주위를 돈다는 생각은 한때 널리 받아들여졌다.

Check Up p.122

1 revealed ✔ the airplane
2 Nina's excuse ✔ she

문장 해석

1 그 점검은 그 비행기가 많은 수리를 필요로 한다는 것을 드러냈다.

2 그 교사는 너무 바빠서 제시간에 숙제를 끝내지 못했다는 Nina의 변명을 받아들이지 않았다.

문제 해설

1 revealed의 목적어 역할을 하는 명사절을 이끌 수 있도록 접속사 that은 revealed 뒤에 와야 한다.

2 앞의 명사구를 부연하는 동격절을 이끌 수 있도록 접속사 that은 Nina's excuse 뒤에 와야 한다.

문장 완성 Practice p.123

A

1 that our club should cut back on unnecessary spending
2 that germs cause specific diseases
3 the news that the national team had lost
4 that he had left a cup of coffee

문제 해설

1 보어 역할을 하도록 접속사 that이 완전한 절을 이끄는 형태로 쓴다.

2 discovered의 목적어 역할을 하도록 접속사 that이 완전한 절을 이끄는 형태로 쓴다.

3 '~라는 소식'이라는 의미이므로, 명사구 the news 뒤에 그것을 부연 설명하는 동격의 that절을 쓴다.

4 didn't know의 목적어 역할을 하도록 접속사 that이 완전한 절을 이끄는 형태로 쓴다.

B

1 that anything is possible
2 Mark's confession that he was the diamond thief
3 that no one was killed
3 that he was late for school

문제 해설

1 shows의 목적어 자리에 접속사 that이 완전한 절을 이끄는 형태로 쓴다.

2 명사구 Mark's confession 뒤에 접속사 that이 동격절을 이끄는 형태로 쓴다.

3 보어 자리에 접속사 that이 완전한 절을 이끄는 형태로 쓴다.

4 explained의 목적어 자리에 접속사 that이 완전한 절을 이끄는 형태로 쓴다.

[구문 개념 잡기]

새로운 종류의 기술이 대중에게 수용되는지는 많은 요인들과 관련되어 있다.

이 테스트는 당신이 우주 비행사가 되기에 충분히 건강한지를 알아낼 것이다.

모든 사람이 알고 싶어 했던 것은 그 배우가 파티에 참석할 것인지였다.

Check Up   p.124

1 whether   2 Whether

문장 해석 |

1 그 도보 여행자들은 일몰 전에 그 오두막집에 도착하는 것이 가능한지 의문을 갖기 시작했다.

2 당신이 낙관적인 혹은 비관적인 태도를 갖고 있는지는 당신의 건강에 영향을 미칠 수 있다.

문제 해설 |

1 '~인지 (아닌지)'의 의미로 to question의 목적어인 명사절을 이끄는 접속사가 와야 하므로, whether가 알맞다.

2 '~인지 (아닌지)'의 의미로 완전한 절을 이끄는 접속사가 와야 하므로 Whether가 알맞다.

문장 완성 Practice   p.125

A

1 X, whether[if]   2 O   3 X, whether

문장 해석 |

1 나는 네가 우리의 휴가 계획을 의논할 시간이 있는지 궁금해하던 참이었다.

2 올해 그 학교 축제가 열릴지는 아직 결정되지 않았다.

3 가장 중대한 문제는 새 정부 정책이 경제에 해를 끼칠 것인지 아닐지였다.

문제 해설 |

1 '~인지 (아닌지)'의 의미로 was wondering의 목적어 역할을 하는 명사절을 이끄는 접속사가 와야 한다. 따라서, that을 whether 또는 if로 고쳐야 한다.

2 '~인지 (아닌지)'의 의미로 주어 역할을 하는 명사절을 이끄는 접속사 Whether를 쓰는 것은 적절하다.

3 뒤에 or not이 쓰였고, '~인지 아닌지'라는 의미로 보어 역할을 하는 명사절을 이끄는 접속사가 와야 하므로 when을 whether로 고쳐야 한다.

B

1 if we have to retake the final exam
2 Whether our badminton team wins the tournament
3 whether there was going to be a war
4 if we will need a crib

문제 해설 |

1 '~인지 (아닌지)'의 의미인 접속사 if가 tell의 직접목적어 역할을 하는 명사절을 이끌도록 쓴다.

2 '~인지 (아닌지)'의 의미인 접속사 Whether가 주어 역할을 하는 명사절을 이끌도록 쓴다.

3 '~인지 (아닌지)'의 의미인 접속사 whether가 보어 역할을 하는 명사절을 이끌도록 쓴다.

4 '~인지 (아닌지)'의 의미인 접속사 if가 to know의 목적어 역할을 하는 명사절을 이끌도록 쓴다.

C

1 whether you are satisfied with the quality
2 whether[if] we knew the quickest way
3 Whether enough people will take part in

문제 해설 |

1 '~인지 (아닌지)'의 의미로 보어 역할을 하는 명사절을 이끌어야 하므로 접속사 whether를 쓴다.

2 '~인지'의 의미로 asked의 목적어인 명사절을 이끄는 접속사 whether 또는 if를 쓴다. '가장 빠른 길'은 최상급을 활용하여 the quickest way로 나타낸다.

3 '~인지 (아닌지)'의 의미인 접속사 Whether가 주어 역할을 하는 명사절을 이끌도록 쓴다.

UNIT
14 명사절 접속사
Point 51 의문사가 이끄는 명사절

[구문 개념 잡기]

한 직원이 회사가 왜 휴일에 운영을 하고 있는지 물었다.

너는 올해 첫눈이 언제 내릴 것이라고 짐작하니?

Check Up   p.126

1 Where do you believe   2 how we should

문제 해설 |

1 간접의문문이 쓰인 문장에서 주절이 do you believe일 때는 「의문사+do you believe+주어+동사」의 어순으로 쓰므로 Where do you believe가 알맞다.

2 간접의문문의 기본 형태는 「의문사+주어+동사」이므로 how we should가 알맞다.

A

1 X, why the plane had   2 X, What do you think
3 O

문장 해석 |

1 그 조종사는 왜 비행기가 방향을 바꿔 공항으로 되돌아와야 했는지 설명했다.
2 너는 우리의 부모님이 우리 나이였을 때 재미로 무엇을 하셨을 거라고 생각하니?
3 내 친구와 나는 왜 우리가 함께 어울리지 않는지에 관해 이야기하기 위해 만났다.

문제 해설 |

1 간접의문문의 기본 형태는 「의문사+주어+동사」이므로 why did the plane have를 why the plane had로 고쳐야 한다.
2 간접의문문이 쓰인 문장에서 주절이 do you think일 때는 「의문사+do you think+주어+동사」의 어순으로 쓰므로 Do you think what을 What do you think로 고쳐야 한다.
3 전치사 about의 목적어로 쓰인 간접의문문으로, 「의문사+주어+동사」의 어순이므로 해당 부분은 적절하다.

B

1 Who do you suppose called the police
2 when the neighborhood cleanup event will be held
3 when their first game of the season will be
4 What do you imagine would happen

문제 해설 |

1 주절이 do you suppose이며 의문사(Who)가 간접의문문의 주어이므로, 「Who do you suppose+동사」의 어순으로 쓴다.
2 decide의 목적어 자리에 「의문사+주어+동사」 형태의 간접의문문을 쓴다.
3 hasn't announced의 목적어 자리에 「의문사+주어+동사」 형태의 간접의문문을 쓴다.
4 주절이 do you imagine이며 의문사(What)가 간접의문문의 주어이므로, 「What do you imagine+동사」의 어순으로 쓴다.

C

1 gave a lecture on what would happen
2 How do you suppose (that) Desmond knew
3 how the scientist will verify his theory

문제 해설 |

1 전치사 on의 목적어 자리에 간접의문문을 쓰되 의문사 what이 간접의문문의 주어이므로 「what+동사」의 형태로 쓴다.

2 주절이 do you suppose이므로 간접의문문을 「의문사+do you suppose+주어+동사」의 어순으로 쓴다.
3 전치사 about의 목적어 자리에 「의문사+주어+동사」 형태의 간접의문문을 쓴다.

[구문 개념 잡기]
사람들이 한때 작은, 나무로 된 배를 타고 대양을 가로질러 항해했다는 것은 믿기 어렵다.
누가 파티에 나타났고 누가 그러지 않았는지는 놀라웠다.

1 It   2 when

문제 해설 |

1 진주어인 that절을 대신하는 가주어가 와야 하므로 It이 알맞다.
2 진주어가 '언제 교신이 끊겼는지'라는 의미가 되어야 하므로 의문사 when이 알맞다.

A

1 X, that   2 X, what   3 O

문장 해석 |

1 사무실에 있는 누구도 스페인어를 할 수 없다는 것은 놀라웠다.
2 새 지질학 동호회의 이름이 무엇이 될지 결정되어야 한다.
3 우리가 같은 정치적 견해를 가지고 있는지 아닌지가 어떤 변화도 가져와서는 안 된다.

문제 해설 |

1 가주어 It에 대한 진주어 역할을 하는 명사절을 이끌며 뒤에 완전한 절이 이어지므로 what을 접속사 that으로 고쳐야 한다.
2 이어지는 절에 보어가 필요하며, '새 지질학 동호회의 이름이 무엇이 될지'라는 의미가 적절하므로 that을 의문사 what으로 고쳐야 한다.
3 or not과 함께 '~인지 아닌지'라는 의미로 진주어절을 이끌고 있으므로 접속사 whether는 적절하다.

B

1 It isn't important whether you have experience
2 It is said that the first human beings migrated
3 where the rocket returning from space will land
4 how the company will compensate customers

문제 해설 |

1 가주어 It을 문두에 쓰고 접속사 whether가 이끄는 진주어절은 뒤에 쓴다.
2 가주어 It을 문두에 쓰고 접속사 that이 이끄는 진주어절은 뒤에 쓴다.
3 의문사 where가 '어디에 ~할지'라는 의미의 진주어절을 이끌도록 쓰되, 명사구 the rocket이 되돌아오는 주체이므로 현재분사구가 뒤에서 수식하는 형태로 쓴다.
4 의문사 how가 '어떻게 ~할지'라는 의미의 진주어절을 이끌도록 쓴다.

C

1 It is debatable whether the government should raise
2 It is important that everyone on the team is
3 It is frustrating that so many people in the world don't have

문제 해설 |

1 가주어 It을 문두에 쓰고, or not과 함께 '~인지 아닌지'의 의미를 나타내는 접속사 whether가 이끄는 진주어절을 「whether+주어+동사」의 형태로 쓴다.
2 가주어 It을 문두에 쓰고, 접속사 that이 이끄는 진주어절을 「that+주어+동사」의 형태로 뒤에 쓴다.
3 가주어 It을 문두에 쓰고, 접속사 that이 이끄는 진주어절을 「that+주어+동사」의 형태로 뒤에 쓴다.

UNIT 15 부사절 접속사
Point 53 목적·결과의 부사절

[구문 개념 잡기]
어떤 농부들은 고양이가 쥐와 생쥐를 사냥하도록 그들의 헛간에 고양이를 키운다.
Josie는 그 소설이 너무 흥미롭다고 생각해서 그것을 읽느라 밤을 꼬박 새웠다.
Theo는 너무 노련한 축구 선수여서 전반전에 3골을 기록했다.

Check Up   p.130

1 so that   2 such

문제 해설 |

1 '~하도록'의 의미는 「so that+주어+동사」 구문으로 나타낼 수 있으므로 so that이 알맞다.
2 '너무 ~한 명사라서 …하다'의 의미는 「such+a/an+형용사+명사+that ….」 구문으로 나타낼 수 있으므로 such가 알맞다.

A

1 X, so   2 X, such   3 O

문장 해석 |

1 가장 가까운 블랙홀은 지구에서 너무 멀리 떨어져 있어서 그곳에 가는 데 수백만 년이 걸릴 것이다.
2 리히텐슈타인은 너무 작은 나라여서 두 시간 미만으로 걸어서 횡단할 수 있다.
3 Penny는 아무도 자신의 얼굴을 볼 수 없도록 모자의 챙을 잡아 내렸다.

문제 해설 |

1 '너무 ~해서 …하다'의 의미로 far away를 수식하므로, such를 so로 고쳐야 한다.
2 '너무 ~한 명사라서 …하다'의 의미로 a small country를 수식하므로, so를 such로 고쳐야 한다.
3 '~하도록'의 의미는 「so that+주어+동사」 구문으로 나타낼 수 있으므로 해당 부분은 적절하다.

B

1 so that you may come and go
2 such a funny joke that his friends could not stop laughing
3 so that planes flying overhead might see it

문제 해설 |

1 「so that+주어+동사」를 이용하여 '~하도록'이라는 의미로 목적을 나타내는 부사절을 쓴다.
2 '너무 ~한 명사라서 …하다'의 의미가 되도록 「such+a/an+형용사+명사+that ….」 구문을 쓴다.
3 「so that+주어+동사」를 이용하여 '~하도록'이라는 의미로 목적을 나타내는 부사절을 쓴다. planes를 현재분사구 flying overhead가 뒤에서 수식하는 형태로 쓴다.

C

1 so scared of heights that he can't even climb ladders
2 such a confusing question that no one could answer
3 so deadly that its victims usually die

문제 해설 |

1 '너무 ~해서 …하다'라는 의미의 「so+형용사+that ….」 구문을 쓴다.
2 '너무 ~한 명사라서 …하다'라는 의미의 「such+a/an+형용사+명사+that ….」 구문을 쓴다.
3 '너무 ~해서 …하다'라는 의미의 「so+형용사+that ….」 구문을 쓴다.

[구문 개념 잡기]
자신의 전화기가 진동하기 시작하자마자, Lizzy는 그것이 자신의 가장 친한 친구로부터 걸려온 전화임을 알았다.
음식이 도착하자마자 Cunningham 씨는 그것의 질에 관해 불평하기 시작했다.

Check Up p.132

1 if   2 As soon as

문장 해석 |

1 많은 해양 종들은 물의 염도에 현저한 변화가 있으면 죽을 것이다.
2 Mark는 사고를 목격하자마자 그것을 경찰에 신고했다.

문제 해설 |

1 '(만약) ~한다면'이라는 의미가 적절하므로 if가 알맞다.
2 '~하자마자'라는 의미가 적절하므로 As soon as가 알맞다.

문장 완성 Practice p.133

A

1 until   2 as long as   3 While   4 Unless

문장 해석 |

1 으깬 감자와 우유의 혼합 재료를 냄비에 붓고 그것이 크림 같아질 때까지 요리해라.
2 당신의 개들이 목줄을 계속 하고 있는 한, 그들을 공원에 데리고 와도 된다.
3 신세계를 탐험하는 동안 유럽의 탐험가들은 토착민들에게 질병을 퍼뜨렸다.
4 무언가가 바뀌지 않는다면, Hailey는 가을에 하버드 대학교에 다니고 있을 것이다.

문제 해설 |

1 '~할 때까지'라는 의미가 적절하므로 until이 알맞다.
2 '~하는 한'이라는 의미가 적절하므로 as long as가 알맞다.
3 '~하는 동안'이라는 의미가 적절하므로 While이 알맞다.
4 '(만약) ~하지 않는다면'이라는 의미가 적절하므로 Unless가 알맞다.

B

1 once they have completed the entire exam
2 every time somebody rings the doorbell
3 since his mother was transferred there by her company

문제 해설 |

1 '일단 ~하면'이라는 의미의 once가 이끄는 부사절을 쓴다.
2 '~할 때마다'라는 의미의 every time이 이끄는 부사절을 쓴다.
3 '~한 이후로'라는 의미의 since가 이끄는 부사절을 쓴다.

C

1 By the time the war was over
2 did not realize that summer was gone until
3 in case she was invited to a party

문제 해설 |

1 '~할 때쯤에는'이라는 의미의 By the time이 이끄는 부사절을 쓴다.
2 '…하고 나서야 (비로소) ~하다'라는 의미의 「not ~ until ....」 구문을 쓴다.
3 '~할 경우에 대비하여'라는 의미의 in case가 이끄는 부사절을 쓴다.

[구문 개념 잡기]
경기가 아직 끝나지 않긴 했지만, 우리 팀이 2분을 남기고 두 골 차로 앞서 있다.
설령 폭우나 폭설이 오더라도, 그 공연은 예정된 시간에 시작할 것이다.

Check Up p.134

1 Even though   2 Although

문제 해설 |

1 '비록 ~하더라도'의 의미로 절을 이끌어야 하므로 접속사 Even though가 알맞다.
2 '(비록) ~이긴 하지만'의 의미로 절을 이끌어야 하므로 접속사 Although가 알맞다.

문장 완성 Practice p.135

A

1 no matter who
2 No matter what
3 even though

문장 해석 |

1 누가 당신에게 문을 열어달라고 하더라도, 당신은 이 문을 항상 잠가 두어야 한다.
2 당신의 개인적 선호가 무엇이든, 당신은 다른 사람들의 견해를 존중해야 한다.

3 비슷한 모델들보다 더 저렴했음에도 불구하고, 그 새로운 평면 스크린 TV를 산 사람은 거의 없었다.

문제 해설 |

1 whoever는 no matter who로 바꿔 쓸 수 있다.
2 Whatever는 No matter what으로 바꿔 쓸 수 있다.
3 '~에도 불구하고'의 의미인 전치사 in spite of가 이끄는 구는 접속사 even though가 이끄는 절로 바꿔 쓸 수 있다.

B

1 No matter how lobster is prepared
2 While Erin knows many Korean words
3 Though Edward had never visited Istanbul before
4 while others complain that it is practically inedible
5 even if they are presented with evidence proving it wrong

문제 해설 |

1 '어떤 식으로 ~하더라도'는 「no matter how+주어+동사」의 형태로 쓴다.
2 While을 이용해 '~이긴 하지만'이라는 의미의 양보절을 쓴다.
3 Though를 이용해 '~이긴 하지만'이라는 의미의 양보절을 쓴다.
4 while을 이용해 '~인 반면에'라는 의미의 양보절을 쓴다.
5 even if를 이용해 '설령 ~하더라도'라는 의미의 양보절을 쓰되, 명사 evidence를 현재분사구가 뒤에서 수식하도록 쓴다.

UNIT 15 부사절 접속사
Point 56 원인·이유의 부사절

[구문 개념 잡기]

이번 것은 이미 정원이 다 찼으니 우리는 다음 엘리베이터를 기다려야 한다.
너는 내일 자유 시간이 좀 있으니 내가 새 아파트로 이사하는 것을 도와주지 않을래?

Check Up p.136

1 since　2 Now that

문제 해설 |

1 원인을 나타내는 접속사가 와야 하므로 since가 알맞다.
2 원인을 나타내는 접속사가 와야 하므로 Now that이 알맞다.

문장 완성 Practice p.137

A

1 X, Because　2 O　3 X, seeing that

문장 해석 |

1 그 변호사가 판사에게 거짓말을 했기 때문에, 그는 그 소송에 졌을 뿐만 아니라 그의 자격도 잃었다.
2 18세가 되었으니까 Trent는 다음 대통령 선거에서 투표할 수 있을 것이다.
3 그녀가 이미 결심한 것으로 보아, 그녀와 말다툼을 하는 것은 아무 의미가 없다.

문제 해설 |

1 '~이기 때문에'라는 의미이며 뒤에 주어와 동사를 포함한 절이 이어지므로 Because of를 접속사 Because로 고쳐야 한다.
2 '~이니까'라는 의미의 부사절을 이끄는 접속사로 Now that이 쓰였으므로 해당 부분은 적절하다.
3 '~인 것으로 보아'라는 의미의 부사절을 이끌어야 하므로 seen that을 seeing that으로 고쳐야 한다.

B

1 as her phone was turned off
2 now that they have a child
3 Since Madagascar is not physically connected to mainland Africa
4 As there is little nutrition in bamboo
5 since that's when trees release their pollen
6 because bacteria that cause decay are not active

문제 해설 |

1 '~이기 때문에'라는 의미가 되도록 as가 이끄는 부사절을 쓴다.
2 '~이니까'라는 의미가 되도록 now that이 이끄는 부사절을 쓴다.
3 '~이므로'라는 의미가 되도록 Since가 이끄는 부사절을 쓴다.
4 '~이므로'라는 의미가 되도록 As가 이끄는 부사절을 쓴다.
5 '~이기 때문에'라는 의미가 되도록 since가 이끄는 부사절을 쓴다. 부사절의 보어 자리에는 선행사 the time이 생략된 형태의 관계부사 when이 이끄는 절을 쓴다.
6 '~이기 때문에'라는 의미가 되도록 because가 이끄는 부사절을 쓰며, 부사절의 주어 bacteria를 that이 이끄는 관계사절이 뒤에서 수식하는 형태로 쓴다.

---

p.138

UNIT 12~15 서술형 빈출 구문 **REVIEW TEST**

A

1 that　2 Despite　3 Even if　4 whether
5 as　6 but　7 Since　8 nor

문장 해석 |

1 우리가 더 적은 시간에 더 많은 일을 하고 싶어 하는 것은 당연하다.
2 심각한 질병에도 불구하고, 내 삶은 결코 위협받지 않았다.
3 설령 일부 회원들이 결석하더라도, 그 모임은 예정대로 진행될 것이다.

4 그 회사가 자사의 생산 속도를 더 높일 수 있을지 없을지는 확실하지 않다.
5 어떤 사람들은 어려운 문제를 맡아야 할 흥미로운 도전으로 여긴다.
6 운동은 당신을 건강하게 유지하도록 도울 뿐만 아니라 당신의 정신 건강을 증진하기도 한다.
7 Tina는 그 회사에 들어간 이후로 여덟 개의 다른 팀에서 일해왔다.
8 응답자들의 약 60퍼센트가 그 제품들이 만족스럽지도 불만족스럽지도 않다고 말했다.

문제 해설 |

1 가주어 It에 대한 진주어 자리로, 뒤에 완전한 절이 이어지므로 접속사 that이 알맞다.
2 뒤에 명사구(a serious illness)가 오므로 전치사 Despite가 알맞다.
3 문맥상 '설령 ~하더라도'의 의미가 자연스러우므로 Even if가 알맞다.
4 or not과 함께 '~인지 아닌지'라는 의미로 진주어절을 이끌어야 하므로 whether가 알맞다.
5 'A를 B로 여기다'의 의미는 「view A as B」로 나타낼 수 있으므로 전치사 as가 알맞다.
6 'A뿐만 아니라 B도'의 의미인 「not only A but (also) B」 구문이므로 but이 자연스럽다.
7 '~한 이후로'라는 의미가 되어야 하므로, Since가 알맞다.
8 'A도 B도 아닌'의 의미인 「neither A nor B」 구문이므로, nor가 알맞다.

B

1 Because → Because of
2 that → who
3 for → to
4 rerecord → (to be) rerecorded
5 such → so
6 While → During
7 with → of
8 This → It

문장 해석 |

1 그의 팬들의 지원 때문에 그의 앨범은 정말 큰 성공작이 되었다.
2 누가 우리의 신제품을 광고하는 것을 담당할지는 아직 결정되지 않았다.
3 그는 자신의 성공은 자기 자신 덕분으로 보고, 자신의 실패에 대해서는 상황적인 요인들을 탓했다.
4 이 녹화물은 사전 허가 없이 복제되거나 재녹화되도록 허용되지 않는다.
5 사람들은 너무 궁금해서 (밖을) 보기 위해 창문 주위로 모여들었다.
6 장마철 동안에는 그 지역으로 오는 방문객의 수가 감소한다.
7 나는 당신이 알아야 할 일정의 어떤 변화든 당신에게 알려주겠다.
8 인간은 호모 에렉투스 시대에 음식을 조리하기 위해 불을 사용하기 시작했다고 여겨진다.

문제 해설 |

1 뒤에 명사구(the support of his fans)가 오므로 접속사

Because를 전치사 Because of로 고쳐야 한다.
2 의문사절을 대신하는 가주어 It이 쓰인 문장으로, '누가 담당할지'의 의미가 적절하므로 that을 의문사 who로 고쳐야 한다.
3 'A를 B의 덕분으로 보다'의 의미는 「attribute A to B」로 나타내므로 전치사 for를 to로 고쳐야 한다.
4 to be copied와 등위접속사 or로 병렬 연결된 구조이므로 rerecord를 (to be) rerecorded로 고쳐야 한다.
5 such와 that 사이에 형용사만 있으므로 '너무 ~해서 …하다'라는 의미의 「so+형용사+that ...」 구문이 되도록 such를 so로 고쳐야 한다.
6 뒤에 명사구(the rainy season)가 오므로, 접속사 While을 전치사 During으로 고쳐야 한다.
7 'A에게 B를 알리다'의 의미는 「inform A of B」로 나타내므로, 전치사 with를 of로 고쳐야 한다.
8 뒤에 진주어 that절이 있으므로 This를 가주어 It으로 고쳐야 한다.

C

1 such a big event that
2 Who do you think will be elected
3 No matter how minor the problem is
4 so that you can protect yourself
5 not for your boss but for yourself

문제 해설 |

1 '너무 ~한 명사라서 …하다'의 의미는 「such+a/an+형용사+명사+that ...」의 어순으로 쓴다.
2 간접의문문이 쓰인 문장에서 주절이 do you think이며 의문사 (Who)가 간접의문문의 주어이므로, 「의문사+do you think+동사」의 어순으로 쓴다.
3 '아무리 ~하더라도'의 의미는 「no matter how+형용사/부사+주어+동사」의 어순으로 쓴다.
4 '~하도록'의 의미는 「so that+주어+동사」의 형태로 쓴다.
5 'A가 아니라 B'의 의미는 「not A but B」 구문을 이용하여 쓴다.

D

1 investigate how the accident happened
2 I accepted the fact that
3 is whether the confession was made
4 did not become famous until he changed

문제 해설 |

1 investigate의 목적어로 쓰인 간접의문문을 「의문사+주어+동사」의 어순으로 쓴다.
2 '~라는 사실'의 의미는 the fact 뒤에 그와 동격인 that절을 써서 나타낸다.
3 '~인지 (아닌지)'의 의미로 보어 역할을 하는 명사절을 이끌어야 하므로 보어 자리에 접속사 whether를 쓴다. 자백이 '이루어진' 것이므로 과거형 수동태 was made를 쓴다.
4 '…하고 나서야 (비로소) ~하다'의 의미는 「not ~ until ...」로 나타낸다.

Point 57 주격/목적격/소유격 관계대명사

[구문 개념 잡기]

자신의 체중에 신경 쓰는 사람들은 설탕 함량이 많은 음식을 피해야 한다.

네가 이야기 나누던 그 남자는 한 식당 체인의 소유주이다.

Stephanie는 자신이 한 농담에 감정이 상한 반 친구에게 사과했다.

Check Up
p.140

1 that 2 which

문제 해설 |

1 절과 절을 연결하는 접속사 역할을 하는 동시에 The Native American tribe를 대신하는 대명사 역할을 해야 하므로 관계대명사 that이 알맞다.

2 선행사 the movie가 사물이므로 관계대명사 which가 알맞다.

문장 완성 Practice
p.141

A

1 O 2 whom → whose 3 who → which[that]

문장 해석 |

1 그 회사는 시내에 임차한 사무 공간에 만족한다.

2 교통사고 때문에 차가 부서진 그 남자는 경찰에 그 사건을 신고했다.

3 그 파티의 주최자는 손님들에게 놀랄 만큼 맛있는 이국적인 요리들을 대접했다.

문제 해설 |

1 선행사 the office space가 사물이고, 관계사절에서 목적어 역할을 하므로 that은 적절하다.

2 선행사 The man이 사람이고, 관계사절에서 소유격으로 쓰이므로 whom을 whose로 고쳐야 한다.

3 선행사 exotic dishes가 사물이고, 관계사절에서 주어 역할을 하므로 who를 which 또는 that으로 고쳐야 한다.

B

1 operated on a woman who[that] had suffered a heart attack at work

2 special glasses which[that] he uses to read small print

3 is a country whose watches are popular with people around the world

문장 해석 |

1 그 외과 의사들은 한 여성에게 수술을 했다. 그녀는 직장에서 심장마비를 겪었다.
→ 그 외과 의사들은 직장에서 심장마비를 겪었던 한 여성에게 수술을 했다.

2 나의 할아버지는 특수한 안경을 쓰신다. 그는 작은 활자를 읽는 데 그것을 사용하신다.
→ 나의 할아버지는 그가 작은 활자를 읽는 데 사용하는 특수한 안경을 쓰신다.

3 스위스는 나라이다. 그곳의 시계들은 전 세계의 사람들에게 인기가 있다.
→ 스위스는 시계들이 전 세계의 사람들에게 인기 있는 나라이다.

문제 해설 |

1 선행사가 a woman으로 사람이고, 관계사절에서 주어 역할을 해야 하므로 who 또는 that을 이용하여 한 문장으로 바꿔 쓴다.

2 선행사가 special glasses로 사물이고, 관계사절에서 uses의 목적어 역할을 해야 하므로 which 또는 that을 이용하여 한 문장으로 바꿔 쓴다.

3 선행사가 a country이고, 관계사절에서 소유격 역할을 해야 하므로 whose를 이용하여 한 문장으로 바꿔 쓴다.

C

1 who has experience with online sales

2 whom we met at the resort

3 whose citizens are primarily bilingual

4 that she went to elementary school with

문제 해설 |

1 관계대명사 who가 사람 명사 someone을 선행사로 하면서 관계사절 내에서 주어 역할을 하도록 쓴다.

2 관계대명사 whom이 사람 명사 The people을 선행사로 하면서 관계사절 내에서 met의 목적어 역할을 하도록 쓴다.

3 관계대명사 whose가 사물 명사 Countries를 선행사로 하면서 관계사절 내에서 소유격 역할을 하도록 쓴다.

4 관계대명사 that이 사람 명사 someone을 선행사로 하면서 관계사절 내에서 전치사 with의 목적어 역할을 하도록 쓴다.

Point 58 관계대명사의 생략

[구문 개념 잡기]

만약 네가 사랑하는 누군가가 도움이 필요하다면, 너는 도움을 주기 위해 그곳에 있어주겠니?

월요일에 발송된 편지는 늦어도 목요일까지는 수취인에게 도달할 것이다.

1 O 2 X

문제 해설 |

1 목적격 관계대명사는 생략할 수 있다.
2 주격 관계대명사는 단독으로 생략할 수 없다.

문장 완성 *Practice* p.143

A

1 The woman who was flying the plane
2 The beach that we wanted to go to
3 a book which was lying
4 The other commuters whom I see
5 a novel that was written

문장 해석 |

1 바다에 추락한 그 비행기를 조종하고 있었던 여성은 결코 발견되지 않았다.
2 우리가 가고 싶어 했던 그 해변은 너무 붐벼서 우리는 모래를 볼 수조차 없었다.
3 그 사서는 바닥에 놓여 있던 책을 집어서 알맞은 책꽂이에 두었다.
4 내가 매일 아침 열차에서 보는 다른 통근자들은 내게 친숙해졌다.
5 한 프랑스인 감독이 내 친구에 의해 쓰여진 소설을 영화로 만들기로 결정했다.

문제 해설 |

1 「주격 관계대명사+be동사」는 생략할 수 있다.
2 목적격 관계대명사는 생략할 수 있다.
3 「주격 관계대명사+be동사」는 생략할 수 있다.
4 목적격 관계대명사는 생략할 수 있다.
5 「주격 관계대명사+be동사」는 생략할 수 있다.

B

1 the document she left on her desk
2 the director wanted to cast for the movie
3 made in countries other than their own
4 a young boy riding a skateboard on the sidewalk
5 an old friend he hadn't seen in a long time
6 famous for several historic sites

문제 해설 |

1 목적격 관계대명사가 생략된 관계사절이 선행사 the document를 뒤에서 수식하도록 배열한다.
2 목적격 관계대명사가 생략된 관계사절이 선행사 The actor를 뒤에서 수식하도록 배열한다.
3 과거분사구 앞에 「주격 관계대명사+be동사」가 생략된 형태로, products를 과거분사구가 뒤에서 수식하도록 배열한다.
4 현재분사구 앞에 「주격 관계대명사+be동사」가 생략된 형태로, a

young boy를 현재분사구가 뒤에서 수식하도록 배열한다.
5 목적격 관계대명사가 생략된 관계사절이 선행사 an old friend를 뒤에서 수식하도록 배열한다.
6 형용사구 앞에 「주격 관계대명사+be동사」가 생략된 형태로, The city를 형용사구가 뒤에서 수식하도록 배열한다.

UNIT 16 관계대명사
Point 59 관계대명사의 계속적 용법

[구문 개념 잡기]
한니발은 카르타고의 장군이었는데, 로마를 공격하기 위해 코끼리들을 이용했다고 한다.
우리는 사파리 여행을 하는 동안 표범을 보았는데, 그것은 예상 밖이었지만 기억할 만한 순간이었다.

1 who 2 which

문제 해설 |

1 계속적 용법으로 쓰인 관계사절 내에서 관계대명사가 목적어 역할을 하므로 who가 알맞다.
2 관계사절이 계속적 용법으로 쓰였으므로 which가 알맞다. 관계대명사 that은 계속적 용법으로 쓸 수 없다.

문장 완성 *Practice* p.145

A

1 who → whose 2 that → which 3 which → who

문장 해석 |

1 Xavier의 친구는 아버지가 은행 임원이신데, 언덕 위에 있는 큰 집에 산다.
2 사흘 연속 비가 내렸는데, 그것이 그 마을에 심각한 홍수를 일으켰다.
3 그 야구 팀은 Ben Watson과 계약을 맺었는데, 그는 올해의 선수상을 두 번 받았다.

문제 해설 |

1 계속적 용법으로 쓰인 관계사절 내에서 관계대명사가 소유격 역할을 해야 하므로 who를 whose로 고쳐야 한다.
2 앞 절 전체를 선행사로 하는 계속적 용법의 관계대명사절로, 관계대명사 that은 계속적 용법으로 쓸 수 없으므로 that을 which로 고쳐야 한다.
3 계속적 용법으로 쓰인 관계사절 내에서 관계대명사가 주어 역할을 해야 하고 선행사가 Ben Watson으로 사람이므로 which를 who로 고쳐야 한다.

B

1 whose voice was incredibly powerful
2 which angered the other team
3 which will be available for purchase next year

문장 해석 |

1 우리는 모두 그 오페라 가수에게 감명을 받았는데, 그의 목소리는 믿을 수 없을 정도로 강렬했다.
2 그 선수는 골을 기록한 후에 지나치게 축하했는데, 그것은 상대 팀을 화나게 했다.
3 그 회사는 새로운 VR 헤드폰을 개발했는데, 그것은 내년에 구입이 가능할 것이다.

문제 해설 |

1 선행사가 the opera singer로 사람이고, 관계사절에서 소유격 역할을 해야 하므로 whose를 이용하여 바꿔 쓴다.
2 선행사가 앞 절 전체이고, 관계사절에서 주어 역할을 해야 하므로 which를 이용하여 바꿔 쓴다.
3 선행사가 a new VR headset으로 사물이고, 관계사절에서 주어 역할을 해야 하므로 which를 이용하여 바꿔 쓴다.

C

1 which I haven't used in years
2 whom she sometimes helps out
3 whose prices are quite reasonable
4 who has been a police officer for 25 years

문제 해설 |

1 관계대명사 which를 이용하여, 선행사인 my old email address를 부연하는 계속적 용법의 목적격 관계대명사절을 쓴다.
2 관계대명사 whom을 이용하여, 선행사인 her elderly neighbor를 부연하는 계속적 용법의 목적격 관계대명사절을 쓴다.
3 '그곳의 가격'이라는 의미이므로, 관계대명사 whose를 이용하여 선행사인 her own restaurant를 부연하는 계속적 용법의 소유격 관계대명사절을 쓴다.
4 관계대명사 who를 이용하여, 선행사인 Mr. Roberts를 부연하는 계속적 용법의 주격 관계대명사절을 쓴다.

UNIT 16 관계대명사
Point 60 관계대명사 what

[구문 개념 잡기]

나를 화나게 한 것은 내 남동생이 내 게임기를 망가뜨린 것에 대해 전혀 사과하지 않았다는 것이었다.
그 학생들은 미국에서의 노예들의 삶에 관해 그들이 배운 것을 믿을 수 없었다.
따뜻한 스웨터와 몇 개의 모직 양말이 내가 크리스마스에 정말로 원하는 것이다.

1 what 2 that

문제 해설 |

1 선행사가 없으므로 선행사를 포함하는 관계대명사 what이 알맞다.
2 선행사 The thing이 있으므로 관계대명사 that이 알맞다. 관계대명사 what은 선행사를 포함한다.

문장 완성 Practice p.147

A

1 What caused the problem between the two coworkers
2 what the family eats for most meals
3 what the people at the next table were eating
4 What the hotel's guests enjoyed most
5 what their children had created in art class

문제 해설 |

1 문장의 주어 자리에 관계대명사 What이 이끄는 절을 쓴다.
2 문장의 보어 자리에 관계대명사 what이 이끄는 절을 쓴다.
3 문장의 목적어 자리에 관계대명사 what이 이끄는 절을 쓴다.
4 문장의 주어 자리에 관계대명사 What이 이끄는 절을 쓴다.
5 동사 showed의 직접목적어 자리에 관계대명사 what이 이끄는 절을 쓴다.

B

1 what was in the small box
2 What Missy couldn't figure out
3 what the chef mixed
4 What he saw, what he expected
5 what my father asked for

문제 해설 |

1 문장의 보어 자리에 관계대명사 what이 이끄는 절을 쓴다.
2 문장의 주어 자리에 관계대명사 What이 이끄는 절을 쓴다.
3 문장의 보어 자리에 관계대명사 what이 이끄는 절을 쓴다.
4 문장의 주어 자리와 전치사 from의 목적어 자리에 관계대명사 what이 이끄는 절을 쓴다.
5 문장의 보어 자리에 관계대명사 what이 이끄는 절을 쓴다.

UNIT 16 관계대명사
Point 61 명사절을 이끄는 복합관계대명사

[구문 개념 잡기]

사무실에 맨 먼저 도착하는 누구든지 전등과 에어컨을 둘 다 켜야 한다.

Toby는 식성이 까다로운 사람이 아니다. 그는 네가 그의 앞에 놓아주는 무엇이든지 먹을 것이다.

네가 먹기로 결정하는 어느 것이든지 나는 좋다.

Check Up   p.148

1 Whatever   2 Whoever

문장 해석 |

1 네가 오래된 다락방에서 찾는 무엇이든지 버려지거나 중고품 가게에 주어져도 된다.

2 당신에게 이 문자 메시지를 보낸 누구든지 신뢰되어서는 안 된다.

문제 해설 |

1 문맥상 '~하는 무엇이든지'라는 의미의 Whatever가 알맞다.

2 문맥상 '~하는 누구든지'라는 의미의 Whoever가 알맞다.

문장 완성 Practice
p.149

A

1 Whatever we don't finish today
2 whichever hotel has the lowest rates
3 whoever wants to help people in need
4 Whatever the dog had eaten while outside
5 Whoever sells the most tickets for the school festival

문제 해설 |

1 '~하는 무엇이든지'의 의미로 Whatever가 주어 역할을 하는 절을 이끌도록 쓴다.

2 '~하는 어느 …든지'의 의미로 whichever가 전치사 in의 목적어 역할을 하는 절을 이끌도록 쓴다.

3 '~하는 누구든지'의 의미로 whoever가 목적어 역할을 하는 절을 이끌도록 쓴다.

4 '~하는 무엇이든지'의 의미로 Whatever가 주어 역할을 하는 절을 이끌도록 쓴다.

5 '~하는 누구든지'의 의미로 Whoever가 주어 역할을 하는 절을 이끌도록 쓴다.

B

1 whoever taped this rude note
2 whatever I make for dinner
3 whatever their grandparents give them
4 Whichever color you choose

문제 해설 |

1 '~하는 누구든지'의 의미는 whoever로 쓴다.

2 '~하는 무엇이든지'의 의미는 whatever로 쓴다.

3 '~하는 무엇이든지'의 의미는 whatever로 쓴다.

4 '~하는 어느 색이든지'의 의미는 Whichever와 명사 color를 써서 나타낸다.

UNIT 17   관계부사

Point 62 여러 가지 관계부사

[구문 개념 잡기]

Johan은 그가 처음으로 오케스트라 실황 연주를 들었던 순간을 절대 잊지 못할 것이다.

나는 Claire가 대학을 졸업한 후에 그녀의 삶의 방향을 바꾼 방법을 알고 싶었다.

Check Up   p.150

1 why   2 when

문장 해석 |

1 아무도 그 고대 사람들이 그 도시를 버리고 떠난 이유를 알지 못한다.

2 가뭄은 강수량이 거의 없는 해들 동안 심각한 문제이다.

문제 해설 |

1 이유를 나타내는 선행사 the reason이 있으며 뒤에 완전한 절이 이어지므로 관계부사 why가 알맞다.

2 시간을 나타내는 선행사 years가 있으므로 관계부사 when이 알맞다.

문장 완성 Practice
p.151

A

1 X, how 삭제 또는 that   2 O   3 X, where[on which]

문장 해석 |

1 언어는 우리가 환경에 관해 생각하는 방식을 형성하는 데 도움이 된다.

2 대부분의 어른들은 그들이 아기였던 때를 기억하지 못한다.

3 콘서트가 끝난 뒤, Valerie는 그녀가 매우 좋아하는 가수가 서 있었던 무대 위 정확한 그 자리에 섰다.

문제 해설 |

1 선행사 the way와 관계부사 how는 함께 쓸 수 없으므로 how를 삭제하거나 how를 that으로 고쳐야 한다.

2 선행사가 시간을 나타내는 the time이고 뒤에 완전한 절이 이어지므로 관계부사 when은 적절하다.

3 선행사가 장소를 나타내는 the exact spot on the stage이며 뒤에 완전한 절이 이어지므로, which를 관계부사 where 또는 「전치사+관계대명사」 형태의 on which로 고쳐야 한다.

B

1 where Leonard bought his jeans
2 when my parents got married
3 where we are free to speak our own mind
4 why the soccer player retired from the game

문장 해석 |

1 그 가게는 엄격한 반품 불가 정책이 있다. Leonard는 그의 청바지를 그 가게에서 샀다.
→ Leonard가 그의 청바지를 산 그 가게는 엄격한 반품 불가 정책이 있다.
2 오늘은 그날이다. 그날 나의 부모님이 23세라는 젊은 나이에 결혼하셨다.
→ 오늘은 나의 부모님이 23세라는 젊은 나이에 결혼하신 그날이다.
3 우리는 국가에 산다. 우리는 그 국가에서 우리의 생각을 자유롭게 말할 수 있다.
→ 우리는 우리의 생각을 자유롭게 말할 수 있는 국가에 산다.
4 아무도 그 이유를 모른다. 그 축구 선수는 그 이유 때문에 갑작스럽게 경기에서 은퇴했다.
→ 아무도 그 축구 선수가 갑작스럽게 경기에서 은퇴한 이유를 모른다.

문제 해설 |

1 선행사 The store가 장소를 나타내므로 관계부사 where를 쓴다.
2 선행사 the day가 시간을 나타내므로 관계부사 when을 쓴다.
3 선행사 a country가 장소를 나타내므로 관계부사 where를 쓴다.
4 선행사 the reason이 이유를 나타내므로 관계부사 why를 쓴다.

C

1 the period when significant changes happen
2 the way the director wants to end the movie
3 the place where the community center once stood
4 the reason why he didn't submit his homework on time

문제 해설 |

1 관계부사 when이 선행사 the period를 수식하는 형태로 쓴다.
2 선행사 the way를 수식하는 형태의 관계부사절을 쓴다.
3 관계부사 where가 선행사 the place를 수식하는 형태로 쓴다.
4 관계부사 why가 선행사 the reason을 수식하는 형태로 쓴다.

UNIT 17 관계부사
Point 63 관계부사의 계속적 용법

[구문 개념 잡기]
모두가 금요일을 고대하고 있는데, 그때 기말고사 주간이 끝난다. 나는 싱가포르로 여행 가기 전에 더 많은 정보를 찾아봐야 하는데, 그곳에는 엄격한 법규가 있다.

Check Up p.152

1 where   2 when

문장 해석 |

1 그 학교의 비품실에는 여분의 종이가 보관되어 있는데, 너는 프린터 잉크 카트리지도 발견할 것이다.
2 1770년에 사람들은 왕에 저항하기 시작했는데, 그때 미국은 아직 영국의 식민지였다.

문제 해설 |

1 선행사 the school's supply room이 장소를 나타내므로 계속적 용법의 관계부사로 where가 알맞다.
2 선행사가 시간을 나타내며, 뒤에 완전한 절이 이어지므로 계속적 용법의 관계부사 when이 알맞다.

문장 완성 Practice p.153

A

1 where → when   2 that → where   3 where → when

문장 해석 |

1 낮 12시 정각에 교회의 종이 울리기 시작했는데, 그때 Todd는 그의 여자친구에게 청혼했다.
2 Maria는 그녀의 팔 위쪽에 큰 멍이 있는데, 그곳을 그녀는 야구공에 맞았다.
3 놀이공원에는 일요일에 항상 긴 줄이 있는데, 그때 많은 사람들이 휴무를 갖는다.

문제 해설 |

1 선행사에 대한 부가 정보를 제공하는 계속적 용법의 관계부사절이며, 선행사(12 noon)가 시간을 나타내므로 where를 when으로 고쳐야 한다.
2 장소를 나타내는 선행사(her upper arm)에 대한 부가 정보를 제공하는 계속적 용법의 관계부사절이며, that은 계속적 용법으로 쓸 수 없으므로 where로 고쳐야 한다.
3 선행사(Sundays)가 시간을 나타내므로 where를 when으로 고쳐야 한다.

B

1 where I learned how to set up a tent
2 when an exhibition of works by local artists will start
3 where he will teach me how to fly a drone

문장 해석 |

1 나는 캠프에서 여름을 보냈는데, 그곳에서 나는 텐트 치는 방법을 배웠다.
2 우리는 다음 주 월요일에 박물관을 방문할 것인데, 그날 지역 예술가들에 의한 작품 전시회가 시작될 것이다.

3 나는 공원에서 Anton을 만날 것인데, 그곳에서 그는 내게 드론 날리는 법을 가르쳐줄 것이다.

문제 해설 |

1 관계부사 where를 사용하여 선행사 camp를 부연하는 계속적 용법의 관계부사절로 바꿔 쓴다.

2 관계부사 when을 사용하여 선행사 next Monday를 부연하는 계속적 용법의 관계부사절로 바꿔 쓴다.

3 관계부사 where를 사용하여 선행사 the park를 부연하는 계속적 용법의 관계부사절로 바꿔 쓴다.

C

1 when Dan was still running to the concert hall
2 when a large thunderstorm was passing through
3 where little sunlight reaches
4 where there is lots of space

문제 해설 |

1 관계부사 when을 이용해 8 p.m.을 선행사로 하는 계속적 용법의 관계부사절을 쓴다.

2 관계부사 when을 이용해 yesterday afternoon을 선행사로 하는 계속적 용법의 관계부사절을 쓴다.

3 관계부사 where를 이용해 the bottom of the ocean을 선행사로 하는 계속적 용법의 관계부사절을 쓴다.

4 관계부사 where를 이용해 the Western Café를 선행사로 하는 계속적 용법의 관계부사절을 쓴다.

UNIT 17 관계부사
Point 64 복합관계부사

[구문 개념 잡기]
경기가 둔화되기 시작할 때마다 사람들은 대통령에 대해 불평하기 시작한다.
내가 어디에서 보더라도, 내게 보이는 것이라고는 광고판과 광고들이 전부였다.
우리가 어떤 식으로 공항에 도착하더라도, 우리는 반드시 제시간에 도착하도록 해야 한다.

Check Up   p.154

1 whenever   2 however

문장 해석 |

1 의사는 그 여자에게 그녀의 무릎이 아프기 시작할 때마다 두 개의 알약을 먹으라고 조언했다.

2 비싼 소고기 덩어리는 당신이 어떤 식으로 조리하더라도 맛있을 것이다.

문제 해설 |

1 문맥상 '~할 때마다'라는 의미의 whenever가 알맞다.
2 문맥상 '어떤 식으로 ~하더라도'라는 의미의 however가 알맞다.

문장 완성 Practice   p.155

A

1 however   2 wherever   3 whenever

문장 해석 |

1 그 버스 운전사는 그 아이들이 아무리 시끄러워지더라도 그들을 계속 못 본 척했다.

2 Johnson 씨는 그의 상사가 그를 보내는 곳은 어디든지 가야 하지만, 그는 출장 가는 것을 즐긴다.

3 그 남자의 지붕은 비가 올 때마다 새지만, 그는 그것을 수리할 충분한 돈이 없다.

문제 해설 |

1 뒤의 형용사 noisy와 함께 '아무리 ~하더라도'의 의미를 나타내야 하므로 whenever를 however로 고쳐야 한다.

2 문맥상 '~하는 곳은 어디든지'의 의미가 적절하므로 whatever를 wherever로 고쳐야 한다.

3 문맥상 '~할 때마다'의 의미가 적절하므로 wherever를 whenever로 고쳐야 한다.

B

1 Whenever Nina's brother teases her
2 wherever they like during lessons
3 However angry we may get at each other
4 wherever their tour guide took them

문제 해설 |

1 '~할 때는 언제든지[~할 때마다]'라는 의미의 Whenever가 이끄는 부사절을 쓴다.

2 '~하는 곳은 어디든지'라는 의미의 wherever가 이끄는 부사절을 쓴다.

3 '아무리 ~하더라도'의 의미인 However가 이끄는 부사절을 「however+형용사+주어+동사」의 어순으로 쓴다.

4 '~하는 곳은 어디든지'의 의미인 wherever가 이끄는 부사절을 쓴다.

C

1 Whenever the hiker needed
2 Wherever you live in this city
3 However complicated our order was

문제 해설 |

1 '~할 때는 언제든지[~할 때마다]'라는 의미의 Whenever를 이용한다.

2 '어디에(서) ~하더라도'라는 의미의 Wherever를 이용한다.

3 '아무리 ~하더라도'라는 의미의 However를 이용하여 「however+
형용사+주어+동사」의 어순으로 쓴다.

p.156

UNIT 16~17 서술형 빈출 구문 REVIEW TEST

A

1 whose　2 what　3 Whichever　4 Whoever
5 where　6 which　7 However　8 when

문장 해석 |

1 출품작이 선정된 사람들만 연락을 받을 것이다.

2 나는 당신이 말하고자 한 바를 완전히 이해했다.

3 내가 보기로 선택하는 어느 영화든지 재미있을 것이다.

4 마지막으로 나가는 누구든지 불을 끄고 문을 잠가야 한다.

5 그 도시는 다음 달에 병원의 건설을 시작할 것인데, 그곳에는 5천 개
의 병실이 있을 것이다.

6 나는 저 단체에서 일하는데, 그것은 궁극적으로 세계 평화를 증진하
는 것을 목표로 한다.

7 그 소설이 아무리 지루하더라도, 나는 그것을 끝까지 읽는 데 집중하
려고 애썼다.

8 2021년도의 우리의 결혼식에 어떤 손님도 초대되지 않았는데, 그때
는 전 세계적인 유행병 때문에 국가가 봉쇄되었다.

문제 해설 |

1 선행사 those와 관계대명사 뒤의 명사 entries가 소유 관계에 있으
므로 소유격 관계대명사 whose가 알맞다.

2 선행사가 없으며, 뒤에 목적어가 빠진 불완전한 절이 이어지므로 선
행사를 포함한 관계대명사 what이 알맞다.

3 '~하는 어느 …든지'의 의미로, 명사 movie를 앞에서 수식하는 복합
관계형용사 Whichever가 알맞다.

4 선행사가 없으며 '~하는 누구든지'의 의미가 적절하므로 복합관계대
명사 Whoever가 알맞다.

5 장소를 나타내는 선행사 the hospital을 부연하는 계속적 용법의 관
계부사절을 이끄는 where가 알맞다.

6 that organization을 선행사로 하는 계속적 용법의 관계대명사로
which가 알맞다. 관계대명사 that은 계속적 용법으로 쓸 수 없다.

7 '아무리 ~하더라도'의 의미로 부사절을 이끄는 복합관계부사
However가 알맞다.

8 시간을 나타내는 선행사 2021을 부연하는 계속적 용법의 관계사절
을 이끌며, 뒤에 완전한 절이 이어지므로 관계부사 when이 알맞다.

B

1 that → which
2 what → which[that]
3 which → who
4 where → which[that]

5 which → where[in/at which]
6 which → what
7 them → whom
8 which → where[in which]

문장 해석 |

1 나는 나의 개를 잃어버렸는데, 그것이 내게 많은 슬픔을 초래했다.

2 무엇을 입을지는 당신이 어때 보이는지에 영향을 미치는 중요한 결정
이다.

3 모두가 교실 뒤에 있는 그 낯선 남자에 관해 궁금해했는데, 그는 팔짱
을 낀 채 서 있었다.

4 나의 부모님은 바다와 가까운 마을에서 그들의 여생을 보내길 원하신
다.

5 재충전할 수 있는 휴양지를 찾는 사람들은 우리의 개점에 관심이 있
을 것이다.

6 원숭이의 습성을 연구하는 것은 James가 그의 생애의 대부분 동안
해온 것이다.

7 그 위원회는 11명의 회원으로 구성되어 있는데, 그들 중 한 명이 의
장으로 임명될 것이다.

8 이 동물원의 돌고래들 중 일부는 곧 그들이 태어난 바다로 돌려보내
질 것이다.

문제 해설 |

1 앞 절 전체를 선행사로 하는 계속적 용법으로 쓰였으므로 that을
which로 고쳐야 한다. 관계대명사 that은 계속적 용법으로 쓸 수 없
다.

2 선행사 an important decision이 있으므로 what을 관계대명사
which 또는 that으로 고쳐야 한다.

3 the strange man at the back of the classroom을 선행사
로 하고 계속적 용법의 관계사절에서 주어 역할을 하므로 which를
who로 고쳐야 한다.

4 a village를 선행사로 하고 관계사절에서 주어 역할을 하므로
where를 관계대명사 which 또는 that으로 고쳐야 한다. 관계부사
뒤에는 완전한 절이 온다.

5 장소를 나타내는 선행사 a resort가 있고 뒤에 완전한 절이 오므
로 which를 관계부사 where 또는 「전치사+관계대명사」 형태의
in[at] which로 고쳐야 한다.

6 선행사가 없으므로 which를 선행사를 포함한 관계대명사 what으
로 고쳐야 한다.

7 두 절을 연결하는 접속사 역할을 할 수 있는 관계사가 필요하며,
eleven members를 선행사로 하고 전치사 of의 목적어 역할을 하
는 관계대명사가 와야 하므로, them을 whom으로 고쳐야 한다.

8 장소를 나타내는 the sea를 선행사로 하고, 뒤에 완전한 절이 오므
로 which를 관계부사 where 또는 「전치사+관계대명사」 형태의 in
which로 고쳐야 한다.

C

1 the reason why he was fired
2 a time when all cars run on electricity or hydrogen
3 What surprised me was how he treated

4 the hotel located on the top of a hill
5 A person who has experience in related fields is
   given

문제 해설 |

1 이유를 나타내는 선행사 the reason 뒤에 관계부사 why가 이끄는
   절을 쓴다.
2 때를 나타내는 선행사 a time 뒤에 관계부사 when이 이끄는 절을
   쓴다.
3 '~하는 것'은 관계대명사 What이 이끄는 절로 쓰고, '~하는 방식'은
   관계부사 how가 이끄는 절로 쓴다.
4 과거분사구 앞에 「주격 관계대명사+be동사」가 생략된 형태로, the
   hotel을 과거분사구가 뒤에서 수식하도록 쓴다.
5 주격 관계대명사절이 선행사 A person을 수식하는 형태로 쓴다.

D

1 Wherever I spend my vacation
2 stick to what I believe in
3 who interrupts whenever someone talks
4 Subjects whose age is between 20 and 50

문제 해설 |

1 '어디에서 ~하더라도'의 의미는 복합관계부사 Wherever를 이용하
   여 나타낼 수 있다.
2 '~하는 것'의 의미는 관계대명사 what을 이용하여 나타낼 수 있다.
3 a rude person을 선행사로 하는 계속적 용법의 관계사절을 쓰되,
   사람 선행사이므로 관계대명사 who를 쓴다. '~할 때마다'의 의미는
   복합관계부사 whenever를 써서 나타낼 수 있다.
4 선행사 Subjects와 명사 age가 소유 관계를 나타내도록 소유격 관
   계대명사 whose를 쓴다.

UNIT 18 도치
Point 65 부정어 도치

[구문 개념 잡기]
그 남자아이는 아름답게 노래할 수 있었을 뿐만 아니라 춤도 대
단히 잘 출 수 있었다.
결코 그 도시는 아이들을 키우기에 이상적인 곳으로 여겨지지
않는다.
며칠 동안 그 배의 선원들은 그들의 배가 훼손되었다는 것을 깨
닫지 못했다.

Check Up   p.158

1 does   2 were we

문장 해석 |

1 그는 그의 딸이 그에게 무례할 때조차도 거의 화내지 않는다.

2 우리가 버려진 건물 안에서 유령을 보았을 때보다 더 겁먹었던 적은
   없었다.

문제 해설 |

1 일반동사가 쓰인 문장에서 부정어가 문두에 올 경우 「부정어+do
   [does/did]+주어+동사원형」의 어순이 되어야 한다. 주어가 3인칭
   단수이므로 does가 알맞다.
2 부정어 Never가 문두에 왔으므로 주어와 be동사가 도치된 형태의
   were we가 알맞다.

문장 완성 *Practice*   p.159

A

1 have I seen   2 know   3 is Pete

문장 해석 |

1 나는 쌍무지개만큼 인상적인 광경은 거의 본 적이 없다.
2 그 여행자들은 위험한 태풍이 그 섬에 다가오고 있다는 것을 거의 알
   지 못했다.
3 Pete는 유명한 번역가일 뿐만 아니라 재능 있는 삽화가이기도 하다.

문제 해설 |

1 부정어 Seldom이 문두에 왔으므로 주어와 조동사가 도치되어야 한
   다. 따라서 I have seen을 have I seen으로 고쳐야 한다.
2 일반동사가 쓰인 문장에서 부정어가 문두에 올 경우 「부정어
   +do[does/did]+주어+동사원형」의 어순이 되어야 한다. 따라서,
   knew를 know로 고쳐야 한다.
3 부정어구 Not only가 문두에 왔으므로 주어와 be동사가 도치되어
   야 한다. 따라서 Pete is를 is Pete로 고쳐야 한다.

B

1 Never has Antonio heard of a student
2 Rarely does the giant squid rise to the surface of
   the ocean
3 Hardly had the school play begun when one of the
   young actors forgot her lines.
4 Not until the cold weather ends will we begin to
   plant the seeds

문장 해석 |

1 Antonio는 그 시험에서 만점을 받은 학생에 관해 전혀 들어본 적이
   없다.
2 대왕오징어는 그것이 목격될 수 있는 해수면으로 좀처럼 올라오지 않
   는다.
3 학교 연극이 시작되자마자 어린 배우들 중 한 명이 자신의 대사를 잊
   어버렸다.
4 추운 날씨가 끝나고 나서야 우리는 정원에 씨를 심기 시작할 것이다.

문제 해설 |

1 부정어 Never를 문두에 쓰고 주어와 조동사를 도치시켜 쓴다.

2 일반동사가 쓰인 문장에서 부정어가 문두에 올 경우 「부정어 +do[does/did]+주어+동사원형」의 어순이 되어야 한다. 따라서, 부정어 Rarely를 문두에 쓴 뒤, 주어가 3인칭 단수이며 현재시제이 므로 does를 쓰고, 이어서 주어와 동사원형을 쓴다.

3 부정어 Hardly를 문두에 쓰고, 주어와 조동사를 도치시켜 쓴다.

4 부정어구 Not until로 시작하는 절을 문두에 쓰고, 주어와 조동사를 도치시켜 쓴다.

C

1 Scarcely had the guests arrived
2 Little did I imagine that
3 Only after washing their hands were the children permitted
4 No sooner did Zoe finish, than it broke down

문제 해설 |

1 부정어 Scarcely를 문두에 쓰고, 주어와 조동사를 도치시켜 쓴다.

2 부정어 Little을 문두에 쓰고, 이어서 「did+주어+동사원형」의 어순 으로 쓴다.

3 부정의 의미를 지닌 Only가 포함된 구를 문두에 쓰고 주어와 be동사 를 도치시켜 쓴다.

4 'A하자마자 B하다'의 의미는 「no sooner A than B」로 나타낸다. 부정어구 No sooner를 문두에 쓰고 「did+주어+동사원형」의 어순 으로 쓴다.

UNIT 18 도치
Point 66 부사구 도치

[구문 개념 잡기]
도로를 가로질러 소들이 서 있어서, 수분간 양방향의 차량들을 멈추게 했다.
그 악어의 입 속에는 그것이 강가에서 잡아채 온 작은 동물이 있 었다.

Check Up p.160

1 is a peddler   2 sits

문장 해석 |

1 그 다리 아래에 다양한 액세서리를 판매하고 있는 행상인이 있다.

2 책꽂이 위에 Ella가 고등학교에서 획득한 선수권 대회 트로피가 있다.

문제 해설 |

1 장소의 부사구가 문두에 왔으므로 주어와 동사가 도치된 형태인 is a peddler가 알맞다.

2 장소의 부사구가 문두에 왔으므로 주어와 동사를 도치시키되, 주어가 the championship trophy로 3인칭 단수이므로 sits가 알맞다.

A

1 X, was   2 X, flew an airplane   3 O

문장 해석 |

1 계산대 뒤에는 앞치마를 입고 있는 점원이 있었다.

2 폭풍 속으로 풍속을 측정하는 장치를 실은 비행기가 날아왔다.

3 우리 학교 근처에는 수년 전에 심어진 많은 소나무가 서 있다.

문제 해설 |

1 장소의 부사구가 문두에 와서 주어와 동사가 도치된 형태로, 주어가 the store clerk로 3인칭 단수이므로 were를 was로 고쳐야 한다.

2 방향의 부사구가 문두에 왔으므로 주어와 동사가 도치된다. 따라서, an airplane flew를 flew an airplane으로 고쳐야 한다.

3 장소의 부사구가 문두에 온 문장으로, 주어와 동사가 알맞은 형태로 도치되었으므로 해당 부분은 적절하다.

B

1 Toward the village drove the couple
2 Through the crowd pushed the woman
3 Around the fire danced the warriors
4 Inside this box are several interesting shells

문장 해석 |

1 그 부부는 해 질 무렵이 되기 전에 그곳에 도착하기를 바라며 마을을 향해 운전했다.

2 그 여자는 제시간에 탑승구에 도착하기 위해 필사적이 되어 사람들을 밀치고 나아갔다.

3 불 주위에서 전사들이 적에 대한 승리를 축하하기 위해 춤을 추었다.

4 이 상자 안에는 내가 해변에서 발견한 몇 개의 흥미로운 조개껍질들 이 들어 있다.

문제 해설 |

1 방향의 부사구를 문두에 쓰고, 주어 the couple과 동사 drove를 도 치시켜 쓴다.

2 방향의 부사구를 문두에 쓰고, 주어 the woman과 동사 pushed를 도치시켜 쓴다.

3 장소의 부사구를 문두에 쓰고, 주어 the warriors와 동사 danced 를 도치시켜 쓴다.

4 장소의 부사구를 문두에 쓰고, 주어 several interesting shells와 동사 are를 도치시켜 쓴다.

C

1 swam a school of bright tropical fish
2 lay a beautiful feather resembling the color of the sky
3 tumbled several large rocks

문제 해설 |

1 장소의 부사구가 문두에 왔으므로 주어와 동사를 도치시켜 쓴다.
2 장소의 부사구가 문두에 왔으므로 주어와 동사를 도치시켜 쓴다.
3 방향의 부사구가 문두에 왔으므로 주어와 동사를 도치시켜 쓴다.

UNIT 18 도치
Point 67 기타 도치 구문

[구문 개념 잡기]
한 고대 도시에, 충성스러운 국민들에게 사랑받는 한 현명한 여왕이 살았다.
Oscar는 그의 새 과학 교사에 대해 불평해서는 안 되고 그의 반친구들도 그래서는 안 된다.
호텔의 라운지 의자와 비치 타월은 모든 투숙객에게 이용 가능합니다.

Check Up   p.162

1 were   2 is the building

문장 해석 |

1 그 아이는 자신이 세수했다고 주장했지만 그의 얼굴이 깨끗하지 않았고 손도 그렇지 않았다.
2 그 건물은 너무 높아서 그곳의 입구에서 꼭대기 층을 보는 것이 불가능하다.

문제 해설 |

1 부사 neither가 절 앞에 왔으므로 주어와 동사가 도치되어야 하며, 앞에 be동사의 과거형이 쓰였으므로 도치 구문의 동사로 were가 알맞다.
2 보어 So tall이 문두에 왔으므로 주어와 동사가 도치된 형태의 is the building이 알맞다.

문장 완성 Practice   p.163

A

1 Here lies the body of a brave knight
2 Unappreciated by most commuters are the subway workers
3 Such a popular holiday destination is Cancun

문장 해석 |

1 1642년에 전사한 용감한 기사의 시신이 이곳에 묻혀 있다.
2 매일 통근자들을 안전하게 지켜주는 지하철 근로자들은 그들 대부분에게 인정받지 못한다.
3 Cancun은 너무나 인기 있는 휴가지여서 그곳은 매년 수백만 명의 관광객들에 의해 방문된다.

문제 해설 |

1 「Here+동사+주어」의 어순으로 쓴다.
2 보어 Unappreciated by most commuters를 문두에 쓰고 주어와 동사를 도치시켜 쓴다.
3 보어 Such a popular holiday destination을 문두에 쓰고 주어와 동사를 도치시켜 쓴다.

B

1 neither will any of my friends
2 so could her younger brother
3 there is a flock of sheep

문제 해설 |

1 '~도 또한 그렇지 않다'의 의미인 「neither+(조)동사+주어」 도치 구문을 쓴다.
2 '~도 또한 그렇다'의 의미인 「so+(조)동사+주어」 도치 구문을 쓴다.
3 '~가 있다'의 의미인 「there is[are]+주어」 도치 구문을 쓴다.

C

1 nor does Marcus
2 Here lived a family
3 so was the service
4 is the zoo animal

문제 해설 |

1 '~도 또한 아니다'의 의미인 「nor+(조)동사+주어」 도치 구문을 이용하며, 앞에 일반동사의 현재형이 쓰였고 주어가 3인칭 단수이므로 도치 구문의 동사로 does를 쓴다.
2 「Here+동사+주어」 도치 구문을 이용하며, 과거시제이므로 도치 구문의 동사로 lived를 쓴다.
3 '~도 또한 그렇다'의 의미인 「so+(조)동사+주어」 도치 구문을 이용하며, 앞에 be동사의 과거형이 쓰였고 주어가 3인칭 단수이므로 도치 구문의 동사로 was를 쓴다.
4 보어 Lonely가 문두에 왔으므로 주어와 동사를 도치시켜 쓴다.

UNIT 19 부정과 강조
Point 68 부분부정과 전체부정

[구문 개념 잡기]
어떤 사람들은 사무실에서 일하는 것이 항상 필요한 것은 아니라고 생각한다.
그 마을의 어떤 주민도 이전에 그 주의 주지사로 선출된 적이 없었다.

Check Up   p.164

1 Nobody   2 not completely

1 '아무도 ~ 않다'라는 의미의 전체부정 구문이므로 Nobody가 알맞다.

2 '완전히 ~인 것은 아니다'라는 의미의 부분부정 구문이므로 not completely가 알맞다.

문장 완성 *Practice*　　　　　　　　　p.165

A

1 Not all　2 Neither　3 never　4 None

문장 해석 |

1 '반짝이는 것이 모두 금은 아니다'는 겉모습이 기만적일 수 있다는 것을 시사하는 유명한 속담이다.

2 두 여행자 중 누구도 한국어를 할 수 없어서, 그들은 그 안내문을 읽기 위해 번역 앱을 사용했다.

3 Madeline은 외식하거나 음식을 시켜 먹는 것을 선호하여 집에서 결코 요리를 하지 않는다.

4 그 셔츠들 중 어떤 것도 반소매가 아니어서, 나는 그 가게에서 다른 것들을 살펴보았다.

문제 해설 |

1 문맥상 '모두 ~인 것은 아니다'라는 부분부정의 의미가 적절하므로 Not all을 쓴다.

2 문맥상 '둘 다 ~ 않다'라는 전체부정의 의미가 적절하므로 Neither를 쓴다.

3 문맥상 '결코 ~ 않다'라는 전체부정의 의미가 적절하므로 never를 쓴다.

4 문맥상 '아무것도 ~ 않다'라는 전체부정의 의미가 적절하므로 None을 쓴다.

B

1 did not give any of the students
2 not always a good idea to speak honestly
3 Not every hotel on this list is located

문제 해설 |

1 not ~ any를 이용해 '아무(것)도 ~ 않다'라는 의미의 전체부정 구문을 쓴다.

2 not always을 이용해 '언제나 ~인 것은 아니다'라는 의미의 부분부정 구문을 쓴다.

3 Not every를 이용해 '모두 ~인 것은 아니다'라는 의미의 부분부정 구문을 쓴다.

C

1 are not necessarily expensive
2 Not every goal can be achieved
3 was not completely convinced of

문제 해설 |

1 '반드시 ~인 것은 아니다'라는 의미의 부분부정 구문은 not necessarily를 이용해 쓴다.

2 '모두 ~인 것은 아니다'라는 의미의 부분부정 구문을 not every를 이용해 쓴다.

3 '완전히 ~인 것은 아니다'라는 의미의 부분부정 구문을 not completely를 이용해 쓴다.

UNIT **19**	부정과 강조 **Point 69** it is[was] ~ that ... 강조구문

[구문 개념 잡기]
그 작은 정글 마을의 사람들을 공포에 떨게 해왔던 것은 바로 큰 호랑이였다.
미국의 초대 대통령을 역임한 사람은 바로 George Washington이었다.

Check Up　　　　　　　　　p.166

1 that　2 who

문장 해석 |

1 기분을 나아지게 하고 싶을 때 많은 사람들이 의지하는 것은 바로 음악이다.

2 내가 교육학을 전공할 것을 고려해야 한다고 제안하는 사람은 바로 내 누나이다.

문제 해설 |

1 목적어 music을 강조하는 「it is ~ that ...」 강조구문으로, that이 알맞다. who는 강조하고자 하는 말이 사람인 경우에 that 대신 쓸 수 있다.

2 주어 my older sister를 강조하는 「it is ~ that ...」 강조구문이며 강조하고자 하는 말이 사람이므로 who가 알맞다.

문장 완성 *Practice*　　　　　　　　　p.167

A

1 persistence that is more important
2 a homemade apple pie that Grandma served the family
3 in exchange for limited edition sneakers that Jenny gave away

문장 해석 |

1 때때로 끈기가 재능이나 기술보다 더 중요하다.
　→ 때때로 재능이나 기술보다 더 중요한 것은 바로 끈기이다.

2 할머니는 후식으로 가족에게 손수 만드신 사과파이를 내어주셨다.

→ 할머니가 가족에게 후식으로 내어주신 것은 바로 손수 만드신 사과파이였다.

3 Jenny는 한정판 운동화를 받는 대신 그녀의 노트북을 내주었다.
→ Jenny가 그녀의 노트북을 낸 것은 바로 한정판 운동화를 받는 대신이었다.

문제 해설 |

1 강조하고자 하는 말인 persistence가 it is와 that 사이에 오도록 쓴 뒤 that 뒤에 나머지를 쓴다.

2 강조하고자 하는 말인 a homemade apple pie가 It was와 that 사이에 오도록 쓴 뒤 that 뒤에 나머지를 쓴다.

3 강조하고자 하는 말인 in exchange for limited edition sneakers가 It was와 that 사이에 오도록 쓴 뒤 that 뒤에 나머지를 쓴다.

B

1 It is on Sunday mornings that
2 It was the final scene of the film that
3 it was a small piece of paper that jammed

문제 해설 |

1 강조하고자 하는 말인 on Sunday mornings를 It is와 that 사이에 쓴다.

2 강조하고자 하는 말인 the final scene of the film을 It was와 that 사이에 쓴다.

3 강조하고자 하는 말인 a small piece of paper를 it was와 that 사이에 쓰고, that 뒤에 동사를 쓴다.

C

1 It is you that[who] should take responsibility
2 It was in the evening that he would sit
3 it was your work experience that impressed

문제 해설 |

1 강조하고자 하는 말이 주어 you로 사람이므로 It is와 that[who] 사이에 you를 쓰고, that 뒤에 동사구를 쓴다.

2 강조하고자 하는 말인 부사구 in the evening을 It was와 that 사이에 쓰고, that 뒤에 주어와 동사를 쓴다.

3 강조하고자 하는 말인 주어 your work experience를 it was와 that 사이에 쓰고, that 뒤에 동사를 쓴다.

UNIT 19 부정과 강조
Point 70 do 강조 / 재귀대명사 (강조 용법)

[구문 개념 잡기]
도와주겠다는 너의 제안이 정말 고맙기는 하지만, 나는 그 프로젝트를 늦지 않게 끝낼 수 있을 것 같다.
그 CEO는 직접 우리가 사무실의 배치를 다시 할 것을 요청했다.

Check Up   p.168

1 did   2 themselves

문장 해석 |

1 Harriot은 그녀의 신발을 확실히 세탁했지만, 그것은 그녀가 학교에 걸어갈 때 다시 지저분해졌다.

2 그 가수들 자신은 그들의 최고 히트곡이 어느 옛날 노래에서 베낀 것임을 인정했다.

문제 해설 |

1 과거시제이므로 강조의 조동사 do의 과거형인 did가 알맞다.

2 The singers는 3인칭 복수 명사이므로 themselves가 알맞다.

문장 완성 Practice   p.169

A

1 Although Lyle's dogs do bark a lot
2 Einstein himself would have trouble answering
3 I myself have seen how much property damage
4 The referee did blow her whistle

문제 해설 |

1 현재시제이고 주어가 dogs로 복수이므로 bark 앞에 강조의 조동사 do를 쓴다.

2 주어인 Einstein이 강조되도록 Einstein 뒤에 재귀대명사 himself를 쓴다. '~하는 데 어려움을 겪다'의 의미는 「have trouble v-ing」의 형태로 쓴다.

3 주어인 I가 강조되도록 I 뒤에 재귀대명사 myself를 쓰며, have seen의 목적어 역할을 하는 간접의문문을 「how much+명사+주어+동사」의 어순으로 쓴다.

4 과거시제이므로 blow 앞에 강조의 조동사 do의 과거형 did를 쓴다.

B

1 The president herself will visit
2 People did live on this island
3 The chef himself brought our steaks
4 the express train does stop at Greenville

문제 해설 |

1 주어인 The president를 강조하여 '직접'의 의미를 나타내도록 뒤에 재귀대명사 herself를 쓴다.

2 동사를 강조하므로 동사원형 앞에 조동사 do를 쓰되, 과거시제이므로 live 앞에 did를 쓴다.

3 주어인 The chef를 강조하여 '직접'의 의미를 나타내도록 뒤에 재귀대명사 himself를 쓴다.

4 동사를 강조하므로 동사원형 앞에 조동사 do를 쓰되, 현재시제이고 주어가 3인칭 단수이므로 stop 앞에 does를 쓴다.

UNIT 20 생략
Point 71 반복어구의 생략

[구문 개념 잡기]
그 대학교는 취업 박람회를 열고 졸업반 학생들에게 참석할 것을 권장했다.
내 친구들 모두 제트 스키 타는 법을 알지만 나는 그렇지 않다.
Joe는 승진에 관해 들었을 때 행복해 보였지만 그는 사실 그렇지 않았다.

Check Up p.170

1 some of the guests did not like the music
2 continue to be class president

문장 해석 |

1 그 손님들 중 많은 사람들이 그 음악을 좋아하긴 했지만, 손님들 중 일부는 그 음악을 좋아하지 않았다.
2 Susan은 학급 회장이며, 그녀는 학기말까지 계속해서 학급 회장일 것이다.

문제 해설 |

1 반복되는 어구인 of the guests와 like the music을 생략할 수 있다.
2 반복되는 어구인 class president를 생략할 수 있다.

문장 완성 Practice p.171

A

1 Sasha ✔ the salad / make
2 six ✔. / fresh green apples
3 couldn't ✔. / take some time off to travel
4 and ✔ finally / it[the kitten]
5 can ✔. / put aside some time during the week to read books
6 can ✔ now / finish crossword puzzles
7 didn't ✔. / ride the roller coaster

문장 해석 |

1 시간이 모자라서, 그 요리사는 Ella가 파스타를 만들고 Sasha는 샐러드를 만들게 했다.
2 그 가게에서 신선한 풋사과를 보면 여섯 개를 사다 줘.
3 그 사무장은 여행을 가기 위해 휴가를 내고 싶었지만 그럴 수 없었다.
4 그 새끼 고양이는 소파에서 커피 탁자로 뛰어오르려고 다시 시도했고 마침내 성공했다.
5 모든 학생은 할 수 있다면 주중에 책을 읽기 위해 약간의 시간을 따로 떼어 둘 필요가 있다.
6 나의 할아버지는 지금 하실 수 있는 것보다 더 빨리 십자말풀이를 끝낼 수 있으시곤 하셨다.
7 그의 가족이 놀이공원에 갔을 때 그 남자아이는 롤러코스터를 탔지만 그의 여동생은 그러지 않았다.

문제 해설 |

1 Sasha 뒤에 반복되는 단어인 make가 생략되어 있다.
2 six 뒤에 반복되는 어구인 fresh green apples가 생략되어 있다.
3 couldn't 뒤에 반복되는 어구인 take some time off to travel이 생략되어 있다.
4 and 뒤에 반복되는 어구인 it 또는 the kitten이 생략되어 있다.
5 can 뒤에 반복되는 어구인 put aside some time during the week to read books가 생략되어 있다.
6 can 뒤에 반복되는 어구인 finish crossword puzzles가 생략되어 있다.
7 didn't 뒤에 반복되는 어구인 ride the roller coaster가 생략되어 있다.

B

1 but my father said that it wasn't
2 I told Mom that I would
3 and the price keeps increasing
4 it is fun and good for their health

문제 해설 |

1 it wasn't 뒤에 반복되는 단어인 reliable이 생략된 형태로 쓴다.
2 I would 뒤에 반복되는 어구인 close the windows가 생략된 형태로 쓴다.
3 the price 뒤에 반복되는 어구인 of the new medicine이 생략된 형태로 쓴다.
4 and 뒤에 반복되는 어구인 it is가 생략된 형태로 쓴다.

UNIT 20 생략
Point 72 「주어+be동사」의 생략

[구문 개념 잡기]
Nicki는 숙제를 하는 동안 종잇장에 그녀의 손가락을 베였다.

Check Up p.172

1 while they are sleeping
2 If you are lost in the woods

문장 해석 |

1 어떤 사람들은 그들이 자는 동안 코를 너무 시끄럽게 골아서 그들은 그들의 이웃들을 깨운다.
2 만약 당신이 숲속에서 길을 잃고 휴대전화 신호를 수신할 수 없다면, 더 높은 지대로 이동해보라.

문제 해설 |

1 부사절의 주어와 주절의 주어가 같으므로, while 뒤의 they are를

생략할 수 있다.
2 부사절의 주어와 명령문인 주절의 생략된 주어가 you로 같으므로 If 뒤의 you are를 생략할 수 있다.

문장 완성 Practice
p.173

A

1 when ✔ angry / we[my sister and I] are
2 Once ✔ opened / it[the mango juice] is
3 until ✔ faced / they[people] are
4 Until ✔ told / he[Tim] was
5 Unless ✔ fully charged / it[your electronic device] is
6 When ✔ riding / I am
7 Although ✔ unable / he[Andrew] was

문장 해석 |

1 서로에게 화가 날 때, 내 여동생과 나는 각자의 방에 머문다.
2 일단 개봉되면, 그 망고 주스는 7일 안에 마셔야 한다.
3 비상사태를 직면할 때까지 사람들은 자신이 비상사태를 어떻게 처리할지 알 길이 전혀 없다.
4 그가 그 오디션을 통과했다는 말을 들을 때까지 Tim은 심사위원들이 그의 연기에 관해 어떻게 느꼈는지 전혀 몰랐다.
5 완전히 충전되지 않으면, 너의 전자 기기는 종일 가지 않을지도 모른다.
6 지하철을 타고 있을 때, 나는 미래에 내 삶이 어떤 모습일지에 관한 공상에 잠기는 것을 좋아한다.
7 어두워진 방에서 누구도 볼 수 없긴 했지만, Andrew는 가까이에서 누군가가 숨쉬는 것을 들을 수 있었다.

문제 해설 |

1 when이 이끄는 부사절의 주어가 주절의 주어 My sister and I와 같으므로, when 뒤에 we are 또는 my sister and I are가 생략되었음을 알 수 있다.
2 Once가 이끄는 부사절의 주어가 주절의 주어 the mango juice와 같으므로, Once 뒤에 it is 또는 the mango juice is가 생략되었음을 알 수 있다.
3 until이 이끄는 부사절의 주어가 주절의 주어 People과 같으므로, until 뒤에 they are 또는 people are가 생략되었음을 알 수 있다.
4 Until이 이끄는 부사절의 주어가 주절의 주어 Tim과 같으므로, Until 뒤에 he was 또는 Tim was가 생략되었음을 알 수 있다.
5 Unless가 이끄는 부사절의 주어가 주절의 주어 your electronic device와 같으므로, Unless 뒤에 it is 또는 your electronic device is가 생략되었음을 알 수 있다 .
6 When이 이끄는 부사절의 주어가 주절의 주어 I와 같으므로, When 뒤에 I am이 생략되었음을 알 수 있다.
7 Although가 이끄는 부사절의 주어가 주절의 주어 Andrew와 같으므로, Although 뒤에 he was 또는 Andrew was가 생략되었음을 알 수 있다.

B

1 Though good at most sports
2 Even if kept in the refrigerator
3 Unless asked for your opinion
4 Although serious about studying politics
5 While preparing a speech on human rights

문제 해설 |

1 접속사 Though 뒤에 「주어+be동사」인 she is가 생략된 형태로 쓴다.
2 접속사 Even if 뒤에 「주어+be동사」인 it is가 생략된 형태로 쓴다.
3 접속사 Unless 뒤에 「주어+be동사」인 you are가 생략된 형태로 쓴다. 주절인 명령문의 생략된 주어는 you이다.
4 접속사 Although 뒤에 「주어+be동사」인 he was가 생략된 형태로 쓴다.
5 접속사 While 뒤에 「주어+be동사」인 she was가 생략된 형태로 쓴다.

UNIT 20 생략
Point 73 대부정사와 대동사

[구문 개념 잡기]
Wilson 씨는 내가 그에게 그러라고(그 프로젝트에 착수하기 시작하라고) 말할 때까지 그 프로젝트에 착수하는 것을 시작하지 않을 것이다.
내가 지금까지 만나본 누구도 Sara가 그러는(춤추는) 방식으로 춤을 추지 않는다.

Check Up
p.174

1 X, did   2 O

문장 해석 |

1 John이 그 계획에 동의한 유일한 이유는 다른 모든 사람이 그랬기 때문이다.
2 당신이 그럴 필요가 있을 때마다 마음 놓고 멈춰서 물을 좀 드세요.

문제 해설 |

1 앞에 나온 agreed to the plan을 대신하는 대동사가 와야 하므로 was를 did로 고쳐야 한다.
2 앞에 나온 to stop and drink some water가 반복되어 to만 남기고 나머지를 생략한 형태이므로 해당 부분은 적절하다.

문장 완성 Practice
p.175

A

1 am → do   2 O   3 does → did   4 O

문장 해석 |

1 내가 그러는 것만큼 실황 음악을 듣는 것을 즐기는 사람은 거의 없다.

2 그 병사들은 그들이 그러라는 지시를 받을 때마다 한 줄로 서서 자신의 이름을 외친다.

3 Gina는 그 거대한 거미가 벽을 기어오르고 있는 것을 알아채지 못했지만, 그녀의 아버지는 그러했다.

4 그의 친구들은 그러더라도 Stephen은 방과 후에 놀이터에서 놀지 않는다.

문제 해설 |

1 앞에 나온 enjoy listening to live music을 대신하는 대동사를 쓰되, 현재시제이고 주어가 I로 1인칭 단수이므로 am을 do로 고쳐야 한다.

2 to 뒤에 반복되는 stand in a line and call out their names가 생략된 형태이므로 해당 문장은 적절하다.

3 앞에 나온 notice the huge spider crawling up the wall을 대신하는 대동사를 쓰되, 과거시제이므로 does를 did로 고쳐야 한다.

4 앞에 나온 hang out in the playground after school을 대신하는 대동사 do가 쓰였으므로 해당 문장은 적절하다.

B

1 matters
2 carry your luggage up the stairs
3 hold a charity concert
4 help me wash and dry the dishes

문장 해석 |

1 깨끗한 아파트를 갖는 것은 그것이 나에게 그러한 것보다 내 룸메이트에게 더 중요하다.

2 당신이 제가 그러기를 원하신다면 기꺼이 당신의 짐을 계단 위로 옮겨드리겠습니다.

3 우리 학교는 더는 자선 콘서트를 주최하지 않지만, 이전에는 그랬었다.

4 너는 내가 접시를 헹구고 닦는 것을 도와줘도 되지만, 나는 네가 그러는 것이 필요하지 않다.

문제 해설 |

1 대동사 does는 앞에 나온 matters를 대신한다.

2 대부정사 to 뒤에 앞에 나온 carry your luggage up the stairs가 생략되어 있다.

3 대부정사 to 뒤에 앞에 나온 hold a charity concert가 생략되어 있다.

4 대부정사 to 뒤에 앞에 나온 help me wash and dry the dishes가 생략되어 있다.

C

1 because she asked us to
2 whenever the other one does
3 the way it does in winter
4 as they do in movies

문제 해설 |

1 대부정사 to 뒤에 help her clean up her yard가 생략된 형태로 쓴다.

2 starts to bark를 대신하는 대동사 does를 쓴다.

3 blow를 대신하는 대동사 does를 쓰되, 방법을 나타내는 선행사 the way가 이끄는 절로 나타낸다.

4 look good을 대신하는 대동사 do를 쓴다. '~만큼 …한'의 의미는 「as+형용사/부사의 원급+as ~」의 형태로 쓴다.

p.176

UNIT 18~20 서술형 빈출 구문 REVIEW TEST

A

1 that 2 does success come 3 do 4 does Dan
5 themselves 6 runs 7 is it 8 did

문장 해석 |

1 민주주의에 가장 큰 위협은 바로 무관심이다.

2 어떤 실패도 겪지 않고서는 성공이 결코 오지 않는다.

3 Tim은 그가 자신의 동료들이 그러는 것보다 돈을 훨씬 덜 번다고 불평한다.

4 대부분의 직원들은 그 임금 정책에 동의하지 않는데, Dan도 그러지 않는다.

5 돈을 절약하기 위해서, 그 농부들은 직접 농장 주변에 울타리를 설치하기로 결정했다.

6 세계에서 가장 긴 강인 나일강은 11개의 나라를 관통하여 흐른다.

7 의사소통은 중요하지만, 전통적인 학제에서는 좀처럼 가르쳐지지 않는다.

8 그가 어렸을 때, Kyle은 그의 형들이 그랬던 것보다 훨씬 더 많은 시간을 그의 개와 함께 보냈다.

문제 해설 |

1 「It is ~ that ....」 강조구문으로, 강조되는 대상이 indifference로 사람이 아니므로 that이 알맞다.

2 일반동사가 쓰인 문장에서 부정어가 문두에 올 경우 「부정어+do[does/did]+주어+동사원형」의 어순이 되어야 한다. 따라서, does success come이 알맞다.

3 앞에 나온 일반동사 earns를 대신하는 대동사로 do가 알맞다.

4 '~도 또한 아니다'의 의미는 「nor+(조)동사+주어」로 나타내므로 does Dan이 알맞다.

5 앞에 나온 복수 명사 farmers를 강조하여 '직접'의 의미를 나타내야 하므로 재귀대명사 themselves가 알맞다.

6 방향을 나타내는 부사구가 문두에 나와 주어와 동사가 도치된 형태로, 주어가 the Nile이므로 단수 동사 runs가 알맞다.

7 부정어 rarely가 문두에 와서 주어와 동사가 도치된 형태로, is it이 알맞다.

8 앞에 나온 spent time with his dog를 대신하는 대동사를 쓰되, 과거시제이므로 did가 알맞다.

1 do → did
2 are cooked → cooked[they are cooked]
3 This → It
4 did the water leak → leaked the water
5 come → comes
6 was → did
7 do → does
8 the company cares → does the company care

문장 해석 |

1 그 경기장에 있던 모든 사람이 그들의 팀을 응원했고, 나 또한 그랬다.
2 적절히 조리되면 채소는 소화하기 더 쉬워진다.
3 모든 장애에 맞서 Emily를 결승선을 향해 이끈 것은 바로 그녀의 강한 의지였다.
4 벽 바깥으로 물이 새어 나와서, 우리는 수리공을 불렀다.
5 여기 그 도시의 사회 복지 제도와 관련된 큰 변화가 다가온다.
6 나는 그 회의의 안건을 알지 못했고, 나의 동료 Toby 또한 그러지 못했다.
7 요즘, George는 그의 새로운 상사가 현재의 문제들에 대처하는 방법들을 배우도록 돕기를 정말 원한다.
8 그 회사는 환경에 전혀 신경 쓰지 않지만, 그곳의 재정적인 성장에는 대단히 신경 쓴다.

문제 해설 |

1 '~도 또한 그렇다'의 의미인 「so+(조)동사+주어」 도치 구문으로, 앞에 일반동사의 과거형이 쓰였으므로 do를 did로 고쳐야 한다.
2 부사절의 주어가 주절의 주어와 같을 때 부사절의 「주어+be동사」는 생략할 수 있다. 따라서, are cooked를 they are가 생략된 형태의 cooked로 고치거나, they are가 생략되지 않은 형태의 they are cooked로 고쳐야 한다.
3 주어 her strong will을 강조하는 「it is ~ that ....」 강조구문이므로 This를 It으로 고쳐야 한다.
4 방향을 나타내는 부사구 Out of the wall이 문두에 나와 주어와 동사가 도치된 형태로, did the water leak를 leaked the water로 고쳐야 한다.
5 부사 Here가 문두에 오면 주어와 동사가 도치되는데, 주어가 a big change이므로 come을 단수 동사 comes로 고쳐야 한다.
6 '~도 또한 그렇지 않다'의 의미인 「neither+(조)동사+주어」 도치 구문으로, 앞에 일반동사의 과거형이 쓰였으므로 was를 did로 고쳐야 한다.
7 동사 want를 강조하는 do동사이며, 주어가 George로 3인칭 단수이므로 do를 does로 고쳐야 한다.
8 일반동사가 쓰인 문장에서 부정어가 문두에 올 경우 「부정어+do[does/did]+주어+동사원형」의 어순이 되어야 한다. 따라서, the company cares를 does the company care로 고쳐야 한다.

1 talk more than they need to

2 I do have the courage to embrace
3 It was my parents who encouraged
4 there used to be a statue of a poet
5 sooner had I arrived at the station than

문제 해설 |

1 앞에 나온 동사 talk의 반복을 피하기 위해 대부정사 to 뒤에 talk가 생략된 형태로 쓴다.
2 동사 have 앞에 이를 강조하는 do동사를 쓴다.
3 「It was ~ that ....」 강조구문으로 쓰되, 강조하는 대상이 사람(my parents)이므로 that 대신 who를 쓴다.
4 부사 there가 절의 앞에 나와 주어와 동사가 도치된 형태가 되도록 「there+동사+주어」의 어순으로 쓴다. '(상태가) ~이었다'의 의미는 「used to-v」로 나타낸다.
5 'A하자마자 B하다'의 의미는 「No sooner A than B」로 나타낸다. 부정어구 No sooner가 문두에 오면 주어와 (조)동사가 도치되는데, 동사가 과거완료형이므로 「had+주어+p.p.」의 어순으로 쓴다.

1 brilliant was the sun that
2 Not everyone can be a winner
3 did I sleep for a few days
4 none of them are the same

문제 해설 |

1 '너무 ~해서 …하다'의 의미인 「so+형용사/부사+that ....」 구문으로, 보어 So brilliant가 문두에 와서 주어와 동사가 도치된 형태로 쓴다.
2 '모든 사람이 ~한 것은 아니다'라는 부분부정의 의미로 Not everyone을 이용하여 쓴다.
3 일반동사가 쓰인 문장에서 부정어가 문두에 올 경우 「부정어+do[does/did]+주어+동사원형」의 어순이 되어야 한다. 과거시제이므로 did를 쓰고, 이어서 주어와 동사원형 순으로 쓴다.
4 none을 이용하여 '아무것도 ~ 않다'라는 전체부정의 의미를 나타낸다.

PART 02 | 서술형 유형 훈련

p.180

내용 파악 **UNIT 01**
대의파악

기출 예제

연구에 따르면, 여러분이 읽는 자료를 얼마나 깊게 처리하는지가 여러분이 그것을 얼마나 자주 검토하는지보다 더 중요하다. 이는 만약 여러분이 자료를 기억하길 기대한다면 자료의 의미와 씨름해야 하기 때문이다. 특히, 자료를 개인적으로 의미 있게 만드는 것이 유용하다. 여러분이 교과서를 읽을 때는, 정보를 여러분 자신의 삶과 경험에 관련시키도록 노력하라. 예를 들어, 만약 여러분이 자신감의 성격 특성에 관한 심리학 교재를 읽고 있다면, 여러분이 알기에 특히 자신감이 있는 사람들과 여러분이 그들의 특성을 그런 식으로 묘사하는 이유에 관해 생각할 수 있다. 그렇게 함으로써, 여러분은 그것을 반복해서 읽음으로써 그럴 것보다 교재를 더 쉽게 기억하고 교재로부터 훨씬 더 많이 배우게 될 것이다.

구문 분석 |

[1행] According to research, [how deeply you process the material {(which[that]) you read}] is more important than [how often you go over it].

▶ 첫 번째 [ ]는 문장의 주어 역할을 하는 간접의문문이다. { }는 선행사 the material을 수식하는 목적격 관계대명사절로, which[that]가 생략되었다. 두 번째 [ ]는 전치사 than의 목적어 역할을 하는 간접의문문이다. it은 the material을 가리킨다.

1 Social lies benefit, serve self-interest
2 serving a good meal makes it easier to persuade people

1

대부분의 사람들이 듣기 좋은 칭찬을 받는 것을 좋아하기 때문에, 사회적 관계는 보통 사람들이 서로에게 칭찬을 해주는 것으로부터 이로움을 얻는다. 이러한 측면에서, 사회적 거짓말은 진실을 말하는 것만큼 이롭다. 그래서 사람들이 "네 새로운 머리 스타일이 너에게 정말 잘 어울린다."와 같은, 추켜올리는 말이지만 현혹시키는 말을 서로에게 하는 것이 흔하다. 사회적 거짓말은 심리적 이유 때문에 하며 자신의 이익과 타인의 이익 모두에 부합한다. 거짓말을 한 사람의 이익은 자신의 거짓말이 다른 사람들을 즐겁게 한다는 것, 혹은 거짓말이 거짓말을 한 사람으로 하여금 어색한 상황을 피하는 데 도움이 된다는 것을 그들이 인식할 때 느끼는 만족감에 의해 부합된다. 그리고 다른 사람들의 이익은 거짓말이 그들을 진실로부터 구해주기 때문에 부합되는데, 항상 진실을 듣는 것이 사람의 자신감과 자존심에 해를 끼칠 수 있기 때문이다.

문제 해설 |

사회적 거짓말을 통해 그 거짓말을 하는 사람과 듣는 사람 모두가 이득을 본다는 내용의 글이므로, Social lies benefit relationships because they serve self-interest as well as the interest of others.(사회적 거짓말은 다른 사람들의 이익뿐만 아니라 자신의 이익에도 부합하기 때문에 관계에 이롭다.)가 요지로 가장 적절하다.

구문 분석 |

[1행] ..., social relationships usually benefit from **people** [giving each other compliments].

▶ [ ]는 전치사 from의 목적어 역할을 하는 동명사구이며 people은 동명사의 의미상 주어이다.

2

속담에서 말하듯이, 배가 마음을 다스린다. 이 사실은 임상적으로 증명되었으며, 그것은 음식이 사실상 원래 마음을 지배하는 약이라는 것을 의미한다. 우리가 먹을 때마다, 우리는 우리의 두뇌에 화학 물질의 향연을 퍼부어 우리가 생각하는 방식에 직접적으로 영향을 미치는 폭발적인 호르몬의 연쇄 반응을 유발한다. 그리고 수많은 연구에 따르면, 좋은 식사로 유발된 긍정적인 감정을 경험하는 사람들은 설득될 가능성이 더 높은데, 이러한 감정들이 제공자에게 보답하려는 본능적인 욕구를 촉발하기 때문이다. 이것이 경영진이 정기적으로 업무 회의와 식사를 결합하는 이유이고, 로비스트들이 정치인들을 환영회, 점심 식사, 저녁 식사에 참석하도록 초대하는 이유이며, 주요 국가 행사가 거의 항상 인상적인 연회를 포함하는 이유이다. 처칠은 이것을 '식사 외교'라고 불렀고, 사회학자들은 이 원리가 모든 인간의 문화에 걸쳐 강력한 동기 부여물이라는 것을 확인해 주어 왔다.

문제 해설 |

좋은 식사로 인해 긍정적인 감정을 경험하는 사람들이 설득될 가능성이 더 높기 때문에 사회적으로 중요한 행사에 식사가 포함된다는 내용의 글이므로, how serving a good meal makes it easier to persuade people(어떻게 좋은 식사를 제공하는 것이 사람들을 설득하는 것을 더 쉽게 만드는가)과 같이 배열하는 것이 가장 적절하다.

구문 분석 |

[2행] Every time we eat, we bombard our brains with a feast of chemicals, [triggering an explosive hormonal chain reaction {that directly influences the way we think}].

▶ [ ]는 부대상황을 나타내는 분사구문이다. { }는 선행사 an explosive hormonal chain reaction을 수식하는 주격 관계대명사절이다. we think는 선행사 the way를 수식하는 관계부사절이다.

p.182

내용 파악 **UNIT 02**
세부 내용 서술

기출 예제

고속 카메라 덕분에, 우리는 너무 빨리 움직여서 우리 눈이 볼 수 없는 것들의 세상을 들여다볼 수 있다. 이 카메라들은 우리 눈보다 수천 배 더 빠른 이미지를 찍음으로써 저속도 촬영술과 반대되는 것을 할 수 있다. 그 결과, 우리는 자연의 기발한 장치 중 많은 것들이 어떻게 작동하는지 볼 수 있다. 예를 들어, 많은 사람들은 잠자리가 자연에서 하늘을 나는 가장 멋진 것이라는 것을 알아차리지 못한다. 그것들은 허공을 맴돌고, 뒤로 날며, 심지어 거꾸로 날 수도 있다. 잠자리의 날개에 표시한 것을 추적함으로써, 우리는 그것들(=날개)이 만들어 내는 공기의 흐름을 시각화할 수 있다. 그리고 고속 촬영술로

얻은 영상은 잠자리가 네 개의 날개 모두를 동시에 서로 다른 방향으로 움직일 수 있음을 드러냈다.

구문 분석 |

[2행] These cameras can do the opposite of time-lapse photography **by shooting** images [that are *thousands of times faster than* our vision].

▶ 「by v-ing」는 '~함으로써'의 의미이다. [ ]는 선행사 images를 수식하는 주격 관계대명사절이다. 「배수사＋비교급＋than ~」은 '~보다 몇 배 더 …한'이라는 의미이다.

---

1 They resemble shadows and make motionless lizards difficult to distinguish from the rocks where they lie.
2 그 예술가와 과학자가 어떻게 서로 상호 간에 유익할 수 있는지 보여주었기 때문이다.

1

미국 남서부의 사막과 건조한 지역에 사는 일곱 종의 뿔도마뱀이 있다. 바로 옆의 환경에 맞게 자신의 색깔을 바꾸는 카멜레온과 달리, 뿔도마뱀은 그들의 환경과 조화를 이루기 위해 그들의 천연색과 무늬에 의존한다. 예를 들어, 뿔도마뱀의 등에 있는 짙은 부분은 그림자를 닮아서, 움직이지 않는 도마뱀을 그들이 있는 바위와 구분하기 어렵게 만든다. 또한, 뿔도마뱀의 단일 종에 속한 것들은 서로 다른 색을 지닐 수 있어 그들이 서로 다른 종류의 지형과 조화를 이룰 수 있도록 한다. 그들 몸의 윤곽의 불규칙적인 형태는 뿔도마뱀이 포식자를 피하는 데 도움이 되는 부가적인 특징인데, 가시가 있는 비늘과 고르지 않은 가장자리는 스스로를 위장하려는 그들의 능력을 강화하기 때문이다.

문제 해설 |

뿔도마뱀의 등에 있는 짙은 부분이 그들에게 도움이 되는 방식은 For example, dark patches ~ difficult to distinguish from the rocks where they lie.에 나타나 있다.

구문 분석 |

[4행] … resemble shadows and **make** motionless lizards **difficult** to distinguish from the rocks [where they lie].

▶ 「make＋O＋OC」는 '~을 …하게 만들다'의 의미로, make의 목적격보어로 형용사가 쓰였다. [ ]는 선행사 the rocks를 수식하는 관계부사절이다.

2

대부분의 예술과 과학의 기초는 공동 작업이다. 셰익스피어는 희곡을 창작하기 위해 당대의 많은 다른 극작가들과 함께 작업을 했던 것으로 여겨진다. 레오나르도 다빈치는 보통 혼자 스케치를 그렸지만, 그는 또한 그림의 더 세밀한 세부 묘사를 완성하기 위해 다른 이들과 공동 작업을 하기도 했다. 예를 들어, 그는 자신의 인체 해부

학 스케치를 완성하기 위해 Pavia 대학교의 교수이자 해부학자인 Marcantonio della Torre와 함께 작업했다. 이 협력 관계는 그 예술가와 과학자가 어떻게 서로 상호 간에 유익할 수 있는지를 보여주었기 때문에 중요했다. 마찬가지로, 마리 퀴리의 연구는 그녀의 남편의 지원에 의해 도움을 받았다. 만약 그들이 협업하지 않았더라면, 그들은 우리가 물리학과 화학에 관해 생각하는 방식을 바꾼 발견물인 라듐을 발견하지 못했을 것이다.

문제 해설 |

레오나르도 다빈치와 Marcantonio della Torre 간의 공동 작업이 중요했던 이유는 This partnership was significant because ~ mutually beneficial to one another.에 나타나 있다.

구문 분석 |

[1행] Shakespeare is believed **to have worked** with many other playwrights of his day [to create his plays].

▶ 협업한 것이 믿어지는(is believed) 것보다 이전에 일어난 일이므로 완료부정사(to have worked)가 쓰였다. [ ]는 목적을 나타내는 부사적 용법의 to부정사구이다.

[7행] **If** they **had** not **worked** together, they **would** not **have discovered** *radium*, [a finding {that changed the way we think about physics and chemistry}].

▶ 「If＋주어＋had p.p., 주어＋조동사의 과거형＋have p.p.」의 가정법 과거완료 구문이 쓰였다. [ ]는 radium과 동격인 명사구이다. { }는 선행사 a finding을 수식하는 주격 관계대명사절이다. we think ~ chemistry는 선행사 the way를 수식하는 관계부사절이다.

p.184

내용 파악 UNIT 03
지칭 내용 및 의미

기출 예제

기업 자문가인 Frans Johansson에 따르면, 메디치 효과는 다양한 배경의 사람들이 함께 일할 때 생기는 신선한 발상과 창의적인 해결책이다. 그 용어는 메디치 가문에서 유래한다. 15세기에, 그들은 여러 국가 출신의 다양한 예술가와 과학자 집단을 결속시킴으로써 르네상스를 지원했다. 아마 르네상스의 성공으로 이어진 것은 이 서로 다른 집단들이 서로 지속적인 접촉을 한 것이었을 것이다. Johansson은 같은 규칙이 사업에도 적용된다고 생각한다. 회사 안에서 혁신을 촉진하고 어려운 문제를 해결하기 위해서, 그녀는 다양한 전문 지식, 경험, 그리고 문화적 배경을 가진 사람들을 서로 어울리게 하는 것이 핵심이라고 생각한다. 그러니, 만약 여러분의 직원들이 여러분의 사업체가 직면한 문제를 해결하지 못하면, 여러분은 팀의 재능과 기량을 확장하고 다양화하는 것을 검토해야 할지도 모른다.

구문 분석 |

[1행] …, the Medici Effect is the fresh ideas and creative solutions [that come about {when people from different

backgrounds work together}].
▶ [ ]는 선행사 the fresh ideas and creative solutions를 수식하는 주격 관계대명사절이다. { }는 관계대명사절 속의 부사절이다.

1 calling people we haven't spoken to in ages
2 빠르게 내린 결정이 더 나은 결과로 이어질 수 있다는 것

1

너무나도 흔히, 우리는 친구와 가족과 다시 연결되기 전까지 수개월 혹은 심지어 수년을 기다린다. 그러다 갑자기 어느 날, 우리는 그 관계를 존속시키기 위해 그들에게 다시 연락하기로 결심한다. 우리는 우리가 오랫동안 이야기하지 않았던 사람들에게 전화하는 것이 그 모든 잃어버린 시간을 만회할 수 있다고 기대한다. 유감스럽게도, 이것을 하는 것은 성공적이지 못한 경향이 있다. 만약 노트북 배터리가 책상 서랍 안에서 너무 오랫동안 충전되지 않고 사용되지 않으면, 그 것은 수명이 다할 것이며, 관계도 마찬가지이다. 노트북 배터리처럼, 우리의 관계도 정기적인 충전이 필요하다. 우리 관계의 건강한 수명을 연장하기 위해서, 우리는 우리의 친구들에게 정기적으로 연락해야 한다. 물론, 이것은 단지 당신이 친구와 마지막으로 이야기한 지 오래되었다고 해서 당신의 친구에게 전화해야 한다는 뜻은 아니다. 오히려, 그것은 건강한 관계는 한결같은 의사소통의 실천을 통해 유지된다는 것을 상기시켜 주는 것일 것이다.

문제 해설 |
밑줄 친 this는 앞에 언급된 calling people we haven't spoken to in ages를 가리킨다.

구문 분석 |
[2행] Then, out of the blue one day, we decide to contact them again [to **keep** the relationship **alive**].
▶ [ ]는 목적을 나타내는 부사적 용법의 to부정사구이다. 「keep+O+OC」는 '~가 …하게 유지하다'의 의미로, to keep의 목적격보어로 형용사가 쓰였다.

2

대부분의 사람들은 신속하게 하는 인식을 의심한다. 흔히 결정의 질은 결정을 내리는 데 쓰인 시간과 노력과 직접적으로 관련되어 있다고 여겨진다. 우리는 심지어 '돌다리도 두드려 보고 건너라', '멈춰서 생각하라', '겉만 보고 판단하지 마라'와 같은 구절들로 우리 자신에게 이를 납득시키려고 한다. 우리는 우리가 계속해서 정보를 모으고 신중한 숙고에 가능한 한 많은 시간을 쓰면 항상 더 나을 것이라고 생각한다. 하지만 특히 시간에 쫓기는 중대한 상황 속에서 서두르는데도 일을 망치지 않는 순간이 있다. 생존자들은 우리의 성급한 판단과 첫인상이 때때로 세상을 이해하는 데 더 나은 수단을 제공할 수 있다는 이해를 기반으로 신속하게 인식하는 능력을 발전시키고 연마했다.

문제 해설 |
심사숙고할수록 더 나은 결정을 내릴 수 있을 것이라는 통념과 달리, 신

속한 판단이 더 나은 결과를 가져오는 경우가 있다는 내용의 글이므로, haste does not make waste(서두르는데도 일을 망치지 않는다)가 의미하는 바는 '빠르게 내린 결정이 더 나은 결과로 이어질 수 있다는 것'으로 볼 수 있다.

구문 분석 |
[1행] **It** is commonly believed [that the quality of a decision is directly related to the time and effort {that was spent on making *it*}].
▶ It은 가주어이고 that절인 [ ]가 진주어이다. { }는 선행사 the time and effort를 수식하는 주격 관계대명사절이다. it은 a decision을 가리킨다.

p.186

어법 어휘 UNIT 04
문장 전환

기출 예제 |
과학은 우주의 불가사의한 것들에 대한 답을 찾는 수많은 방법 중 단지 하나이지만, 그것은 독특한 것이다. 자신의 생각의 진실이나 허위를 입증하기 위해, 과학자들은 매우 논리적인 체계를 따른다. 그것은 그들이 반복해서 그들의 모든 연구 결과와 이론들을 시험해야 하는 것을 필요로 한다. 이전의 생각들은 과학자들이 완전히 설명할 수는 없는 새로운 정보를 찾을 때 대체된다. 각각의 발견은 다른 과학자들이 그것을 그들의 연구에 포함하기 전에 그들(=다른 과학자들)에 의해 신중하게 검토된다. 이런 방식으로, 과학자들은 그들의 이론에 있는 어떤 실수든 바로잡으면서 이전의 발견들을 기반으로 발전시켜 나갈 수 있다. 과학자들은 새롭고 개선된 과학 지식을 갖고 있기 때문에, 그들은 여러 가지 유용한 장치들을 만들 수 있으며, 우리의 삶을 훨씬 더 쉽고 편리하게 만들어줄 수 있다.

구문 분석 |
[3행] It **requires** [that they (should) repeatedly **test** any and all of their findings and theories].
▶ 주장, 요구, 제안, 명령 등을 나타내는 동사의 목적절에서 동사는 「(should+)동사원형」의 형태로 쓴다.

1 If it were not for this hole, the kite would not be easy to control.
2 So frogs must remain near the water where they can take a dip every now and then to keep from drying out.

1

방패연은 한국의 연 중 가장 인기 있는 종류이며, 그것은 단순해 보이긴 하지만 사실 한국에서 가장 날리기 어려운 연 중 하나이다. 전통 한지로 덮여 있는 이 독특한 직사각형의 연은 다섯 개의 대나무살로 만들어진다. 방패연은 중앙에 동그란 구멍이 있다는 점에서 다른

나라의 연과 다른데, 그것의 지름은 연의 너비의 절반이다. 이 구멍은 연을 통과하는 공기의 흐름을 조절한다. 바람이 구멍을 통해 전면에서 후면으로 이동하는데, 이는 당신이 연을 매우 재빠르게 돌릴 수 있게 해준다. 이 구멍이 없다면, 연은 통제하기에 쉽지 않을 것이다. 게다가, 그 구멍은 강한 바람에 의해 연이 망가지는 것을 막아준다. 방패연이 보여주듯이, 많은 평범한 물건들은 흔히 대단히 흥미로운 과학 원리에 따라 작용한다.

문제 해설 |

밑줄 친 문장에서 주절의 동사가 「조동사의 과거형+동사원형」의 형태인 것으로 보아 해당 문장이 가정법 과거 구문임을 알 수 있다. 가정법 과거 구문에서 Without은 '~이 없다면'의 의미로, If it were not for로 바꿔 쓸 수 있다. 따라서 If it were not for this hole, the kite would not be easy to control.과 같이 쓰는 것이 알맞다.

구문 분석 |

[3행] *Bangpaeyeon* is different from kites in other countries **in that** it has a circular hole in the center, [the diameter of which is half the width of the kite].

▶ in that은 '~라는 점에서'라는 의미이다. [ ]는 선행사 a circular hole in the center에 대한 부연 설명을 하는 계속적 용법의 관계대명사절이다.

2

과학자들에 따르면, 개구리는 아마도 물에 사는 조상들로부터 진화했을 것이다. 최초의 개구리가 육지로 올라올 수 있게 되자마자, 그들은 그곳에서 먹이와 살 곳을 이용할 수 있었다. 그렇기는 하지만, 개구리는 여전히 물과 밀접하게 관련되어 있다. 개구리의 폐는 다소 약해서 개구리는 피부를 통해 호흡함으로써 일부 산소를 얻어야 한다. 하지만 이런 종류의 '호흡'이 잘 이뤄지기 위해서는 그들의 피부가 계속 촉촉해야 한다. 그래서 개구리는 물의 근처에 있어야 한다. 그들은 건조해지는 것을 막기 위해 때때로 물에 몸을 담글 수 있다. 게다가, 개구리는 물속에 알을 낳아야 한다. 그리고 물속에서 낳은 알은 살아남으려면 물에 사는 생물로 성장해야 한다. 따라서, 개구리에게 있어서 탈바꿈은 물에 사는 어린 형체와 육지에 사는 성체 간의 다리를 제공한다.

문제 해설 |

밑줄 친 두 문장에 장소를 나타내는 명사 the water가 공통으로 쓰였으므로 두 번째 문장에서 장소의 부사구 in the water를 관계부사 where로 바꿔 두 문장을 하나로 연결한다. 선행사 the water 뒤에 where가 이끄는 관계부사절을 써야 하므로 So frogs must remain near the water where they can take a dip every now and then to keep from drying out.과 같이 쓰는 것이 알맞다.

구문 분석 |

[4행] But their skin has to remain **moist** *in order* **for this type of "breathing"** *to work* well.

▶ remain 뒤에 주격보어로 형용사 moist가 왔다. 「in order to-v」는 '~하기 위해'라는 의미이며, for this type of "breathing"은 to부

정사의 의미상 주어이다.

p.188

어법
어휘 UNIT 05
어법

기출 예제

지적 겸손이란 여러분이 인간에 불과하고 세상에 관한 제한된 지식을 가지고 있다는 것을 인정하는 것이다. 이러한 종류의 겸손은 여러분의 개인적인 편견이 흔히 여러분으로 하여금 여러분의 의견이 다른 사람들의 의견보다 우월하다고 믿게 만든다는 것을 인정하는 것을 포함한다. 지적 겸손은 여러분이 더 객관적인 결정을 할 수 있도록 이러한 편견들을 극복하기 위해 의식적인 노력을 하는 것을 의미한다. 그것은 또한 다양한 사람들과 출처로부터 나온 정보를 고려하는 데 더 개방되어 있기 위해 노력하는 것을 의미한다. 지적 겸손을 실천하는 사람들은 자신이 그러는 것과 다르게 생각하는 사람들로부터 기꺼이 배우고자 할 가능성이 더 높다. 그리고 그들은 일반적으로 다른 사람들에게 인기 있고 존중받는데, 그들이 다른 사람들의 관점에 관해 신경을 쓴다는 것을 분명히 하기 때문이다. 그러한 사람들은 자신의 자기중심적인 우월감보다는 진실과 공익에 더 관심 있어 한다.

구문 분석 |

[6행] People [who practice intellectual humility] are more likely to be willing to learn from **those who** think differently than they do.

▶ [ ]는 선행사 People을 수식하는 주격 관계대명사절이다. 「those who ~」는 '~하는 사람들'이라는 의미이다.

1 (A) to check (B) works (C) assessing
2 (A) in which[that] / 선행사 many ways가 있고 뒤에 완전한 문장이 이어지므로 「전치사+관계대명사」의 형태인 in which나 관계부사를 대신하는 that으로 고쳐야 한다.
(B) be caused / 기후 변화가 초래되는 대상이므로 수동태 be caused로 고쳐야 한다.
(C) carrying / 항공기는 여행자들을 실어 나르는 주체이므로 능동의 의미를 나타내는 현재분사 carrying으로 고쳐야 한다.

1

여러분은 다른 과학자의 연구 결과를 살펴볼 때 늘 비판적으로 생각해야 한다. 결과들이 합리적이고 반복될 수 있는지, 그리고 정보의 출처가 신뢰할 만한지 확인하는 것이 좋다. 또한, 여러분은 그 연구원들이 편파적이지 않은지 알아내야 한다. 만약 연구원들이 편파적이지 않다면, 그것은 그들이 실험의 결과에 특별한 이해관계가 전혀 없다는 것을 의미한다. 예를 들어, 만약 한 제약회사가 그 회사의 약 중 하나가 얼마나 잘 작용하는지 시험해 보기 위해 실험 비용을 지불하기로 결정한다면, 이는 관련된 특별한 이해관계가 있음을 나

타낸다. 이는 그 회사가 만약 자사 약의 효험을 증명할 수 있으면 이득을 보기 때문이다. 결과적으로, 그 실험자들은 객관적이지 못하게 될 가능성이 크다. 그들은 단지 그 제약회사에 이익이 되는 긍정적인 결론만을 보여줄지도 모른다. 그러니 과학적인 연구 결과를 평가할 때, 실험에 있을 수 있는 편향을 고려할 것을 결코 잊지 마라.

문제 해설 |

(A) 가주어 It이 있으므로 check를 It에 대한 진주어 역할을 할 수 있는 to부정사 to check로 고쳐야 한다.
(B) how가 이끄는 간접의문문의 동사 자리로, 주어가 「one of+복수 명사」의 형태이므로 단수 취급해야 한다. 따라서, work를 단수 동사 works로 고쳐야 한다.
(C) 접속사 when이 이끄는 부사절의 주어가 명령문인 주절의 생략된 주어 you와 같아 「주어+be동사」가 생략된 형태로, assess를 assessing으로 고쳐야 한다.

구문 분석 |

[7행] As a result, there's **a high likelihood** [that the experimenters will fail to be objective].
▶ [ ]는 a high likelihood와 동격인 명사절이다.

2

관광업이 기후 체계 변화의 많은 요인들 중 하나라는 것을 듣는 것은 놀라울 수도 있다. 하지만 사실 관광업이 기후 변화에 영향을 미치는 많은 방식들이 있다. 예를 들어, 숲과 자연 지역을 다른 구조물들로 대체하는 것은 지역의 기후에 영향을 미칠 수 있다. 이러한 기후 변화들은 또한 토지 개간 활동 중에, 또는 공사장에 동력을 공급하는 엔진들에 의해 초래될 수도 있다. 시간이 지나면서, 이렇게 국지적으로 집중된 인간의 활동 중 많은 것은 지역적인 규모로, 그리고 전 세계적인 규모로 기후에 영향을 미칠 수도 있다. 그것들은 흔히 전 세계의 여행자들을 실어 나르는 항공기에서 나오는 배기가스를 발생시키는 곳들과 같은, 보다 세계적인 기업들의 부정적인 영향을 악화시킨다.

구문 분석 |

[1행] **It** may be surprising [to hear {that tourism is one of the many contributors to changes in the climate system}].
▶ It은 가주어이고 to부정사구인 [ ]가 진주어이다. { }는 to hear의 목적어 역할을 하는 명사절이다.

p.190

어법 어휘 UNIT 06
어휘

기출 예제

일부 심해 생물은 그들의 먹이가 매우 좋아하는 물고기의 움직임을 모방하는 작은 빛으로 그 먹이를 유혹하는 데 생물 발광을 사용하

고, 반면 다른 것들은 그것을 짝을 찾기 위한 성적 유인 물질로 사용한다. 생물 발광의 생존가에 대한 많은 가능한 진화 이론이 있긴 하지만, 가장 흥미로운 것 중 하나는 보이지 않는 망토를 만드는 것이다. 거의 모든 생물 발광 분자의 색깔은 바다 위층과 같은 색인 청록색이다. 청록색으로 자체 발광함으로써, 생물은 특히 위쪽의 더 밝은 물을 배경으로 아래에서 보여질 때 더 이상 그림자를 드리우거나 실루엣을 만들어 내지 않는다. 오히려 자신을 빛냄으로써, 그들은 햇빛 혹은 달빛의 반짝임, 반사, 그리고 분산된 청록색 빛에 섞일 수 있다. 따라서, 그들은 아마 아래에서 다가오는 포식자들로부터 탁 트인 바다에서 자신을 드러내기(→ 감추기) 위해 빛을 내고 있는 것 같다.

구문 분석 |

[6행] By self-glowing blue-green, the creatures no longer **cast** a shadow or **create** a silhouette, especially [when (they are) viewed from below against the brighter waters above].
▶ 동사 cast와 create가 등위접속사 or로 병렬 연결되었다. [ ]는 시간을 나타내는 부사절로, 접속사 when 뒤에 「주어+be동사」인 they are가 생략되었다.

1 (1) ③ → eliminated (2) ⑤ → perceived
2 interaction

1

복종 훈련은 개가 조련사로부터 주어진 신호에 특정한 행동을 하도록 가르치는 것을 포함한다. 이러한 행동은 주인의 옆에 앉는 것만큼 간단하거나, 일련의 방해물 혹은 장애물을 처리한 후에 특정한 물건을 되찾아오는 것만큼 복잡할 수도 있다. 그 신호는 언어적이거나, 비언어적이거나, 혹은 그 둘의 조합일 수도 있다. 초보적인 복종 지시는, 개가 언어적 명령과 그에 수반하는 수신호에 응답하도록 가르치는 것을 포함한다. 나중에, 개가 배워감에 따라 음성 언어는 추가될(→ 제거될) 수 있다. 일부 조련사들은 동물을 매우 전문적으로 훈련시켰기 때문에, 그 개는 한 차례의 눈동자 굴림, 혹은 손가락을 살짝 구부림과 같은 가장 사소한 비언어적 신호에 반응한다. 이러한 신호들은 보고 있는 사람들에 의해서는 무시될(→ 감지될) 수 없겠지만, 온전한 주의가 주인에게 집중되어 있는 훈련된 개에게는 그것들이 쉽게 인식될 수 있다.

문제 해설 |

③ 뒤의 문장에서 전문적인 훈련을 받은 동물은 가장 사소한 비언어적 신호에도 반응한다는 내용이 이어지므로, 개가 배워감에 따라 음성 언어는 제거될 수 있다는 내용이 자연스럽다. 따라서, added(추가된)를 eliminated(제거된)와 같은 말로 바꿔 써야 한다.
⑤ 역접의 접속사로 연결된 절에서 훈련된 개들은 이러한 (비언어적) 신호들을 쉽게 알아차릴 수 있다는 내용이 이어지므로, 보고 있는 사람들에 의해서는 비언어적 신호가 감지될 수 없겠다는 내용이 자연스럽다. 따라서, ignored(무시된)를 perceived(감지된)와 같은 말로 바꿔 써야 한다.

[2행] These behaviors may be **as simple as** [sitting at the owner's side] or **as elaborate as** [retrieving a specific object …].

▶ 「as+형용사/부사+as」는 원급 비교 구문으로, '~만큼 …한/하게'의 의미를 나타낸다. 두 개의 [ ]는 각각 앞의 전치사 as의 목적어 역할을 하는 동명사구이다.

2

경제적인 관점에서 볼 때, 단기간의 행사가 사람들에게, 특히 그 지역의 외부 사람들에게 판매될 수 있는 상품과 서비스를 만들어 낸다면 혁신적인 행사가 될 수 있다. 예술 전시회, 문화 축제 그리고 스포츠 경기가 그러한 행사의 예인데, 그것들이 많은 수의 외부인을 지역으로 끌어들여 새로운 수입원을 가져올 수 있는 일시적인 활동이기 때문이다. 그러나 심지어 여기에서도, 행사와 맥락 간에 쌍방향의 상호 작용이 있다. 한 활동에 이용 가능한 사회 기반 시설뿐만 아니라 그 활동의 명성이나 역사도 행사의 경제적 성공 또는 실패에 영향을 미칠지도 모른다. 다시 말해서, 행사들은 진공 상태에서 열리지 않는다. 그것들은 오랜 시간 동안 만들어져 왔던 기존의 맥락에 의존한다. 그러므로, 단기간의 행사는 이러한 장기간의 맥락과 관련하여 시행될 것이다.

문제 해설 |

'사람이나 사물이 서로에게 반응하거나 서로 영향을 미치는 과정'이라는 의미의 단어는 interaction(상호 작용)이다.

구문 분석 |

[6행] The reputation or history of an activity, **as well as** the infrastructure available for it, may influence the economic success or failure of the event.

▶ 「B as well as A」는 'A뿐만 아니라 B도'라는 의미이다.

p.192

영작 | **UNIT 07**
단어 배열

기출 예제

우리는 다른 사람들과 논쟁을 하게 될 때 화를 내기 쉽다. 우리는 침착함을 유지해야 한다는 것을 알지만, 말하는 것이 행하는 것보다 훨씬 더 쉽다[말하는 것보다 행하기가 훨씬 더 어렵다]. 그러나, 상대방이 여러분을 화나게 하려고 하는 것일 수도 있다는 점을 기억하는 것이 중요하다. 그들은 여러분을 화나게 하기 위해 의도적으로 고안된 말을 하고 있을지도 모른다. 그들은 만약 자신들이 여러분의 침착함을 잃게 한다면 여러분이 어리석게 들리는 말을 할 것이라는 것을 안다. 여러분은 그저 화를 낼 것이며, 그러면 여러분이 그 논쟁에서 이기는 것은 불가능할 것이다. 그러니 속아 넘어가지 마라. 여러분의 화를 불러일으키기 위해 어떤 발언이 나올지도 모르지만, 여러분의 대응은 제기된 문제에 초점을 맞추는 침착한 답변이어야 한다. 이것이 가장 효과적인 반응인 것 같다. 정말로, 어떤 주의 깊은 청자든 여

러분이 미끼를 물지 않았다는 사실에 감탄할 것이다.

구문 분석 |

[6행] A remark may be made [to cause your anger], but your response should be a cool answer [that focuses on the issue **raised**].

▶ 첫 번째 [ ]는 목적을 나타내는 부사적 용법의 to부정사구이다. 두 번째 [ ]는 선행사 a cool answer를 수식하는 주격 관계대명사절이다. raised는 the issue를 수식하는 과거분사이다.

1 enjoy having a stranger grab their hand and drag them
2 Perhaps even more striking is the experience of wine tasters.

1

여러분이 사업의 매출을 늘리려고 하는 상점 주인이라고 상상해 보라. 만약 여러분이 고객의 손을 잡고 그들에게 구매를 고려하도록 하고 싶은 모든 훌륭한 제품들을 가리키면서 여러분의 상점 안 여기저기로 그들을 안내할 수 있다면 좋지 않을까? 그러나, 대부분의 사람은 특히 낯선 사람이 그들의 손을 잡고 그들을 상점 안 여기저기로 끌고 다니게 하는 것을 즐기지 않을 것이다. 대신에 여러분을 위해 상점이 직접 그것을 하게 하라. 쇼핑객들이 많은 다양한 매장 또는 상품이 있는 곳을 보도록 하는, 상점을 관통하는 중앙 통로를 두라. 이 통로는 여러분의 고객들에게 여러분이 그들이 걸었으면 하고 바라는 경로로 계산대까지 내내 안내한다.

문제 해설 |

enjoy는 목적어로 동명사를 취하므로 enjoy 뒤에 having이 이끄는 동명사구를 쓰며, having의 목적격보어인 동사원형 grab과 drag가 등위접속사 and로 병렬 연결되도록 문장을 배열한다.

구문 분석 |

[1행] Wouldn't it be nice if you **could take** your customers by the hand and **(could) guide** them through your store [while pointing out all the great products {(that) you would like them to consider buying}]?

▶ if절의 동사 could take와 (could) guide가 등위접속사 and로 병렬 연결되었다. [ ]는 시간을 나타내는 분사구문이며 뜻을 명확하게 하기 위해 접속사를 생략하지 않았다. { }는 선행사 all the great products를 수식하는 목적격 관계대명사절로, 관계대명사 that이 생략되었다.

2

시각적인 입력 정보가 어떻게 맛과 냄새를 억제할 수 있는지는 놀라울 수 있다. 예를 들어, 만약 초록색 빛깔의 오렌지 맛 음료와 같이 색깔이 잘못되어 있다면, 사람들은 과일 맛이 나는 음료를 정확하게 식별하는 것이 매우 어렵다는 것을 알게 된다. 아마 포도주 맛을 감

정하는 사람들의 경험은 훨씬 더 인상적일 것이다. 한 연구는 포도주와 포도주 제조에 관해 공부하는 대학생들이 붉은색 색소로 물들인 백포도주를 받았을 때, '자두와 초콜릿'과 같은 적포도주에 적합한 시음표를 선택했음을 드러냈다. 숙련된 뉴질랜드 포도주 전문가들도 마찬가지로 백포도주인 Chardonnay가 붉은색 색소로 물들여졌을 때, 속아서 그것이 실제로 적포도주라고 생각하게 되었다.

문제 해설 |

Perhaps 뒤에 보어 even more striking을 쓰고, 이어서 주어와 동사를 도치시켜 is the experience of wine tasters와 같이 쓴다.

구문 분석 |

[1행] For example, people find **it** very difficult [to correctly identify fruit-flavored drinks] if the color is wrong, such as an orange-flavored drink [that is colored green].

▶ it은 동사 find의 가목적어이고, 첫 번째 [ ]가 진목적어 역할을 하는 to부정사구이다. 두 번째 [ ]는 선행사 an orange-flavored drink를 수식하는 주격 관계대명사절이다.

p.194

영작 — UNIT 08
영작

기출 예제

인간과 동물의 욕구는 서로 엄청나게 다르다. 동물은 위장으로, 사람은 뇌로 먹는 경향이 있다. 배가 부르면 동물은 먹는 것을 멈추지만, 인간은 언제 멈춰야 할지 결코 확신하지 못한다. 인간이 배에 담을 수 있는 만큼 많이 먹었을 때, 그들은 여전히 추가적인 만족감에 대한 충동을 느낀다. 이것은 주로 식량의 지속적인 공급이 불확실하다는 인식 때문이다. 그러므로, 그들은 그들이 할 수 있는 동안 가능한 한 많이 먹는다. 그것은 또한 불안정한 세상에서 즐거움이 불확실하다는 인식 때문이다. 따라서, 즉각적인 먹는 즐거움은 설령 그것이 소화를 저해하더라도 이용되어야 한다.

구문 분석 |

[2행] Animals tend to eat with their stomachs, and humans (tend to eat) with their brains.

▶ humans 다음에 반복되는 어구 tend to eat이 생략되었다.

---

1 allows children to learn social behaviors, helps them (to) acquire values
2 not only to make its content interesting but also to send it out

---

1

동물과 인간은 모두 놀이 활동에 참여한다. 동물에게 있어, 놀이는 생존에 필요한 기술과 행동을 학습하고 연습하는 방식으로 오랫동안 여겨져 왔다. 아이들에게 있어서도, 놀이는 성장하는 동안 중요한 기능을 한다. 유아기의 가장 초기부터, 아이들은 놀이를 통해 세상과 그 안에서의 그들의 위치에 관해 배운다. 아이들의 놀이는 걷기, 달리기, 그리고 뛰어오르기와 같은 신체능력들을 발달시키기 위한 훈련의 토대로서의 역할을 하는데, 그것들(=걷기, 달리기, 뛰어오르기와 같은 신체능력들)은 매일의 삶에 필요하다. 놀이는 또한 아이들이 사회적 행동을 배우게 해주고, 그들이 성인기에 중요할 가치를 습득하도록 도와준다. 예를 들어, 그들은 다른 사람들과 경쟁하고 협력하는 방식, 이끌고 따르는 방식, 결정하는 방식 등을 배운다.

문제 해설 |

'~가 …하게 해주다'의 의미는 「allow+O+to-v」를 활용하여 나타내며 '~가 …하도록 도와주다'의 의미는 「help+O+(to-)v」를 활용하여 나타낸다. 주어가 Play로 단수이므로 각 동사를 단수 동사 allows와 helps로 쓴다. 첫 번째 빈칸에는 동사 allows 뒤에 목적어 children과 목적격보어인 to부정사구 to learn social behaviors를 쓴다. help는 목적격보어로 to부정사와 동사원형 둘 다 취할 수 있으므로 두 번째 빈칸에는 동사 helps 뒤에 목적어 them과 목적격보어 (to) acquire values를 쓴다.

구문 분석 |

[4행] Children's play serves as a training ground for [developing physical abilities like walking, running, and jumping], [which are necessary for everyday living].

▶ 첫 번째 [ ]는 전치사 for의 목적어 역할을 하는 동명사구이다. 두 번째 [ ]는 선행사 physical abilities like walking, running, and jumping에 대한 부연 설명을 하는 계속적 용법의 관계대명사절이다.

2

당신이 제가 귀사에서 보냈던 때의 저를 기억하신다면 좋겠습니다. 저는 현재 다른 회사들과의 구직 면접 일정을 잡고 있는데, 귀하의 도움이 필요합니다. 저는 제 이전 관리자인 Sophia Johnson 씨와 연락을 취하려고 노력해왔지만, 듣자 하니 그분이 장기 휴가로 자리를 비우신 것 같습니다. 그분 밑에서 일할 때, 저는 사보를 맡고 있었습니다. 저는 그것의 내용을 흥미롭게 만들기 위해서뿐만 아니라 그것을 정기적으로 발송하기 위해서도 열심히 일했습니다. Johnson 씨는 늘 저에게 긍정적인 평가를 주셨는데, 그것을 그분은 제 직원 기록에 남겨 놓으셨습니다. 그 까닭에, 저는 추천서를 기대하고 있었습니다. 바쁘신 줄 알지만, 그것이 제게 매우 도움이 될 것입니다. 이것이 가능한지 제게 알려주시기 바랍니다.

문제 해설 |

「not only A but also B」구문을 사용하라는 조건과 A와 B 자리에 to부정사를 사용하라는 조건이 있으므로 목적을 나타내는 부사적 용법의

to부정사를 써서 나타낸다. A 자리에는 「동사(make)+목적어+목적격보어(형용사)」 구문을 활용하여 to make its content interesting을 쓴다. 동사구의 목적어가 대명사인 경우 「동사+대명사+부사」의 어순으로 써야 하므로 B 자리에는 to send it out을 쓴다.

구문 분석 |

[5행] Ms. Johnson always gave me positive evaluations, [which she placed in my employee records].

▶ [ ]는 선행사 positive evaluations에 대한 부연 설명을 하는 계속적 용법의 관계대명사절이다.

p.196

빈칸 UNIT 09
빈칸 채우기

기출 예제

많은 연구들이 민족 관계가 사람들의 건강과 주관적 행복에 영향을 미칠 수 있다는 것을 보여줘 왔다. 소수 집단의 구성원들이 일반적으로 다수 집단의 구성원들보다 더 좋지 않은 건강 결과를 지닌다. 그러나 사회 계층과 의료 서비스에 대한 접근성 같은 명백한 요소들이 통제될 때조차도 그러한 차이는 남아있다. 이것은 우세 관계가 사람들의 건강에 그 자체의 영향을 미친다는 것을 시사한다. 그것이 어떻게 사실일 수 있을까? 다수의 생리학적 연구를 통해, 우리는 실험실의 비교적 안전한 환경에서조차도 다른 민족적-인종적 범주의 구성원들과 마주치는 것이 스트레스 반응을 유발한다는 것을 안다. 소수 집단의 개인들은 다수 집단의 개인들과 많은 마주침을 가지는데, 각각의 이 마주침은 그러한 반응을 유발할지도 모른다. 그러니 이러한 영향이 아무리 작더라도 그것의 빈번한 발생이 총체적 스트레스를 증가시킬지도 모르는데, 이는 소수 집단 개인들의 건강상 불이익의 일부를 설명해 줄 것이다.

구문 분석 |

[9행] So **no matter how minimal** these effects may be, their frequency may increase total stress, [which would account for part of the health disadvantage of minority individuals].

▶ 「no matter how+형용사/부사」는 '아무리 ~하더라도'라는 양보의 의미를 나타내며, no matter how는 복합관계부사 however로 바꿔 쓸 수 있다. [ ]는 앞 절 전체를 선행사로 하는 계속적 용법의 관계대명사절이다.

1 differences 2 size

1

각 동물의 종은 서로 다른 범주의 냄새를 감지할 수 있다. 그러나 그것들 중 어떤 종도 그것이 사는 환경에 존재하는 모든 분자를 감지할 수는 없는데, 우리는 냄새를 맡을 수 없지만 몇몇 다른 동물들은 그

럴 수 있는 몇 가지 것들이 있고, 그 반대의 경우도 있다. 어떤 냄새를 맡을 수 있는 능력이나 그것이 얼마나 좋은 것 같은지에 관하여, 개체들 사이의 차이 역시 존재한다. 예를 들어, 어떤 사람들은 고수의 맛을 좋아하는 반면, 다른 사람들은 그것을 비누 같고 불쾌하다고 여긴다. 이러한 결과에는 우리의 후각을 조절하는 유전자의 차이로 인한 근본적인 유전적 요소가 있다. 궁극적으로, 특정 종에 의해 감지된 냄새들의 집합 그리고 그 냄새가 어떻게 인식되는지는 그 동물의 생태에 달려 있을 것이다. 그것의 고유한 반응 도표를 통해, 그 동물은 특정한 냄새의 정확한 위치를 찾고 그에 따라 반응할 것이다.

문제 해설 |

빈칸 앞에서는 각 종의 동물들이 서로 다른 범주의 냄새를 감지할 수 있다며 종 간의 차이를 언급했고, 빈칸 뒤에서는 어떤 사람들은 고수의 맛을 좋아하는 반면에 다른 사람들은 그것을 불쾌하다고 여긴다는 내용의 예시가 언급되었으므로 빈칸에는 differences(차이)가 가장 적절하다. There are로 시작하는 문장의 주어 자리이므로 복수 명사로 써야 한다.

구문 분석 |

[2행] … there are some things [that we cannot smell] but [that some other animals can (smell)], and vice versa.

▶ 두 개의 [ ]는 선행사 some things를 수식하는 목적격 관계대명사절이다. can 뒤에 반복되는 단어 smell이 생략되었다.

2

최근의 연구는 진화하는 인간의 개와의 관계가 두 종 모두의 뇌 구조를 바꿨다는 것을 시사한다. 사육에 의해 야기된 다양한 신체적 변화들 중 하나는 뇌 크기에 있어서의 감소인데, 말은 16%, 돼지는 34%, 그리고 개는 10에서 30% 감소했다. 이러한 동물들이 보살핌을 위해 인간에게 의존하기 시작했을 때, 그들은 생존하는 데 더 적은 뇌 기능을 필요로 했다. 결과적으로, 그러한 동물들은 더 이상 그들의 야생 조상들이 그러했던(=필요로 했던) 기술들 중 많은 것이 필요하지 않았는데, 이는 그러한 능력들과 관련된 뇌의 부위들의 상실로 이어졌다. 유사한 과정이 인간에게 나타났는데, 그들은 늑대에 의해 길들여졌던 것으로 보인다. 약 만 년 전, 개의 역할이 대부분의 인간 사회에서 확실하게 자리잡았을 때, 인간의 뇌도 약 10% 작아졌다.

문제 해설 |

빈칸에는 사육으로 인해 뇌의 무엇이 감소되었는지를 묘사하는 말이 와야 한다. 인간이 동물들을 사육하게 되면서 그 동물들이 생존하는 데 더 적은 뇌 기능이 필요하게 되었고, 그 결과 관련된 뇌의 부위들을 상실하게 되었다고 했으며, 유사한 과정이 인간에게 나타나자 인간의 뇌가 작아졌다고 했으므로 빈칸에는 size(크기)가 가장 적절하다.

구문 분석 |

[5행] As a result, such animals no longer needed many of the skills [(which[that]) their wild ancestors **did**], [which led to the loss of parts of the brain {related to those capacities}].

▶ 첫 번째 [ ]는 선행사 the skills를 수식하는 목적격 관계대명사절로 which[that]가 생략되었다. did는 needed를 대신하는 대동사이다. 두 번째 [ ]는 앞 절 전체를 선행사로 하는 계속적 용법의 관계대명사절이다. { }는 parts of the brain을 수식하는 과거분사구이다.

p.198

빈칸 UNIT 10
요약문

기출 예제

세계화로 인해, 전 세계의 많은 전통이 도전을 받고 있다. 인도도 이 추세에서 예외는 아니지만, 점심으로 집에서 요리한 식사를 먹는 관습은 여전히 계속되고 있다. 뭄바이에서는 dabbawala(다바왈라)라고 불리는 배달원들이 거의 매일 근로자들에게 따뜻한 점심 도시락을 배달한다. dabbawala 조직은 팀워크와 낮은 운영비 그리고 고객 만족에 의존하는 단순하고 효율적인 배달 체계를 이용한다. 그러므로 전 세계의 경영 대학원과 대기업이 dabbawala 체계에서 배우는 것은 놀랍지 않다. 오늘날, 대부분의 사람들은 기술의 혜택 없이 운영되는 효율적인 배달 체계를 상상할 수 없다. 그러나 dabbawala는 어떤 기술도 사용하지 않는데, 이는 옛날 방식 중 일부가 여전히 최고의 방식일 수도 있다는 것을 입증한다.

구문 분석 |

[9행] Dabbawalas, however, don't use any technology, [which demonstrates {that some of the old ways may still be the best ways}].

▶ [ ]는 앞 절 전체를 선행사로 하는 계속적 용법의 관계대명사절이다. { }는 demonstrates의 목적어 역할을 하는 명사절이다.

1 (A) creative (B) thought
2 affects the tendency for someone to disclose personal information to others

1

생각은 본질적으로 생존 기계이다. 생각은 정보를 수집하고, 저장하고, 분석하는 것뿐만 아니라 다른 생각에 맞서 공격하고 방어하는 것을 잘하기는 하지만, 그것은 전혀 창의적이지 않다. 모든 진정한 예술가들은 생각이 없는 상태, 즉 내적인 고요함 속에서 창작을 한다. 심지어 위대한 과학자들조차도 그들의 창의적인 돌파구는 마음의 정적의 시간에서 생겨났다고 말했다. 실제로, 미국의 가장 유명한 수학자들을 대상으로 한 전국적인 조사의 결과는 생각은 '창의적인 행동 그 자체의 짧고, 결정적인 단계에서 단지 부수적인 역할만 할 뿐이다.'라는 것을 보여준다. 그러니 대다수의 과학자들이 창의적이지 않은 이유는 그들이 생각하는 방법을 모르기 때문이 아니라 생각하는 것을 멈추는 방법을 모르기 때문일지도 모른다.

문제 해설 |

생각은 정보를 처리하거나 다른 생각에 맞서 공격하고 방어하는 것은 잘하지만 창의적이지 않으며, 창의성은 생각이 없는 상태에서 생겨난다는 내용의 글이다. 따라서, '(A) 창의적이기 위해서, 생각이 잘하는 모든 것에 저항해야 하는데, 위대한 과학자조차도 돌파구를 만들어 내기 위해서는 (B) 생각이 없는 상태가 되는 법을 배워야 하기 때문이다.'와 같이 요약하는 것이 가장 적절하다.

구문 분석 |

[7행] So the reason [why the majority of scientists are not creative] might **not** be because they don't know *how to think*, **but** because they don't know *how to stop thinking*.

▶ [ ]는 선행사 the reason을 수식하는 관계부사절이다. 「not A but B」는 'A가 아니라 B'라는 의미이며, A와 B의 자리에 because가 이끄는 절이 왔다. 「how to-v」는 '~하는 방법'이라는 의미이다.

2

서양 문화권의 사람들은 정보를 잘 드러내는 사람인 경향이 있어, 심지어 자기 자신에 관한 정보를 낯선 이에게 기꺼이 드러내려는 의향을 보이기까지 한다. 이것은 왜 미국인들이 특히 만나기에 쉬운 것 같은지와 왜 그들이 한담에 능한지를 설명해 줄 수 있을지도 모른다. 반면에, 일본인들은 자신과 매우 친한 소수의 사람들을 제외하고는 다른 사람들에게 자기 자신에 관해 거의 드러내지 않는 경향이 있다. 일반적으로, 아시아인들은 낯선 이에게 접근할 것 같지 않다. 그러나 그들은 조화를 관계 발전에 극히 중요하다고 여기기 때문에 서로에 대한 많은 배려를 정말 보여준다. 그들은 불리하다고 여겨지는 정보를 그들이 외부인으로 여기는 사람들이 얻지 못하게 막으려고 열심히 노력한다.

문제 해설 |

문화권에 따라 타인에게 자기 자신에 관한 정보를 드러내는 정도가 다르다는 내용의 글이므로, '문화는 누군가가 다른 사람들에게 개인적인 정보를 드러내는 경향에 영향을 미친다.'와 같이 요약하는 것이 가장 적절하다. affects의 목적어인 the tendency를 수식하도록 형용사적 용법의 to부정사구를 이어서 쓰되, to부정사 앞에 의미상 주어 for someone을 쓴다.

구문 분석 |

[1행] People from Western culture tend to be high disclosers, [even showing a willingness {to disclose information about themselves to strangers}].

▶ [ ]는 부대상황을 나타내는 분사구문이다. { }는 a willingness를 수식하는 형용사적 용법의 to부정사구이다.

시험에 꼭 나오는 **서술형 유형**만을 담았다!

필히 통하는
고등 *서술형* 기본편